民國歷史與文化研究

十八編

第 **4** 冊

民國對南海諸島維權研究

李　理　著

花木蘭文化事業有限公司

國家圖書館出版品預行編目資料

民國對南海諸島維權研究／李理 著 -- 初版 -- 新北市：花木
蘭文化事業有限公司，2024〔民 113〕
目 4+254 面；19×26 公分
（民國歷史與文化研究　十八編；第 4 冊）
ISBN 978-626-344-633-5（精裝）

1.CST：南海問題 2.CST：領土主權 3.CST：民國史

628.08　　　　　　　　　　　　　　　　　　112022504

ISBN-978-626-344-633-5

民國歷史與文化研究
十八編　第 四 冊　　　　　　　ISBN：978-626-344-633-5

民國對南海諸島維權研究

作　者　李理
總 編 輯　杜潔祥
副總編輯　楊嘉樂
編輯主任　許郁翎
編　輯　潘玟靜、蔡正宣　美術編輯　陳逸婷
出　版　花木蘭文化事業有限公司
發 行 人　高小娟
聯絡地址　235　新北市中和區中安街七二號十三樓
　　　　　電話：02-2923-1455／傳真：02-2923-1452
網　址　http://www.huamulan.tw 信箱 service@huamulans.com
印　刷　普羅文化出版廣告事業
初　版　2024 年 3 月
定　價　十八編 22 冊（精裝）新台幣 55,000 元

民國對南海諸島維權研究

李理 著

作者簡介

李理,中國社會科學院中國歷史研究院近代史研究所研究員。2006 年畢業於中國社會科學院研究生院,歷史學博士。現為臺灣史研究室研究員、中國社會科學院研究生院聘任教授,研究方向為臺灣史及臺灣問題、琉球與釣魚島問題、南海問題。2005 年度日本國際交流基金博士項目者,日本中央大學比較法研究所博士項目留學者。曾受臺灣陸委會及夏潮基金會的資助,到臺灣中央研究院、政治大學、玄奘大學、中國文化大學、中央大學等處作訪問學者。出版《日本吞併琉球與出兵侵臺關係探析》《日據臺灣時期警察制度研究》《日本近代對釣魚島的非法調查及竊取》等專著。

提　　要

　　甲午戰爭後帝國主義掀起瓜分中國的狂潮,法國趁三國干涉還遼之機,脅迫清政府發表了「海南島不割讓他國」的照會,雖然沒有達到割讓之目的,但意味著海南島成為法國的勢力範圍。隨後法國強行租借了廣州灣,這樣地緣接近的西沙群島就直接暴露在法國的範圍之內。在日本侵佔全中國態勢形成後,為確保法屬印度支那的利益,法國以「九小島」問題提出對西沙的權力要求並出兵佔領了的西沙群島。二戰期間,日本借助非常手段侵佔了這些島嶼,並將其行政管轄權交給臺灣總督府。

　　民國政府在法、日侵佔南海諸島時,都有強烈的抗議及交涉。這些都是南海諸島主權主張的歷史證據。根據「開羅宣言」等國際文件,南海諸島戰後理應重新回歸民國的主權範圍。民國政府審時度勢,很快由各行政部分組成接收團隊,就接收南海諸島諸問題進行細緻研究,重新命名了這些島嶼,並派出軍艦接收了西南沙群島。這一系列歷史行為,不僅宣告了南海諸島的歷史所屬,更在中華民族海洋史上寫下了值得紀念的光輝篇章。

目次

緒　言

　　朝貢體系之下，越南（安南）是中國的藩屬國，菲律賓還沒正式成為一個國家，整個南海諸島都是中華帝國邊遠的存在，自古以來就是中國領土的一部分。南海諸島是由中國人最早發現、最早命名、最早開發、最早利用、最早行使領土主權管轄的，這一歷史事實史冊記載有案可查；在南海各個群島上，中國人民生活和生產留下了大量的遺跡物證，也是牘案有記，不容篡改。

　　南海諸島問題的遠因，必須回溯到近代西方殖民主義者東侵及甲午戰爭與《馬關條約》的簽訂。1895 年中國在甲午戰爭中的失敗對東亞地區影響是結構性的，特別是《馬關條約》的簽訂，標誌著中國真正走向半殖民地半封建社會，更是日本處心積慮侵略中國的開端，爾後的日俄戰爭、第一次世界大戰、吞併朝鮮、五卅慘案、炸死張作霖、九一八事變，七七事變以至太平洋戰爭，從某種意義上來說，都是甲午戰爭的延續和結果，這其中也包含了日本及法國對南海諸島的侵佔。

　　《馬關條約》對中國乃至整個東亞的影響巨大，「琉球」復國無望；日本藉此掩蓋了竊取釣魚島之實；日本控制吞併朝鮮成為今天朝鮮半島南北分裂的遠因；美國幕後助推日本的作用仍然強烈；特別是臺灣的割讓，為日本侵略整個中國及「大東亞」戰爭奠定了關鍵的一步。臺灣割讓後，對岸的福建也被納入到日本的勢力範圍，日本的領土範圍在地緣上直接推進到南中國海，這是近代日本覬覦侵略吞併中國南海諸島的根本性原因。

　　甲午戰爭後帝國主義掀起瓜分中國的狂潮，法國趁三國干涉還遼之機，脅

迫清政府發表了「海南島不割讓他國」的照會，雖然沒有達到割讓之目的，但意味著海南島成為法國的勢力範圍。隨後法國強行租借了廣州灣，這樣地緣接近的西沙群島就直接暴露在法國的範圍之內。在日本侵佔全中國態勢形成後，為確保法屬印度支那的利益，法國以「九小島」問題提出對西沙的權力要求並出兵佔領了中國的西沙群島。

二戰期間，日本借助非常手段侵佔了這些島嶼，並將其行政管轄權交給臺灣總督府。民國政府在法國侵略、日本侵佔南海諸島時，都有強烈的抗議及交涉。這些都是中國的島嶼主權主張的歷史證據。

根據「開羅宣言」等國際文件，南海諸島戰後重新回歸中國主權範圍之內。中國戰後接收南海諸島並重新命名等一系列行為，更是通過主權宣告等方式捍衛其歷史性權利。這些都無可辯駁地證明中國對南沙群島及其附近海域的主權和海洋權益主張。故中國有充分的歷史和法理依據證明其對南海諸島擁有領土主權，也有足夠的理由採取任何行動以捍衛其主權。兩岸的長期分治，使「臺灣」成為美國遏制中國、日本牽制中國的「利器」，張之洞「若為敵踞，南洋永遠事事掣肘」之遠見卓識，今天我們在處理釣魚島問題、南海問題時深有所感。

2009 年以來，隨著中國國力的強大及中國在南海區域影響的加深，南海地緣政治競爭明顯加劇。美國「重返亞洲」概念下調整戰略選擇，把戰略重心轉移到亞太，其南海政策為重中之重。美國等西方國家通過軍售、軍援、聯合軍演和非傳統安全領域合作等方式提升與部分南海周邊國家的合作水平，以所謂「維護南海航行自由」為藉口加大介入南海問題的力度，不斷強化與南海周邊國家的軍事聯繫，通過軍事交流與合作，持續增強其在東南亞的軍事存在和影響力。在美國全球戰略重心東移的背景下，日本、印度以及澳大利亞等域外大國追隨或呼應美國的亞太戰略布局，以多種方式介入南海問題，通過與部分南海周邊國家在非傳統安全領域合作，將軍事力量的觸角延伸至南海。美日等大國甚至以「中國威脅」為名，鼓勵周邊國家參與至防止中國填補權力真空的網絡。南海問題甚至像人權問題、臺灣問題、貿易問題一樣，成為美國等西方大國推行遏制中國戰略的手段。

美國還聯合日本、印度等區域外勢力，支持與中國有島嶼爭端的越南、菲律賓等國家，從維護自身利益和亞太戰略需要出發插手南沙爭端，使南沙爭端成為世界上最複雜和涉及國家最多的爭端之一。特別是通過所謂的國際仲裁

法庭將「太平島」降格為「岩礁」，間接地否認了臺灣政府對「太平島」所擁有的領土主權，從而否定中國人工造島所擁有的主權，並間接地否定「十一段線」，從而使大陸的「九段線」失去歷史及法理依據。

　　研究近代日、法對南海諸島的非法侵佔，可以強化南海諸島歷史上中國所屬的傳承性；研究戰後民國政府對南海諸島的接收，可以從國際法的角度證明南海諸島中國所屬的合法性。

　　近代以來研究南海諸島的各類專著並不很多，但可追溯至清末民初，那時因日、法對西南沙群島的覬覦，使一批愛國學者開始南海問題的研究。此時期，由於中國的衰落，南海諸島逐漸成為東西方列強覬覦的目標，中國學者的南海研究就與維護中國主權和領土完整的鬥爭緊密結合起來，諸如陳天錫主編的《西沙島東沙島成案彙編》、王龍興《法占南海諸小島事件》等等。抗戰勝利後民國在收復南海諸島過程中，由於形勢的需要而興起關心南海、研究南海的熱潮，一批結合歷史地理和國際法視角研究南海問題的著述相繼問世，諸如蕭次尹《接收西沙群島報告書》、麥蘊喻《接收南沙群島報告書》、鄭資約編著《南海諸島地理志略》和《南海諸島新舊名稱對照表》等。這些著作詳細闡述了中國擁有南海諸島的歷史、南海諸島的地理、南海劃界斷續線、氣候及物產等，為後來的研究打下了堅實的基礎。

　　新中國成立後研究南海問題的著作極少，整個五、六十年代，只有鞠繼武所著《祖國的南海諸島》〔註1〕及陳棟康編寫的《我國的南海諸島》〔註2〕兩本介紹性的著作出版。國內南海問題的研究真正開始是上世紀七十年代。這一時期中國與越南進行了西沙海戰，將整個西沙群島全部控制，隨之南海諸島研究也開始深入發展，多學科、多視角深入探討南海問題的作品陸續問世。諸如《我國南海諸島資料聯合目錄》〔註3〕《我國南海諸島史料彙編》〔註4〕、廣東省博物館編的《西沙文物》〔註5〕《我國南海諸島主權概論》〔註6〕《我國南海諸島涉外問題》〔註7〕《我國南海諸島史料彙編》〔註8〕《我國南

〔註1〕鞠繼武，《祖國的南海諸島》，上海：新知識出版社，1954年。
〔註2〕陳棟康編，《我國的南海諸島》，北京：中國青年出版社，1962年。
〔註3〕《我國南海諸島資料聯合目錄》，福州：福建省圖書館，1973年。
〔註4〕《我國南海諸島史料彙編》，廈門：廈門大學南洋研究所，1975年。
〔註5〕廣東省博物館編，《西沙文物》，北京：文物出版社，1975年。
〔註6〕《我國南海諸島主權概論》，廣州：廣東省革命委員會外事辦公室，1976年。
〔註7〕《我國南海諸島涉外問題》，廣州：廣東省革命委員會外事辦公室，1976年。
〔註8〕《我國南海諸島史料彙編》，廈門：廈門大學南洋研究所，1976年。

海諸島地理概述》〔註9〕《我國南海諸島地名參考資料》〔註10〕《我國的南海
諸島》〔註11〕《中國對西沙群島和南沙群島的主權無可爭辨：評越南外交部
關於越中關係的白皮書》〔註12〕、曾昭璇等著《美麗富饒的南海諸島》〔註13〕、
韓振華編《南海諸島史地考證論集》〔註14〕、《西沙群島和南沙群島自古以來
就是中國的領土》〔註15〕、劉南威著《南海諸島地名研究》〔註16〕、葉春生、
許和達搜集整理的《南海諸島的傳說》〔註17〕、曾昭璇主編《南海諸島》〔註
18〕、陳棟康等編輯的《南海諸島地名資料彙編》〔註19〕、廣東地名委員會編
《南海諸島地名資料彙編》〔註20〕、林金枝、吳鳳斌所著《祖國的南疆──
南海諸島》〔註21〕等。

　　這一時期著述主要集中於南海史地考證，強調史料搜集、實地調查和史實
考證，有效地服務了當時的南海主權宣示政策。這些著作大都是政府部門及廈
門大學等官方為出版方，顯示中國南海諸島研究服務於西沙海戰的特點。

　　進入八十年代，南海諸島個人研究著作顯著增多，南海問題研究開始從歷
史地理向法律和國際因素研究及中國視角的對策研究等非傳統安全和多學科
視角研究發展。劉南威的《中國南海諸島地名論稿》，從地名學的學科角度對
南海諸島的地名作了歷史考證。他本人參加了 1980～1982 年廣東省政府對南

〔註 9〕《我國南海諸島地理概述》，廣州：廣東省革命委員會外事辦公室，1976 年。
〔註 10〕《我國南海諸島地名參考資料》，北京：中國人民解放軍海軍司令部航海保證
　　　　部，1975 年。
〔註 11〕《我國的南海諸島》，廣州：華南師範學院地理系我國的南海諸島編寫組，1977
　　　　年。
〔註 12〕《中國對西沙群島和南沙群島的主權無可爭辨：評越南外交部關於越中關係
　　　　的白皮書》，北京：人民出版社，1980 年。
〔註 13〕曾昭璇等著，《美麗富饒的南海諸島》，北京：商務印書館，1981 年。
〔註 14〕韓振華編，《南海諸島史地考證論集》，北京：中華書局，1981 年。
〔註 15〕韓振華，《西沙群島和南沙群島自古以來就是中國的領土》，北京：人民出版
　　　　社，1981 年。
〔註 16〕劉南威著，《南海諸島地名研究》，廣州：華南師大地理系，1983 年。
〔註 17〕葉春生、許和達搜集整理，《南海諸島的傳說》，北京：中國民間文藝出版社，
　　　　1984 年。
〔註 18〕曾昭璇主編，《南海諸島》，廣州：廣東人民出版社，1986 年。
〔註 19〕陳棟康等編輯，《南海諸島地名資料彙編》，廣州：廣東省地圖出版社，1987 年。
〔註 20〕廣東地名委員會編，《南海諸島地名資料彙編》，廣州：廣東省地圖出版社，
　　　　1987 年。
〔註 21〕林金枝、吳鳳斌著，《祖國的南疆──南海諸島》，上海：上海人民出版社，
　　　　1988 年。

海諸島及其海域地名的普查和標準化的工作，對南海諸島歷史、地理和地名情
況掌握了大量的第一手資料，對南海諸島地名全面分析並追根溯源、對比鑒別
和去偽存真。全書共分八部分，第一部分為南海諸島概述；第二至五部分從歷
史文獻和海南語言闡述南海諸島的地名來源及其演化過程，即從地理、歷史、
語言、民俗等方面分析古代及現代南海諸島的地名；第六、七、八部分為審議
南海諸島地名的研究心得。曾昭璇主編的《南海諸島》，對南海諸島的劃分和
命名，南海諸島形成的地質基礎，南海諸島的海洋生態與海洋資源，中國發現、
開發、管轄南海諸島的歷史，西沙群島、中沙群島、南沙群島的歷史地理，南
海諸島開發和利用的展望等問題進行了詳細的介紹。

　　南沙海戰後的九十年代，一大批多角度、各學科緊扣南海局勢的研究成
果相續問世。諸如中國科學院南沙綜合科學考察隊編寫的《南沙群島歷史地
理研究專集》〔註22〕、李國強及寇俊敏編著的《海南及南海諸島史地論著資
料索引》〔註23〕、韓振華的《南海諸島史地研究》〔註24〕、辛業江主編的《中
國南海諸島》〔註25〕、劉南威的《中國南海諸島地名論稿》〔註26〕、趙煥庭
主編的《南沙群島自然地理》〔註27〕、吳士存、沈固朝、李秀領主編的《南
海資料索引》〔註28〕、吳士存的《南沙爭端的由來與發展》〔註29〕、吳士存
的《南海問題文獻彙編》〔註30〕、韓振華的《南海諸島史地論證》〔註31〕、
李國強的《南中國海研究：歷史與現狀》〔註32〕、楊翠柏及唐磊所著的《南
沙群島法律問題研究》〔註33〕、張良福編著的《讓歷史告訴未來：中國管轄

〔註22〕中國科學院南沙綜合科學考察隊編，《南沙群島歷史地理研究專集》，廣州：中
　　　　山大學出版社，1991年。
〔註23〕李國強、寇俊敏編，《海南及南海諸島史地論著資料索引》，鄭州：中州古籍出
　　　　版社，1994年。
〔註24〕韓振華，《南海諸島史地研究》，北京：社會科學文獻出版社，1995年。
〔註25〕辛業江主編，《中國南海諸島》，海口：海南國際新聞出版中心，1996年。
〔註26〕劉南威，《中國南海諸島地名論稿》，北京：科學出版社，1996年。
〔註27〕趙煥庭主編，《南沙群島自然地理》，北京：科學出版社，1996年。
〔註28〕吳士存、沈固朝、李秀領主編，《南海資料索引》，海口，海南出版社，1998年。
〔註29〕吳士存，《南沙爭端的由來與發展》，北京：海洋出版社，1999年。
〔註30〕吳士存，《南海問題文獻彙編》，海口：海南出版社，2001年。
〔註31〕韓振華，《南海諸島史地論證》，香港：香港大學亞洲研究中心，2003年。
〔註32〕李國強，《南中國海研究：歷史與現狀》，哈爾濱：黑龍江教育出版社，2003
　　　　年。
〔註33〕楊翠柏、唐磊，《南沙群島法律問題研究》，成都：四川人民出版社，2003年。

南海諸島百年紀實》〔註34〕、趙煥庭主編的《接收南沙群島：卓振雄和麥蘊瑜論著集》〔註35〕、楊翠柏的《南沙群島主權法理研究》〔註36〕、張海文的《南海及南海諸島》〔註37〕、《南海諸島圖籍錄（古代卷）》〔註38〕、呂一燃主編的《南海諸島：地理、歷史、主權》〔註39〕、李彩霞的《南海諸島歷史事件編年》〔註40〕、趙全鵬的《南海諸島漁業史》〔註41〕及《海疆聲音：吳士存南海熱點問題應答選編》〔註42〕等。

在這些著作中，從歷史學角度來研究的專著主要有廈門大學已故學者韓振華〔註43〕先生的著作《南海諸島史地研究》最為著名。該書是韓先生繼80年代出版的《南海諸島史地考證論》及《西沙群島和南沙群島自古以來就是中國的領土》《南海問題文叢》《我國南海諸島史料彙編》等著作的繼續，系統研究了近代以前中國南海疆域的界限、南海諸島作為中國領土的歷史記載，將有確切文字可考的關於南海諸島的記載追溯到了宋代。該書以專題論文的形式系統研究了以下主要問題：我國歷史上南海海域及其界限、近代以前南海諸島作為中國領土的古籍記載、宋代的西沙群島與南沙群島、南沙群島自宋代歸屬中國的歷史考證、宋元時期有關南沙群島的實地研究、南沙群島古地名考、南

〔註34〕張良福編著，《讓歷史告訴未來：中國管轄南海諸島百年紀實》，北京：海洋出版社，2011年。

〔註35〕趙煥庭主編，《接收南沙群島：卓振雄和麥蘊瑜論著集》，北京：海洋出版社，2012年。

〔註36〕楊翠柏，《南沙群島主權法理研究》，北京：商務印書館，2015年。

〔註37〕張海文，《南海及南海諸島》，北京：五洲傳播出版社，2014年。

〔註38〕《南海諸島圖籍錄（古代卷）》，國家圖書館中國邊疆文獻研究中心編著，2016年。

〔註39〕呂一燃主編，《南海諸島：地理、歷史、主權》，哈爾濱：黑龍江教育出版社，2014年。

〔註40〕李彩霞，《南海諸島歷史事件編年》，北京：社會科學文獻出版社，2017年。

〔註41〕趙全鵬，《南海諸島漁業史》，北京：海洋出版社，2019年。

〔註42〕《海疆聲音：吳士存南海熱點問題應答選編》，北京：世界知識出版社，2017年。

〔註43〕韓振華（1921～1993），海南文昌人，曾任廈門大學南洋研究所所長，兼任國務院學位委員會第二屆學科評議組成員，《中國大百科全書》歷史卷編委、國際航海史學會執行委員、中國中外關係史學會會長、中國東南亞研究會會長等職，韓振華從事中國史學研究近半個世紀，研究領域涉及中國與東南亞關係史、中國古代海外貿易史、古代東南亞史、東南亞華僑史及南海諸島史地研究等諸多方面，成為飲譽海內外的著名學者。他在南海史地研究的專業成果，為我國制定關於南海主權的外交政策提供了重要參考依據。

海九島和九州洋，南沙群島史地研究禮記、海南柵（西沙群島）與青廉頭（中沙群島最北部）考、鄭和航海圖所載有關東南亞各國的地名考釋。韓振華的此部著作是我國目前南海問題研究最具權威的著作，為南海諸島自古就屬於中國提供了豐富而確鑿的歷史證據。另外，由他主編的《我國南海諸島史料彙編》《南海諸島史地論證》等書，彙編彙集了廣泛的材料，以充分的事實表明我國對南海諸島所擁有的主權，具有較高的學術價值。

中國社會科學院中國邊疆史地研究中心李國強、寇俊敏編輯的《海南及南海諸島史地論著資料索引》是一部難得的資料類叢書，其中收錄了從清朝末年到 1991 年國內（包括臺港澳地區）報刊、論文中有關海南及南海諸島史地方面的論文、資料和譯文的索引，並收錄了少量日文、英文等外文論著篇目目錄，根據政治史、經濟史、軍事史、文化史、民族史、地方史、歷史人物和考古等編為九大類，計 4000 多條，並附有有關海南及南海諸島的古籍、地圖以及參考書刊一覽表，對南海歷史地理進行了系統的文獻資料整理，為研究南海問題奠定了重要基礎。

海南省南海研究院院長吳士存等編輯的《南海資料索引》也屬於同類文獻，該書收錄了從 20 世紀初到 1997 年與南海有關的文獻 6000 餘條，全書共分為南海綜合資料、東沙島、西沙群島、南沙群島、中沙群島、北部灣、綜合文獻資料等七部分，尤以論述南海主權歸屬的資料為主，同時收錄了外國尤其是南海問題相關國家的文獻目錄，同時附有南海周邊國家和地區有關情況的文獻、相關國際法和海洋政策研究文獻及引用中外報刊名稱一覽三部分附錄，系統地梳理了以往的南海問題研究文獻，為南海問題研究提供了重要的參考資料。吳士存先生的另一著作《南沙爭端的起源與發展》中也有一部分涉及到歷史史實，該書第二章介紹了民國時期南沙群島問題形成的經過，第四、五、六章又分別闡述了中國與越南、菲律賓、馬來西亞和文萊有關南沙群島爭端的起源。

另外，諸如《中國近現代疆域問題研究》《中國海疆通史》等類的通論性著作，也都有相關章節陳述中國自古領有南海諸島的史料證據。廈門大學南洋研究院李金明教授的《中國南海疆域研究》的前四章主要介紹了中國古代南海疆域的情況，第五到七章則重點論述了中國近代開發南海諸島與維護南海主權的情況。趙煥庭主編的《接收南沙群島——卓振雄和麥蘊瑜論著集》收錄了抗戰勝利後中國政府接收南沙群島後麥蘊瑜所寫的多篇關於南沙群島的史地

相關文章。另外，李國強的《南中國海研究：歷史與現狀》和孫冬虎的《南海諸島外來地名的命名背景及其歷史影響》等等，都從不同的角度對對南海諸島的歷史所有涉及。

這一時期，中國在南海研究方面已湧現一大批卓有成就的學者，一批以南海研究命名或以南海研究為主要研究方向的學術機構相繼建立。從學科視角進行總結，則南海問題研究可歸類為歷史地理、法律和國際因素研究，以及中國視角的對策研究、非傳統安全和多學科視角研究等，隨之而來的碩博士相關論文也開始出現並不斷增加。

博士後及博士論文主要有譚衛元的《民國時期中國政府對南海諸島行使主權的歷史考察（1912～1949）》（武漢大學，2013 年）、張曉華的《日本南海政策研究》（雲南大學，2016 年）、陳躍的《越南政府對中國南海政策研究（1945～2015）》（中國社會科學院，2016 年）、王志強的《越南「黃沙群島」「長沙群島」權利主張相關漢喃史地文獻的整理與研究》（中國社會科學院，2017 年）、王大文的《以圖明疆：清代輿圖中的南海圖像研究》（中國社會科學院，2017 年）、李忠林的《當前南海安全合作機制研究》（北京大學，2018 年）等幾篇。

碩士論文研究相較於博士的研究則豐富很多，主要有李崇政的《「南海諸島問題」的國際法研究》（海洋大學，2005 年）、陳平的《南海諸島主權爭端之國際法研究》（外交學院，2010 年）、左琰的《南海諸島主權爭端主要聲索國主張研究》（中山大學，2011 年）、孫現強的《越南 1945 年～1975 年南海立場之研究》（中國社會科學院，2013 年）、劉志遠的《海峽兩岸關於南海爭議島嶼主權實踐探析：以白礁島案為觀察視角》（外交學院，2013 年）、林唯潔的《南海諸島主權爭端的國際法研究》（中山大學，2014）、劉啟仲的《南海諸島歷史爭端研究（1921～1949）》（南京師範大學，2014 年）、何浩的《民國時期中國對南沙群島主權的維護研究》（曲阜師範大學，2016 年）、滑秀偉的《「舊金山對日和約」與西沙、南沙群島問題研究》（中國社會科學院，2016 年）、李敏的《南海問題與東亞安全合作機制的建構》（黑龍江大學，2017 年）、李葉的《中美政府發言人語用閃避策略對比研究：以南海問題為例》（海南大學，2017 年）、李亞文的《有關南海問題發言的兩個英文版本的對比研究：從批評話語分析角度》（首都經濟貿易大學，2017 年）、張春雁的《批判性話語分析視閾下「中美聚焦網」南海問題中美評論對比研究》（中國人民大學，2017 年）、

張子瓊的《2016年中菲南海問題新聞發布會模擬口譯實踐報告》（中國海洋大學，2017年）、嚴攀的《海峽兩岸在南海問題上的合作對策研究》（海南大學，2017年）、楊嶺的《南海天書——海南漁民〈更路薄〉文化詮釋》（節選）翻譯實踐報告》（海南大學，2017年）、劉澤的《國際法和國際政治二元視角下的南海爭端解決路徑探析》（東北師範大學，2017年）、劉榮霞的《「南海問題」新聞報導英漢翻譯中的敘事重構：以「參考消息」和「環球時報」為例》（上海外國語大學，2017年）、劉雨露的《南海沿岸國合作機制下的南海海洋保護區問題研究》（中山大學，2017年）、安柳全的《兩岸南海政策變遷與維權合作問題研究》（海南大學，2017）、張儒雅的《中國南沙島礁建設合法性問題研究》（上海財經大學，2017年）、劉斯予的《杜特爾特對中菲關係的調整及前景》（上海外國語大學，2018年）、張池的《「更路簿」視角下的南海歷史性權利研究》（海南大學，2018年）、吳慧迪的《建設島礁法律地位問題研究》（海南大學，2018年）、李林峰的《中國南海政策的博弈》（中國人民大學，2018年）、李超的《中菲南海仲裁案歷史性權利問題研究》（中山大學，2018年）、汪明唐的《南海怎樣成為了中國的一部分：從中國立場出發論述歷史中的南海主權問題》（上海外國語大學，2018年）、白鷺的《中國在南海問題上的媒體外交研究》（東北師範大學，2018年）、譚秦悅揚的《主權立場與南海爭端》（北京外國語大學，2018年）、郭宇娟的《第二軌道外交在解決南海問題上的作用分析》（外交學院，2018年）、杜雪磊的《近代報刊中的戰後國民政府接收西沙群島事件》（曲阜師範大學，2018年）、馮文涵的《海權論視角下的南海問題中美菲三方博弈（2009～2018）》（外交學院，2019年）、楊玲的《海洋強國戰略背景下我國南海地區海洋漁業轉型發展研究》（廣西師範大學，2019年）、王玉慧的《南海島礁建設的生態保護法律問題研究》（海南大學，2019年）、郭慧瑩的《中國外交部關於南海爭端問題答記者問中模糊語的順應性研究》（哈爾濱師範大學，2019年）、楊萌的《南海諸島及其海域歷史性權利研究：基於對潭門漁民的調查》（海南大學，2019年）。

　　國際上研究南海問題最有影響的是日本學者浦野起央教授所著的《南海諸島國際紛爭史》〔註44〕。該著作於2017年由南京大學出版社出版了其翻譯版本。該著分為「南海諸島問題」、「戰前的國際紛爭史」、「第二次世界大戰後的國際紛爭史」、「南海諸島國際爭端的性質、爭點與解決的展望」四部分。第

〔註44〕〔日〕《南海諸島國際紛爭史》，東京：刀水書房，1997年。

一部分從南海諸島的位置、歷史空間與政治真空、交流空間和生活、戰略空間和資源、共同空間及其方向等，探討南海群島的歷史、地理及戰略地位等問題；第二部分引用大量記載有關南海諸島的中國古代資料，闡述了中國對南海諸島擁有主權的觀點，從《漢書》的記載開始，隨著時代的推移記載了宋元明清及民國時期中國人對南沙群島的開發，如 1920 年中國政府對西沙、東沙島的調查。此部分還利用大量的日本檔案，對日本及法國在南沙的活動進行了大量的描述，揭露了近代日本、法國對南海諸島的侵略；第三部分記述了從二戰後到 1997 年各國如何因石油資源而以各種方式捲入南海紛爭，並明確分析了糾紛的法律地位，還特別指出 1974 年及 1988 年中越軍事衝突和有關石油開發的動向已成為南沙問題的焦點，提出 1989 年以來東盟組織召開的關於處理南中國海潛在糾紛的非正式協商過程和成果值得讚賞；第四部分中作者對爭端的要素、爭端的焦點進行了分析整理，明確指出南海諸島的價值所在，並通過分析展望了解決爭端的模式。這部專著使用了大量的原始檔案，具有重要學術價值及參考價值，特別是作者在引用了大量古代文獻的基礎上，指出「中國對南沙群島、中沙群島和西沙群島擁有主權」，作為一名國際學者，浦野起央尊重歷史史實公正客觀的態度非常值得肯定。

中國臺灣地區作為國民黨因內戰敗退到臺灣後的「割據政權」，當然成為南海主權聲索方之一，法理依據是延續民國時期（1949 年之前）對南海的主權主張。雖然在不同時期對南海諸島的研究及關注側重有所不同，但目前還堅持「中華民國」對南海的主權主張。臺灣地區目前只實際控制著南沙群島中的「太平島」和「中洲島」兩個島嶼，但由於各種不穩定因素的影響以及「臺獨」勢力的猖獗，其南海政策仍然具有很大的不穩定性，學術研究前後期呈現完全矛盾的態勢，甚至有否定中國具有南海歷史主權的書籍出版。根據王華的研究，「自 1949 年至今的 60 餘年間，臺灣地區產生了一系列有關南海問題的官方文獻和民間學術研究文獻」；「專著 59 種；期刊論文 243 篇；學位論文 102 篇；研究計劃與報告 27 項；政府公告、政策、法規、檔案 38 條；文集、彙編、會議資料等 19 種；地圖資料 6 幅」。[註45] 從相關數據庫的檢索結果來看，二十世紀五十至七十年代相關南海問題的研究文獻僅有 11 篇，七十年代以後，特別是九十年代後文獻呈井噴狀態，文獻量占所檢文獻總數的 80%以上，與

[註45] 王華，《1949 年至今臺灣地區南海問題研究文獻述略》，《東南亞研究》，2015 年第 1 期，第 51 頁。

南海問題逐步升溫的發展趨勢極為契合。在這些文獻中，從歷史地理的角度去考證南海主權在我的也有多篇，但就日本侵佔南海諸島的專論目前還沒有。令人遺憾的是隨著所謂「臺灣主體意識」及「臺獨」勢力的發展，某些有「綠色」背景的出版社競出版一些否定歷史上中國擁有南海諸島主權的書籍，這其中影響最壞的就是黎蝸藤的一系列相關釣魚島及南海的著作。

　　黎蝸藤自稱「美國維珍尼亞大學哲學博士」、現於「美國學術機構」從事研究工作，其代表著作有《釣魚臺是誰的──釣魚臺的歷史與法理》〔註46〕《被扭曲的南海史──二十世紀前的南中國海》〔註47〕及《南海百年紛爭史》〔註48〕。黎蝸藤在《釣魚臺是誰的──釣魚臺的歷史與法理》一書中謊稱清朝官員傅雲龍認為釣魚島是日本領土的一部分，來否認中國對釣魚島的歷史性主權。他在《被扭曲的南海史──二十世紀前的南中國海》中否定了中國對西南沙群島的歷史性主權。李金明教授特別發表了《中國是西沙南沙群島的最先發現者與開發者──評黎蝸藤被扭曲的南海史：20世紀前的南中國海》〔註49〕一文批駁黎蝸藤的錯誤史觀。但黎蝸藤在《南海百年紛爭史》中仍是極盡能勢地否認中國對南海諸島的歷史性主權，甚至直接在書面上提出「『自古以來』南海就屬於中國嗎？戰後國際法把南海諸島『歸還』中國了嗎？」〔註50〕其更是否認日本及法國對南海諸島的侵略，將日本對西南沙群島的殖民開拓，說成是與中國漁民的漁獵活動相似，來否定中國對南海諸島的歷史性主權。筆者竊以為黎蝸藤並不是單純的研究學者，推測可能是臺獨人士在美國成立的專門針對釣魚島、南海問題的秘密研究機構。所謂他為「美國維珍尼亞大學哲學博士」應該指的是 University of Virginia），簡稱 UVa，一般國內稱為弗吉尼亞大學，在這個學校的網站上沒有找到關於他的個人相關信息。從他以往發表的文章〔註51〕綜合來看，總體是站在美國立場上，針對中國尤其是中國邊疆以及中

〔註46〕黎蝸藤，《釣魚臺是誰的──釣魚臺的歷史與法理》，臺北：臺灣五南出版社，2014年。

〔註47〕黎蝸藤，《被扭曲的南海史──二十世紀前的南中國海》，臺北：臺灣五南出版社，2016年。

〔註48〕黎蝸藤，《南海百年紛爭史》，臺北：臺灣五南出版社，2017年。

〔註49〕李金明，《中國是西沙南沙群島的最先發現者與開發者──評黎蝸藤被扭曲的南海史：20世紀前的南中國海》《雲南社會科學》，2018年第4期。

〔註50〕黎蝸藤，《南海百年紛爭史》，扉頁部分。

〔註51〕目前在能夠查到的黎蝸藤著作及文章：《美國監聽事件和棘手的斯諾登》2013/06/15；《中國漂亮地拋掉了斯諾登這個包袱》2013/06/24；《中日論戰中

美關係等問題，在臺灣和外國的一些媒體或報紙上發表相關評論。

從以上國內外南海諸島相關專著及碩博士論文的內容分析來看，研究現狀的比研究歷史的多，研究「島爭」問題的出現、發展及解決途徑的比研究當事國政府對其處理方式的多。而國內目前對日本近代侵佔南海諸島的整個史實，僅有個別的論著有所涉及，但目前沒有一部專著來進行論述。

學術論文最早涉及此問題的是呂一燃於 1994 年發表於《中國邊疆史地研究》上的《日商西澤吉次掠奪東沙島資源與中日交涉》一文，此文大部分的史料來源於《東沙島成案彙編》，沒有使用日本檔案。隨後長達十幾年期間沒有人涉及此問題。直到九十年代後，才出現諸如郭淵的《日本對東沙島的侵略與晚清政府的主權維護》（福建論壇，2004-08）、張明亮的《日本侵佔中國西、南沙群島及後果》（歷史教學，2006-03）、張維縝的《二十世紀 20～30 年代東沙島海產糾紛案新探——以中國海產商人與日本漁民關係為中心》（中國邊疆史地研究，2010-09）、周遠的《日本對南海政策的脈絡及影響》（山東行政學院學報，2011-12）、郭淵的《中法南沙爭議及法日之爭》（史學集刊，2015-11）等相關論文出現，但都沒有使用到日本原始檔案。

對日本檔案利用最早的是許龍生的《中日兩國圍繞西沙群島磷礦開發的合作、競爭與糾紛（1917～1930）》（史林，2017-10）一文。此文以敘述日本人勾結中國不法商人何瑞年非法開採西沙島磷礦為主要內容，但作者將日本通過不法商人何瑞年的合作直接定位為中日之間的合作不符合歷史史實，另外將平田末治發現西沙磷礦歸為「個人行為」，表明其對相關日本檔案並沒有全面掌握。相關議題論述較好的是趙德旺的《論民國時期「何瑞年出賣西沙群島

國並不占上風》2014-01-15；《白龍尾島歷史再認識》2014/06/22；《釣魚臺是誰的——釣魚臺的歷史與法理》2014 年；《詳解人大 831 決定的法律缺陷》2015/03/01；《中國為何無權「收回」果敢？》2015/10/12；《詳解菲律賓南海問題仲裁案》2015/10/13；《桑德斯與希拉里競選之優劣》《大公報》2016/03/08；《從國際法看港獨的不可能》《明報》2016/04/15；《奧蘭多槍案如何影響大選》2016/07/02；《為什麼中國有權取回庫頁島？》2016/07/14；《中國應積極填補美國的領袖空缺》英國《金融時報》2017/06/14；《無法「人心通」令一帶一路蒙上陰影》2017/7 月/26；《被扭曲的南海史：20 世紀前的南中國海》2017 年；《南海百年紛爭史》2017 年；《中國的「祖宗領土」，說法一直在變——中印邊界糾紛的來龍去脈》2018/08/03；《川普治國下，中美不可避免的「修昔底德陷阱」？》2018/09/02；〈重新認識川普的外交思維〉2018 年；《拜登「漸入佳境，超級星期二沒白叫」為何突然翻身？》2020/03/04；《記者王冠之南海辯論錯在那裏》2020/4/25；《《華爾街日報》事件背後無解的中美難題》2020/4/27。

權益案」經緯——以日本亞洲資料中心（JACAR）史料為據》（南海學刊，2018-06），此文利用了大量的日本檔案，對不法商人何瑞年出賣西沙群島磷礦權利進行了分析。另外郭淵的《20 世紀 20 年代初孫中山與西沙島務開發關係之考量——兼論英國對日本在西沙存在的關注及研判》（社會科學，2018-05）及劉永連、盧玉敏的《從日本史料看近代日本勢力對西沙群島的滲透——以 1921～1926 年何瑞年案為中心》（中國邊疆史地研究，2018-03）等文章也涉及到相關議題。

　　關於日本對南沙群島的侵佔，最早使用日本檔案的是趙德旺《南沙「九小島事件」日文史料一則》（淮陰師範學院學報，2019-11），此文是對日本政府組織調查南沙群島所屬的檔案《法國對南中國海島礁領有問題的經過》的翻譯。馮軍南、華濤的《20 世紀 30 年代日本對我國南沙群島政策的演變》（中國邊疆史地研究，2020-03）也很好的論證了 1933 年「九小島事件」爆發後日本政策的調整，外務省從極力反對海軍省的行動演變為積極助力並最終將南沙群島吞併更名。彭敦文的《從日本在南沙的經濟開發活動看太平島的島嶼地位》（邊界與海洋研究，2017-07）主要對日本在太平島的活動進行了記述。

　　以上相關論文的論述，雖能讓人對日本近代非法侵佔中國南海諸島的史實有所瞭解，但缺乏對這一歷史史實完整的呈現。日本對東沙、西沙和南沙群島的開拓完全不是個人行為，是政府有意的領土開拓方式。近代日本對中國侵略的加深及對東西沙群島的覬覦性開拓，使地緣上接近的法屬印度支那產生壓力，法國開始以「九小島問題」提出對西沙的主權，並對南沙產生覬覦之心。面對日法兩國的侵佔，民國政府採取了一系列積極維護主權的措施，如給在南沙群島及其附近海域作業的中國漁民和漁船發放中國國旗，組織對南沙群島的歷史和地理調查，由政府地圖出版審查機構重新命名和審定南海諸島包括南沙群島的群體和個體名稱，甚至在已知西沙群島難保的情況下，派人到西沙各島埋石記載主權的無奈之舉。戰後民國根據國際法接收南海諸島後，由於兩岸的分離，造成南海諸島權力的真空，越南、菲律賓等國趁機開始侵佔西南沙群島。

　　本研究將在唯物主義史觀的基礎上，利用日本各史料館所收藏檔案、臺灣地區所存當年民國政府南海諸島相關檔案，以運用大量原始檔案資料還原歷史史實為原則，從以下幾個方面，進行創新性研究：

　　第一、從百年大歷史的角度對南海諸島問題產生根源進行追述，系統全面地探討自古就屬於中國的南海諸島緣何成為日本、法國侵略目標，戰後接收西

南沙群島的國際法依據，由兩岸分離而造成的越南、菲律賓覬覦之勢，及中國對南海諸島主權的完全確立。

第二、日本覬覦侵佔南海諸遠因，是由於甲午戰敗後《馬關條約》割讓了臺灣，使東沙、西沙及南沙群島直接在地緣上與日本相接，慣於採取所謂「人個開拓」獲得小島嶼主權的日本，很快就瞄準了東沙島。

第三、日本覬覦侵佔南海諸島的行為，表面上是「個人開拓」，實際上是以海軍省為主要推手、內閣積極支持的「國家行為」。這種「國家作為」在西沙表現為以商人與中國不法商人相勾結的方式；在南沙則是以臺灣總督府支持下的「磷礦開採」的方式。

第四、近代法國侵佔中國藩屬國「安南」，中法開始劃界工作，南海諸島完全在劃界線的中方一側，與當時的法屬殖民地「安南」沒有關係，法國獲得「海南島不割讓」的承諾及租借了「廣州灣」，使法國產生覬覦西南沙群島的野心，這說明戰後的南北越南歷史上與南海諸島沒有所謂的歷史淵源。

第五、「九一八事變」以後，隨著日本侵吞整個中國的態勢形成，法國因法屬印度支那的壓力，開始以「九小島問題」提出對西沙群島的主權，故戰後越南所謂從法國繼續其西沙群島主權之說完全沒有歷史根據。

第六、隨著日本佔領海南島，其後佔據了東沙及西沙，將南沙群島吞併更名為「新南群島」並由臺灣總督府高雄市管轄，整個南海諸島都成為日本以戰爭非法獲得的領土的一部分。

第七、第二次世界大戰結束後，民國根據開羅宣言等一系列國際法，於1946年收復西南沙群島並派兵在島上駐守，完成了西南沙群島法理上的主權回歸，此後中國軍隊一直在西沙及南沙駐守。同時以一系列法律程序向全世界宣告中國恢復行使對南沙群島的主權，包括舉行接收儀式和派兵駐守、繪製南沙群島地圖、重新命名南沙群島及其群體和個體的名稱、編寫和出版最早的南沙群島地理志等。

回顧百年南海歷史，在朝貢體制下的南海諸島本是中國漁民世代生產漁獵之地，近代西方殖民者的到來，特別是日本對中國的侵略是造成南海諸問題的根本因素，而隨著日本對中國的全面侵略，南海諸島成為日本以戰爭手段攫取的領土。戰後，民國政府依據國際法收回了南海諸島的主權，但由於國民黨敗退到臺灣後「地方割據政權」的出現，兩岸敵對狀況使南海周邊國家開始趁機覬覦侵吞鄰近島嶼。這是戰後南海問題產生的根本性原因。

第一章　近代日本侵佔及清政府據理收回東沙島

　　東沙島發育在東沙環礁的西部礁盤上，是中國南海東沙島中最大的島嶼，屬廣東省陸豐市，古稱「南澳氣」，又名「大東沙」，也稱「珊瑚洲」，西方人稱之為「普拉達士島（Pratas Island），日語為「プラタス島」。東沙島地理位置十分重要，是臺灣海峽南疆的門戶，居於珠江口、海南島、呂宋島及高雄的中央位置，是巴士海峽進出南海船艦的必經之途，扼控巴士海峽的咽喉。該島長二千八百公尺、寬八百六十八公尺，形如馬蹄，島上沒有山丘，也沒有泥土，是珊瑚碎沙積累而成的低伏海島。歷史記載，東沙島昔稱「月牙島」，是南海諸島中最早被開發的。在晉代以前，東莞一帶的漁民就來到東沙島附近海域捕魚和採集珊瑚等海產，進行漁撈活動。晉時裴淵的《廣州記》記載「珊瑚洲在（廣東東莞）縣南五百里。昔人於海中捕魚，得珊瑚」[註1]。「珊瑚洲」即指東沙島及其環礁。清末謝清高《海錄》一書中始稱其為「東沙」。1733年，東沙島已被正式納入中國版圖，屬廣東省惠州府陸豐縣管轄。中國漁民更是經年往來捕漁、採藻及捕捉海龜等，並於東沙島搭建木製棚子，進行醃曬魚肉及海藻加工等。但因東沙島稍小且地處偏隅，始終為無人長期居住的島嶼，僅供船家捕漁休憩之用。日本明治維新以後，最先以「琉球難船事件」為由，於1874出兵臺灣企圖侵佔臺灣島未果，於1879年吞併了琉球。1880年又佔領了小笠原群島。1895年趁甲午戰爭之威竊取了釣魚島，再通過《馬關條約》從中國

〔註1〕樂史，《太平寰宇記》卷一百五十六・嶺南道一。轉引自李國強，《南中國海研究歷史與現狀》，黑龍江出版社，2003年，第130頁。

獲得了臺灣與澎湖列島。割取臺灣後，日本開始注意到南中國海中各島嶼，便以取得「釣魚島」和「小笠原群島」的方式，先以民間探查開發為由，再由官方確認為「無人島」，最後達到吞併目的。東沙島距離臺灣最近，故成為日本侵佔南海的首要目標。

一、近代日本對東沙島的覬覦及侵佔

（一）對南海各島進行調查以便實施侵佔

南中國海在近代被日本稱為「南支那海」〔註2〕。日本近代著名地理學家志賀重昂是第一個把南洋帶入日本近代史的人。他搭乘日本軍艦「筑波號」，進行了為期十個月的南洋之旅，以親身經歷寫了《南洋時事》。志賀重昂以南洋土著人在歐美列強勢力擴張下所遭遇的悲慘命運為鑒，強烈主張日本應依據生物進化的根本法則，保存本民族的勢力和「固有稟賦」，以維護日本的獨立，而不能一味地崇拜和迷信西洋，以免重蹈南洋土著人的覆轍。同時提出建立環太平洋經濟圈中日本的地位和作用這一現實問題。〔註3〕而日本本身是島國，地緣的因素使其侵略擴張也是從島嶼開始。散佈在東亞地區的離島，特別是「無人島」，成為日本對外擴張的首要目標。

日本在取得「小笠原群島」後，於1879年設立沖繩縣吞併琉球。琉球地理位置極為重要，吞併琉球是日本走向南中國海地區第一步。此舉使日本把清帝國的影響趕出了琉球群島，掃清了進一步南下的障礙，獲得了進一步南下的基地，日本勢力開始逐步靠近臺灣及南中國海。倫敦出版的《東洋雜誌》指出：「琉球地勢極為有利，佔有此群島，則在一旦有事之時，對大國將極為方便……我英國若得此群島，置兵守備，作為太平洋中駐屯之地，則英國在東洋之地位不知又將因此而前進多少。」〔註4〕此種情況同樣適合日本，「如果英國打算佔領琉球，日本必須搶先確定其領有權」〔註5〕。

1894年，德富蘇峰在為大藏大臣松方正義起草的《佔領臺灣意見書》中，明確提出佔領臺灣為南進的跳板「我國未來必須採取守北南攻的方針，……臺灣正可謂第一駐足之地，由此而及海峽諸半島和南洋群島，此乃

〔註2〕〔日〕川端克二，《南支那海》，牧書房發行，1942年。
〔註3〕戴宇，《從「南洋時事」看志賀重昂國粹主義思想萌生的起因年》，《史學月刊》2006年第11期，第64～70頁。
〔註4〕〔日〕日本外務省，《日本外交文書》第十卷，1964年，第194～199頁。
〔註5〕〔日〕信夫清三郎，《日本外交史》，商務印書館，1980年，第187頁。

當然之勢」〔註6〕。可見臺灣在日本南中國海政策乃至「南進政策」中的重要地位。1895 年 4 月 17 日《馬關條約》的簽訂，使臺灣成為日本的新領土，日本和南中國海「接壤」，此後日本以「探險」、「捕魚」為名，不斷進入中國的南海諸島。

日本吞併琉球及割佔臺灣後，南中國海大門已經打開。此時日本明治政府正在推行「北進」政策。1900 年日本尾隨英法聯軍侵佔中國及 1904 年的日俄戰爭，其實是 1871 年由山縣有朋、川村純義、西鄉從道聯名提出的「國防方針」的貫徹。由於日本政府特別是陸軍在很長一段時期內「北進」的基調，加之日本此時的國力有限，政府力量顯得「無暇」南進，這一時期在南中國海的政策，主要是政府默許或支持下的個人活動。

日本取得臺灣這塊殖民地後，對以海南島為首的南海諸島開始關注，並有計劃派出日本人到海南島進行貿易兼諜報工作。趙煥庭主編的《接收南沙群島》曾提出：「日本帝國主義對我國的海南島，早已存有侵奪的野心。在 1898 年間即派有間諜名叫勝間田善作的，居留在這島上，以販賣藥物為名，以間諜工作為實，經過 40 年的時間，環遊整個海島，並曾深入五指山幾次。對於瓊崖情況，認識最清楚，尤其對於我南海諸島嶼特別注意。」〔註7〕

筆者通過日本檔案查到「勝間田善作」為「日本產業協會第二次海外產業功績者」〔註8〕，此人生於 1874 年（明治七年）2 月 4 日，在日本的原籍為「靜岡縣駿東郡印野村 150 番地」，在海南島的住址為「海南島海口 70 號」。1894 年開始赴琉球收集標木。1896 年赴海南島採集標木。1902 年時在海口南門外 47 號開設健壽堂藥房，從事藥品及雜貨販賣。1919 年時，成為臺灣總督府專賣局的文官。1922 年時辭去總督府專賣局文官之職位，在海南島海口得勝沙街 70 號開設「勝間田洋行」並開始進出口貿易。1924 年在海口成立山下汽船會社海口代理店。〔註9〕

從上述資料分析，勝間田善作在 1896 年就開始了海南島的踏查工作，其與臺灣總督府的關係也十分密切。其作為日本派駐在海南島的間諜的有力證

〔註6〕〔日〕矢野暢，《日本人的南洋史觀》，中公新書，1975 年，第 103 頁。

〔註7〕趙煥庭主編，《接收南沙群島——卓振雄和麥蘊瑜論著集》，海洋出版社，2012 年，第 37 頁。

〔註8〕〔日〕《日本產業協會ノ海外產業功績者表彰ノ件》《2. 第二回》，JCAHR: B11 090835700; B11090836600。

〔註9〕〔日〕《2. 第二回》，JCAHR: B11090836600。

明，為日本公文書館所藏的《各種情報資料‧情報》中關於勝間田善作的記載，文件為《內閣情報部五‧四情報第六號》。此文件記載，勝間田善作與三井物產相勾結，以貿易、海運等實業為依託，成為日本在海南島的產業及諜報機關總部。〔註10〕

日本人通過偵查，得知東、西、南沙各群島是瓊崖漁民遠洋漁業駐留補給和採捕水產的所在，於是才有日本人西澤於 1907 年強佔東沙島；平田末治於 1917 年查得南沙群島鳥糞豐富陰謀經營；又引起日本商人勾結清不法商人何瑞年，瞞騙當時的民國政府，始有「承辦西沙群島鳥糞案」等案件。故日本在獲得臺灣後，就已經垂涎覬覦地緣鄰近的海南島及南海諸島，更採取行動屢次進行掠奪，表面是採取鳥糞，實則想強佔殖民吞併各島嶼，預為南進的根據地，故筆者竊以為早期日本人對東沙島的覬覦，也不能理解為單純的個人行為。

（二）日俄戰爭前日本人對東沙島非法侵入

西澤的日本全名為「西澤吉治」〔註11〕，是富有冒險精神和殖民野心的日本商人。在臺灣基隆及日本的神戶、長崎、東京等地都設有他的「西澤商店」〔註12〕。1901 年夏天，駐臺灣基隆的西澤吉治在海上遭遇風暴漂至東沙島，發現島上覆蓋著厚厚的鳥糞層，返回臺灣時便把鳥糞帶回化驗，發現是優質的磷肥。根據《東沙島成案彙編》中記載：「一千九百零一年，商在日本訂造雙桅帆船一艘。言明在基隆敝公司交貨。是年夏間造成，由日本動帆，因船主不明風濤，誤駛至琉球島之南鴨依鴨口島。迨由該島開行，又遇颶風漂至一無名島，停泊兩日，船主與水手登岸，見島無居民，隨取島沙回船，以待不時之需。該船抵基隆時，商見島沙與尋常不同，即將沙化驗，驗得含有磷質，旋問該船主該島在何處。但船主船上既無羅經及測量器具，未能說明方向。」〔註13〕

如果說 1901 年西澤吉治是遇風偶漂至東沙島，但 1902 年，西澤吉治就率人再次躥入東沙島，竊取磷肥回臺灣出售。1903 年，西澤吉治再次聘請化學家乘船前往東沙島考察，但船即將抵達該島時遇大霧及颶風，受損嚴重，被

〔註10〕〔日〕《海南島資源開発軌道に乗る》，JCAHR: A03024444800。
〔註11〕以前學者的文章中有的說為「西澤吉」，一般都稱為「西澤吉次」，但日本檔案記錄他的名子的漢字為「西澤吉治」。
〔註12〕陳天錫編著，《西沙島東沙島成案彙編》，《東沙島成案彙編》，第 14 頁。
〔註13〕陳天錫編著，《西沙島東沙島成案彙編》，《東沙島成案彙編》，第 51～52 頁。

迫返回小呂宋進行修理後回到基隆港。西澤本想再令另一艘船前往，但正值日俄戰爭期間，市面冷淡異常，故沒有前行。1904 年到 1905 年兩年間，因日俄戰爭的戰事西澤無法前往該島。1906 年日俄開始媾和，但「船價極昂貴，運費較前加倍」〔註14〕，是以西澤吉治沒有能力前往東沙島。

此時西澤吉治在東沙島的活動僅限於盜採等個人行為，那麼同時期的玉置半右衛門〔註15〕的活動則具有更深層次的意義。玉置半右衛門被人稱為「拓荒者」，為開拓日本的版圖做出了「傑出的貢獻」。他終其生致力於開發日本在太平洋上的島嶼，開墾過的地區包括小笠原群島、伊豆群島的鳥島和琉球群島的大東群島。

根據日本外務省外交檔案館檔案《東沙島相關之件》記錄：「東沙島問題的發端是在明治三四十年（1901 年）十一月玉置半右衛門發現該島，有意向通過拜借手續進行開拓開發，故向外務大臣提出詢問該島歸屬的請願書。」〔註16〕

根據這份檔案分析，最早對東沙島產生覬覦之心的日本人是玉置半右衛門，時間是 1901 年。與西澤吉治不同的是，玉置半右衛門是通過海圖發現東沙島而前往探險。筆者沒有查到玉置半右衛門通過什麼海圖發現東沙島，又於什麼時間前往東沙島進行探險的檔案記錄。但如果 1901 年 11 月玉置半右衛門宣稱自己「發現」了東沙島，並向日本外務省諮詢東沙的歸屬，那其探險東沙島應當早於 1901 年。

檔案還顯示，當時日本外務省無法回答，於是指令香港領事進行調查。香港英政府的答覆是：「好像沒有歸屬，清國好像正在猶豫是否將其列入清國的版圖，應當查明清國的意向。」〔註17〕但在沒有進一步調查的情況下，外務省就答覆說應該沒有歸屬，於是玉置半右衛門 1902 年 5 到 8 月間組織了幾十人對東沙島進行了為期三個月的探險，但他的考察結果似乎顯示開發價值並不大，因而沒有進一步的行動。

根據以上內容，西澤吉治與玉置半右衛門都是於 1901 年開始探險東沙島，這其中有什麼聯繫筆者沒有找到檔案證明，竊以為這其中一定有國家的力量

〔註14〕陳天錫編著，《西沙島東沙島成案彙編》，《東沙島成案彙編》，第 52 頁。
〔註15〕玉置半右衛門（1838.11.17～1910.11.1），日本明治時代的拓荒者及企業家。致力於開發日本在太平洋上的島嶼，開墾過的地區包括小笠原群島、伊豆群島和琉球列島等。
〔註16〕〔日〕《南支那海諸礁島帰屬関係第二卷》，JCAHR: B02031159150。
〔註17〕〔日〕《南支那海諸礁島帰屬関係第二卷》，JCAHR: B02031159150。

在裏面。但此時日本非法侵入東沙島人數較少，組織規模較小，基本上限於商人個人行為，沒有引起清政府的注意。

（三）日俄戰爭後政商結合對東沙島的侵佔

磷礦需要是日本南下侵佔各島嶼另外的推力。磷礦主要由海鳥糞與珊瑚礁發生化學作用後積澱而成，內含豐富磷質，可用於製造過磷酸鈣，是近代世界各國人造肥料工業的重要原料。南海島嶼主要由珊瑚石構成，且在大海深處遠離人群成為鳥類棲息地，故近代南海上的島嶼富產磷礦。1887 年，在農商務省技師高峰讓吉的倡議下，成立了「東京人造肥料會社」，即後來的「大日本人造肥料株式會社」。此後，日本各地紛紛開設肥料製造工場。1888 年 7 月，日本開始從海外輸入磷礦石。割占臺灣後，「臺灣總督府」專力謀劃「南進」，而此時西澤吉治便「發現」了東沙島。

1901 年夏天，駐臺灣基隆的日商西澤吉治在海上遭遇風暴漂至東沙島，發現島上覆蓋著厚厚的鳥糞層，返臺時便把鳥糞帶回化驗，發現是優質的磷肥。自此以後，西澤吉治便每年驅趕臺灣民眾百餘人乘船登上東沙島，大肆盜挖鳥糞，還擅自將東沙島更名為西澤島，東沙島所在珊瑚環礁也改名為西澤礁。

1907 年夏，西澤吉治購得建築材料及器具計劃運往東沙島。8 月 6 日，西澤同工人 120 人及各種器具材料，乘坐「西古蘇輪」前往東沙島，11 號抵達該島，計劃動工開路、建築房屋。9 月中旬，西澤再將糧食運到了東沙島，以滿足建造房屋及工人的食用。

根據資料記載，「工人一百二十名，有七十人為毒蟲咬傷，共餘五十人，需為之調理，以致未能工作。商此次來島雖帶有建屋材料，但以無人起卸，迫得折回基隆。但正值颶風之後，海浪大作，西古蘇輪船誤觸礁石，極力設法，始得出險。抵基隆後，即將個人受毒蟲咬傷者送入醫院，並將各項材料起卸，該輪即駛往大阪船塢修理。此後人皆知該島有此毒蟲，相戒不往該島工作，以致招工棘手，迫得另雇福都輪船，往東京之南一百五十英里之喀治五島招工，幸招得工人三百八十名，旋即到大阪附近之烏蘇拉埠，裝載日前所訂之伐木機器，並往大阪購一小輪船……於十二月中旬再抵東沙。」[註18]

如果上述描述屬實，說明當時的東沙島自然條件極為惡劣，不適合人類居

〔註 18〕陳天錫編著，《西沙島東沙島成案彙編》，《東沙島成案彙編》，第 52～53 頁。

住。西澤的上述侵入東沙島行動，歷時四十五天。由於時間太長，沒有音信傳回，「基隆公司，以為福都輪船，或在途遇險失事，立派礦師高歧、玳瑁商人柯亞治，乘西古庫輪船來尋，並藉以攷驗鳥糞玳瑁等物」〔註19〕。

1908 年正月，西澤又派「大門第三」、「大門第五」兩輪船載運糧食並建築房屋材料前往該島。上述兩輪船順便帶回鳥糞二、三百噸到基隆，讓肥料公司再進行化驗。是月，臺灣總督府也派化學專家 13 人到該島進行查驗，檢驗所產磷礦，全上等品，特立章程獎勵商業，出示勸令農戶專購該島鳥糞為肥料。此後，西澤指定 4 艘輪船，兩輪輪班，以半月為期，定期到東沙島來，運回鳥糞及搬運建築材料等。

筆者竊以為即使西澤最初遇風漂至東沙島是偶然，但其後的侵略行為則與臺灣總督府有著密切的關係。總督府特別派化學專家隨之到島即為有利證據；西澤在東沙島的各種建設也證明有政府力量的支持。

西澤侵佔東沙島後，還積極在島上建設基礎設施，準備掠奪島上資源。他在島的南部修建碼頭，繼而修建了一條小鐵路，此外還鋪設電話線、建立淡水廠、搭蓋日式房屋和辦公所，並懸掛起日本旗。為了把東沙島據為己有，還將東沙島易名為「西澤島」，把東沙礁易名為「西澤礁」，同時在島上立起了木牌，牌的一面書有「明治四十年八月」，另一面書有「西澤島」。同時對中國漁民進行驅趕，對島上中國民間信仰大王廟及島上中國人「墳冢」進行破壞。

一直在東沙島生活和作業的中國廣安祥大漁船船主梁勝、新泗和大漁船船主梁帶及漁商梁應元等先後向清地方政府遞交了訴狀，對日本人的暴行予以控訴：「不准在此島左右捕魚，即刻要小的開行，小的等不允，遂將舢板四隻打爛，木料浮於海面。此三四日間，又見兵輪日人登島，將大王廟、兄弟所，盡行毀拆，用火焚化。又見島上有墳冢百餘座，用鐵器掘開，取出各骸骨，將膠菜木棚盡拆，又砍伐島上樹木堆起，將百多具屍骨，架著火棚，盡行燒化，推入水中。」〔註20〕日本人妄圖通過這種野蠻的手段，抹殺中國人經營東沙島的證據，以便否定東沙島屬於中國的事實。

日本人站穩腳跟後大肆採掘磷質鳥糞，而且還採獲大量的海產，如海龜、玳瑁、螺殼、海藻等。西澤動用「福都號」、「大門第三號」、「大門第五號」、「馬奴號」等輪船，每半月兩船輪番前往東沙島，將其掠奪的東沙島資源源源

〔註19〕陳天錫編著，《西沙島東沙島成案彙編》，《東沙島成案彙編》，第53～54 頁。
〔註20〕陳天錫編著，《西沙島東沙島成案彙編》，《東沙島成案彙編》，第 66 頁。

不斷運回臺灣。

　　同年，日本歌山縣人宮崎等乘船南下，躥到南沙群島一帶活動，返國後大肆宣傳，稱南沙群島是極有希望的漁場。自此之後，日本漁船大量南下，在我國南沙群島附近海域大肆掠奪海產資源。同年夏，日本外務省許可「恒信社」〔註21〕再次到東沙島探險。這充分說明日本政府在這些活動中所扮演的角色。

（四）從檔案分析日本侵佔東沙的性質

　　1907 年 9 月 16 日，日本大阪《朝日新聞》發表了題為《發現無人島》的文章稱：「在廣東省三門灣附近東北太平洋中發現稱為『普拉達斯』的無人島，目前該島由臺灣籍日本人西澤及水谷二人及南洋『卡洛林群島』的日本貿易商『恒信社』等進行事業經營。前年時恒信社公司的船舶『長風丸（150 噸）』發現了該島，此後與在日本清國公使、在橫濱各國領事及上海稅關、香港英國領事等再三交涉，確定該島無所屬，並且得到外務省的許可，本年夏季再派遣長風丸到同島，偶然在中途遇到赴該島的西澤、水谷等的氣船『四國丸』號。據最近的報告稱，東沙島南北一里多，東西約二十町，滿潮的時候，約露出海面二十五尺，島內的磷礦層高達七尺，還盛產海參、貝類，恒信社最近已經向政府提出該島為日本所屬的申請。」〔註22〕

　　從《朝日新聞》的內容分析來看，1907 年時「恒信社」是得到日本外務省的許可才去東沙島的，故可以推斷，此時日本已經欲將東沙島納入到日本領土範圍內，《朝日新聞》的文章可視為日本對內及對外的一種輿論宣傳。而此消息也透露出，日本實際上在 1905 年時就已經開始開發東沙島，開發者不僅有西澤，還有「恒信社」等。

　　檔案還記載，在西澤吉治侵佔開發東沙島的同年（1907 年），「西村等兩人向內務省提出將東沙島編入臺灣總督府的申請，內務省向外務省發出照會」〔註23〕，還稱「西村的權力繼承者西澤」。這樣分析來看，是「西村」等二人向日本內務省提出將東沙島編入臺灣的申請。這裡記載的「西村」究竟何人，

〔註21〕　筆者查閱相關檔案證明「恒信社」全名為「西『卡洛林群島』恒信磷礦株式會社」，主營磷礦。參見《大正 3 年～9 年大正戰役戰時書類卷 41 南洋群島關係 26》，JCAHR: C10128172300。

〔註22〕　〔日〕《大正 3 年～9 年大正戰役戰時書類卷 41 南洋群島關係 26》，JCAHR: C10128172300。

〔註23〕　〔日〕《南支那海諸礁島歸屬關係第二卷》，JCAHR: B02031159150。

筆者沒有查到檔案記錄。

另日本內務省稱「根據當時海軍省的調查、海圖及水路志，並沒有該島嶼所屬相關記事。最初的測量是 1858 年英國軍艦薩拉森船長以及 1866 年、1867 年英國海軍兩少尉他們記錄發刊的海圖。我海軍完全是基於這張海圖在明治 16 年時製作了海圖。因此對外務省答覆說，並不是由日本人最初發現了這些島嶼。而且如果英國方面提出一些異議，我方也感到非常的為難，但是在此之際，我邦人已經進行了經營，等待時機成熟之時，理所當然再編入我帝國領土。」〔註24〕這份檔案再次證明日本政府此時已經有意將東沙併入日本。

檔案還記載，「明治 42 年 12 月 5 日，西村的權力繼承者西澤，訪問倉知政務局長，言東沙西沙都是無人島，想進一步進行經營，對領土編入相關及其後政府的措施進行瞭解。局長說，一定會保護邦人企業，目前的情況是，東沙島一定實施編入的方針，西沙島也將採取同樣的方針，西澤聽後非常興奮。」〔註25〕這說明當時日本政府不僅要將東沙島併入，而且連西沙群島也要併入到日本領土。

西澤吉治侵佔東沙島的行為並不是個人行為，實際上西澤吉治為「南洋經營組合」的法人代表。新聞還透露出「恒信社」實質上比西澤發現東沙要晚。但日本此時稱此島為「無人島」，顯然是為吞併作準備。日本海軍與日本陸軍不同，他們一直持日本應當南下的主張。在西澤侵佔東沙島過程中，日本海軍也發揮了重要作用。根據中國漁民的申述書記錄，西澤雇傭的船隊中有軍艦，香港《大公報》關於「東沙事件」的記載日本突由臺灣方面，開來兵艦一艘，商輪二辰丸一艘，滿載軍火及日民，圖謀占我東、西沙島，當即遭到中國漁民的反抗，清政府聞訊後與其交涉，迫其停止，足以證明這個時期日本在南中國海的行為不僅僅是日本商人的個人行為，日本政府一開始就給予了強有力的支持。日本在南中國海的目的也不僅僅是盜採和捕魚，而是為了進一步開疆拓土，擴展其「生存空間」。他們驅趕中國漁民，搗毀不肯離去的中國漁船，強拆海神廟和「兄弟所」，挖掘中國先民墳墓，將屍骨燒化，拋入大海，通過這種野蠻做法，企圖掃清中國漁民的痕跡，來「證明」此地確係「無主荒島」，以達到其侵佔的目的。

〔註24〕〔日〕《南支那海諸礁島帰属関係第二卷》，JCAHR: B02031159150。
〔註25〕〔日〕《南支那海諸礁島帰属関係第二卷》，JCAHR: B02031159150。

二、清政府據理收回東沙島

（一）清政府確定東沙島為中國屬島

日本對東沙島的侵略行為，引起清政府的嚴重關注。兩江總督端方〔註26〕最早從報紙上獲悉日本商人西澤吉治侵佔中國南方沿海島嶼的消息後，於1907 年 8 月底向清政府外務部報告我沿海島礁被占情況。由於端方提出的島名為「蒲拉他士島」，使兩廣總督張人駿「遍攷粵省志書輿圖，均無記載此島確據。」〔註27〕

1907 年 9 月 5 日，清朝外務部發電給張人駿，告知港澳附近與美屬小呂宋群島（今馬尼拉）連界之間有一島，被日商西澤吉治糾合眾人於本年 7 月 2 日登岸，建設宿舍，高懸日旗，改島名為「西澤島」，暗礁為「西澤礁」，將其據為己有。外務部認為「該島為我屬地」，〔註28〕命張人駿詳細查明該島舊係何名，有無圖籍可考。由此開始，外務部、兩廣總督張人駿、兩江總督南洋大臣端方、總理南北洋海軍兼廣東水師提督薩鎮冰等地方督撫要員反覆調查，查證典籍，確認西澤島即為廣東一帶漁民習慣稱呼的「東沙島」，也被西人稱為「蒲拉他士島」。

隨後，張人駿奉令向日本駐廣東領事賴川淺之進進行交涉，日領事狡辯謂該島原不屬日本政府，既無佔領之意。惟當認為無主荒島，倘中國認為該島為轄境，須有地方書志及該島應歸何官何營管轄確據。張人駿等清朝官員努力搜索有關東沙島屬於中國的歷史文獻和圖籍，發現王之春的《國圖柔遠記》、陳壽彭翻譯的《中國江海險要圖志》以及中國和英國出版的一些地圖，都記載此島屬廣東管轄。特別是西方人對南海勘測的書籍記載成為東沙島屬於中國的關鍵證據。

1907 年 9 月 5 日，外務部電令張人駿查核日商占島事件，電文描述了該

〔註26〕張建斌利用中國第一歷史檔案館保存的端方檔案，梳理清朝外務部、端方、張人駿、薩鎮冰等調查日人佔據東沙島的往來電函，其中部分已經收入《成案》，但絕大部分還未被發掘利用。這些函件為研究東沙島交涉的核查取證、地方督撫的相關認識以及舉措，提供了一手史料，為東沙島隸屬中國提供了有力歷史證據，同時也可補《成案》之不足。張建斌，《端方與東沙島交涉——兼補「西沙島東沙島成案彙編」之不足》，《中國邊疆史地研究》2017 年第 2 期。

〔註27〕陳天錫編著，《西沙島東沙島成案彙編》，《東沙島成案彙編》，第 6 頁。

〔註28〕《為日商西澤據我港澳附近之荒島為己有事》（光緒三十三年九月初五日），發兩廣總督張人駿電，國家清史工程數據庫電報檔（以下簡稱「電報檔」），檔號：2-05-12-033-0838。

島的位置為「正當北緯十四度四十二分秒，東經線一百十六度四十二分十四秒，距香港一百零八米，該島周圍三十七八里，因島之一端有大小暗礁起伏，海中約六十里。」〔註29〕四天後，張人駿回電：「按鈞電所開經緯各節，細加查考，該島距瓊州海口炮臺四百八十六英海里零七十八分，距香港四百七十六英海里零九十四分，以華里計算，已在一千四百餘里之外，遍考輿圖似非粵省轄境」，「該處風浪最大，粵省無大兵輪，難往查探，可否請鈞部轉電南洋酌派大輪往查」〔註30〕。10日，外務部詢問端方，「尊處有無大輪可派，希迅即妥酌辦理」〔註31〕。

端方經過核查，13日回覆外務部：「查中國官私各地圖，皆以廣東瓊州府所屬崖州北緯十八度為最南之界，日人現踞之島在北緯十四度間，中國地圖未見有繪至此度，在以英海部一千八百八十六年所刊海圖考之，按此經緯線之處並無島嶼，惟稍偏東北有小礁一處，出水三尺，在北緯線十五度十分，東經線一百十七度四十分，與此亦不相符，是必英國刊圖時尚未發見此島，而近年方覓得，此中外地圖皆未見有此島，無從證其為何國屬地，其地尚在小呂宋以南，距中國海岸千里而遙，其為中國屬地之據各圖皆無從考核。」端方認為，外務部電文稱「離香港一百零八米與上文經緯度不合，恐有誤字」，「香港東南一百七十英海里有碧列他島，北緯線二十度四十二分，東經線一百十六度四十三分，沙質無泥，西有一港口每上半年中國漁船可在此避風，經緯度既不合，與人跡罕到之說亦不符」〔註32〕。他還對派遣大輪做了回覆，稱南北洋中海圻號較大，已經與海容號前去南洋巡閱，「電致楊侍郎（指農工商部右侍郎楊士琦，楊在九月下旬乘坐兩艦到南洋考察商業，經香港到菲律賓等地）囑其繞道前往一看，亦尚就便」，由於緯度不合，「楊侍郎亦無從辦理」〔註33〕。在南洋艦隊中，還有「鏡清號」可以遠道巡航。當天給海軍提督薩鎮冰發函，詢問鏡清號

〔註29〕《為日商西澤據我港澳附近之荒島為己有事》（光緒三十三年九月初五日），發兩廣總督張人駿電，電報檔，檔號：2-05-12-033-0838。

〔註30〕《為日人西澤覓見海島一節請電南洋往查事》（光緒三十三年九月初九日），收兩廣總督張人駿電，電報檔，檔號：2-05-12-033-0868。

〔註31〕《為希派輪往查港澳附近荒島事》（光緒三十三年九月初十日），發南洋大臣端方電，電報檔，檔號：2-05-12-033-0871。

〔註32〕《為兩江查無荒島且所提經緯不合事》（光緒三十三年九月十三日），發外務部電，端方檔，檔號：27-01-003-000028-0002。

〔註33〕《為兩江查無荒島且所提經緯不合事》（光緒三十三年九月十三日），發外務部電，端方檔，檔號：27-01-003-000028-0002。

「兵輪何船可以駛往」〔註34〕。

14 日，薩鎮冰回電稱，「按外務部可開往緯線度數，查海圖上並無此島，未知該處水面水勢深淺，似難擬派何船，若必須派船前往，需至粵覓之漁家指引」〔註35〕。21 日，端方收到兩廣來電，稱北洋已經派「通濟號」赴粵，「擬請再於南洋各兵輪中酌派一中小號者赴粵，皆為備用」〔註36〕。端方與薩鎮冰互電後回覆外務部，「擬派鏡清赴粵，其煤費請由粵出。再日商西澤現據之荒島，如貴處擬派輪往探，祈先電知外務部，得後再派為妥」〔註37〕。27 日，張人駿通知端方，「昨已電外部轉電，貴處酌派大輪往查」〔註38〕。

當端方、張人駿等擬派艦赴南洋探查島嶼時，28 日，端方發電張人駿稱，駐寧日領事告知島嶼的確切位置「實在臺灣之西南，香港之東南，距香港一百七十餘英海里，並舉其經緯度及英文名稱，按其所言考之，即係前準貴省資送廣雅書局所印新譯《中國江海險要圖志》內之蒲拉他士島，一名蒲勒他士島，為廣東雜澳第十三，在北緯二十度四十二分，東經一百十六度四十三分，距香港一百七十英海里」。其實就是端方在十三日電文中所稱的「碧列他島」。島的具體位置和名稱確定了，可是「日人已踞其地，若貿然派船往查，中外言語不通，恐生枝節，不可不慎，應先收憑據，考核切實」〔註39〕。於是，查找記載東沙島的史籍、志書，成為中日交涉前的關鍵環節。

9 月 28 日，端方從日本駐寧領事處得知該島的確切名稱，查找史籍證據才有了方向。端方首先獲知，該島即「廣雅書局所印新譯《中國江海險要圖志》內之蒲拉他士島」，「上年兩江派員所繪海圖亦有此島，英海部所刻海圖亦有此島」。而「憑據僅此數種，均係新測新繪，當覓未足」，「若有早年圖志案卷為憑，則尤為詳實」。於是端方請張人駿於「廣東省府縣各志書各輿圖及公署案

〔註34〕《為何兵輪可往查荒島事》（光緒三十三年九月十三日），發上海薩軍門電，端方檔，檔號：27-01-003-000028-0001。
〔註35〕《為查無荒島記載且派何艦需粵漁人指引事》（光緒三十三年九月十四日），收上海薩軍門電，端方檔，檔號：27-01-003-000027-0002。
〔註36〕《為需酌派中小號艦赴粵備用事》（光緒三十三年九月二十一日），收廣東張人駿電，端方檔，檔號：27-01-003-000027-0003。
〔註37〕《為派鏡清赴粵請先告知外務部事》（光緒三十三年九月二十五日），發廣東張制臺電，端方檔，檔號：27-01-003-000028-0004。
〔註38〕《為電告外務部鏡清查探荒島事》（光緒三十三年九月二十七日），收廣東張制臺電，端方檔，檔號，27-01-003-000027-0005。
〔註39〕《為荒島即為蒲拉他士島請粵省查找證據事》（光緒三十三年九月二十八日），發廣州張制臺電，端方檔，檔號：27-01-003-000028-0005。

卷、私家著述內遍加搜討，再能舉出數證為此案鐵據」〔註40〕。10月14日，張人駿電告端方，「遍考粵省志書輿圖，均無記載此島礁據」，並判斷「該島似在閩粵之間」〔註41〕。

張人駿推測荒島在閩粵之內海域，可「粵無堪往之大船」，於是電告端方「應否由貴處派往，或電閩省細查有無證據」〔註42〕。《成案》認為，「自張督電覆端督之後，事閱經年，擱置未辦」〔註43〕。其實不然，端方在得到張人駿回覆第二日即發電閩浙總督松壽，「乞於福建省府州縣各志書、各輿圖及公署案卷、私家著述內遍加搜討，再能舉出數證，為此案鐵據」〔註44〕。松壽也回覆稱，「遍查閩省新舊圖志案冊，並詢下府士人，均無蒲拉他士島為我屬地之證，即以日領所指經緯度推算，此地亦無閩轄之海島」〔註45〕。

自1907年9月5日至12月5日近三個月中，兩廣、兩江、閩浙編查各方輿圖、志書，僅查得《中國江海險要圖志》與兩江勘測的海圖記有東沙島，且均為新測輿圖。此後，才如《成案》所言，調查「擱置未辦」。筆者分析認為交涉擱置的原因，主要是兩江、兩廣、閩浙各方均在輿圖內沒有查閱到該島，由何省繼續辦理此事，責任不明，三方沒有統一協調，核查擱淺。另一方面，外務部公布具體負責調查的責任者也不明晰，在兩江與兩廣之間游移，也造成了東沙島調查的中斷。

（二）明確「蒲拉他士島」為東沙島

由於清政府的「擱置未辦」，1908年8月23日，英國駐廣州領事致函清廣東省洋務委員溫道宗堯請求批准在東沙島設立燈塔：「按諸輿圖，中國海

〔註40〕《為荒島即為蒲拉他士島請粵省查找證據事》（光緒三十三年九月二十八日），發廣州張制臺電，端方檔，檔號：27-01-003-000028-0005。
〔註41〕《為粵省志書無記荒島請派艦往核事》（光緒三十三年十月十四日），收廣東張制臺電，端方檔，檔號：27-01-003-000027-0006。
〔註42〕《為粵省志書無記荒島請派艦往核事》（光緒三十三年十月十四日），收廣東張制臺電，端方檔，檔號：27-01-003-000027-0006。
〔註43〕陳天賜：《西沙島東沙島成案彙編·派艦往查之實行與調查報告》，第6頁。
〔註44〕《為核查閩省志書有無西澤侵佔島嶼記載事》（光緒三十三年十月十五日），端方檔，檔號：27-01-003-000028-0006，發福州松制臺電。亦見於《為日本商人六月三十日佔據西澤島此島歷史為中國領土事致福州制臺松壽電報》（光緒三十三年十月十五日），發福州制臺松壽電，端方檔，檔號：27-01-001-000044-0059。
〔註45〕《為閩省圖志無記載蒲島事》（光緒三十三年十二月初五日），收福州松制臺電，端方檔，檔號：27-01-003-000027-0007。

內，距香港東南一百七十英里，有一小島或群小島，名蒲拉他士。該島並無居民，顯係為無所統屬之地，但每年之中，間有中國漁船，駛到該島。於一千八百八十二年，及一千九百零二年，英政府提議，究竟應否於該島建立燈塔，後以不能決斷該島屬於何國，應由何人設燈之故，遂作罷議。現奉本國外部諭，飭將該島情形，及屬於何國，詳細查復，等因，用特函請執事，於督署案卷內，詳細確查，該島是否中國屬島，中國政府有無宣布明文，逐一示知為荷。」〔註46〕

此函明確說明「蒲拉他士」的準確位置，並明言是奉英國外交部的指示，請求清政府來確定該島是不是中國屬島，無疑是對正在迷茫中的張人駿重要的提示。這樣日商占島才被再次提起，促使清政府再次進行調查。

張人駿認為英國領事的這份公函似係善意的提醒，因此他建議外務部立即向英國和日本兩國聲明中國對該島的主權，同時請兩江總督端方「派員前往探明，酌立標門，以杜外人覬覦」〔註47〕。張人駿告知外務部與端方，他認為「英領現函明係我屬地境，稱欲在該島設燈塔，似係意存嘗試」，「請午帥派員前往探明」〔註48〕。外務部令端方「委派員往探，按照上年電開緯度，是否確在我海線之內，並西澤在該島究竟如何設施一併轉飭詳查分析」〔註49〕。

1908 年 8 月 28 日，端方回覆外務部與張人駿，說明了 1907 年 9 月以來查閱證據情況。他建議外務部據《中國江海險要圖志》，「照會英日兩國宣布此島為中國屬島」。9 月 13 日，外務部回電稱，「該島既係我地，如無端向人聲明，先自示弱，英領既來，詢問應由粵據查出圖志，告以是中國土地……較有頭緒」〔註50〕。端方認為英國人是以「擬設燈塔為詞」，在英國官方公布的海圖中明確此島屬於中國，建議外務部照會英、日兩國，再次聲明主權。《成案》記載，端方接到外務部電文後，「旋電薩提督鎮冰，俟接待美國艦隊事畢，酌派大輪往島查勘」〔註51〕。

〔註46〕陳天錫編著，《西沙島東沙島成案彙編》，《東沙島成案彙編》，第 7 頁。
〔註47〕陳天錫編著，《西沙島東沙島成案彙編》，《東沙島成案彙編》，第 8 頁。
〔註48〕《為英人在蒲島設立燈塔請查明事》（光緒三十四年八月二十三日），收廣州張制臺電，端方檔，檔號：27-01-003-000028-0008。
〔註49〕《為詳查西澤所佔島是否在我海線內並設施如何事》（光緒三十四年八月二十七日），收外務部電，端方檔，檔號：27-01-003-000027-0008。
〔註50〕《為蒲拉他士島設立燈塔事》（光緒三十四年九月十三日），發南洋大臣端方等電，電報檔，檔號：2-05-12-034-0703。
〔註51〕陳天賜：《西沙島東沙島成案彙編·派艦往查之實行與調查之報告》，第 7 頁。

1908 年 9 月 13 日，廣東總督函覆英領事，聲明東沙島係中國領土，英國領事並無反駁，也可證明英國政府似不願處於南海航道中的東沙落入日本手中。清外務部再次致電兩廣總督張人駿，令其查明東沙島及日本侵佔情況，同時責令南洋大臣派艦艇到東沙島調查情況。〔註52〕同年 10 月，清政府宣布東沙島為中國固有領土。

外務部希望粵省先與英國交涉。9 月 15 日，張人駿發電外務部和端方，稱「事先已由粵函覆英領，聲明該島係中國土地，英領並無異言，惟派輪往查一節，粵無大輪可往」〔註53〕。端方認為，「粵督既認為中屬，自因該島與中國海線相近，應由尊處派員往探，按照上年電開緯度是否確在我海線之內，並西澤在該島究竟為何設施，一併轉飭詳查」，粵所需大輪，仍由南洋派艦往查。〔註54〕至此，調查日商佔領東沙島直接由張人駿負責，南洋提供艦船。英國的介入並沒有引起大的波瀾，反而促使清政府繼續調查取證。

1909 年初，中日開始交涉，然而新的證據並未找到。日人深知，「中國志書只詳陸地之高，而海中各島素多疏略，故堅以志書有載方能作證」，「用意狡點」。張人駿電請端方將兩江所繪海圖，「傍繪數張寄粵，一面由粵設法詳考證處」〔註55〕。兩江總督方面也在尋找新的證據。1909 年 2 月 12 日，端方詢問張人駿，「近復考之《廣東通志》，見是書卷百二十四海防圖內，當香港之東有澳名『布袋』，按『布袋』二字之音與西圖之『蒲他若』『朴特若』『撥達』等字之音均相近似，西圖之名皆『布袋』二字之譯音，且圖內於澳南之島上注有『天后宮大王廟』六字，今日商毀廟宁此正闊第，是圖過於粗疏，無經緯線度，不能實指其他，且與前次尊電謂在汕頭正南百五十英海里之說亦不相合，不知布袋澳是否另是一處，乞再詳加考定」〔註56〕。兩日後，張人駿回電，「布袋

〔註52〕《清季外交史料》（第四冊），光緒三十三年九月初五日，初十日。

〔註53〕《為派船查明蒲拉他士島事》（光緒三十四年九月十五日），收兩廣總督張人駿電，電報檔，檔號：2-05-12-034-0716。亦參見《為英人承認蒲島屬中國事》（光緒三十四年九月十五日），收兩廣總督張人駿電，端方檔，檔號：27-01-003-000027-0011。

〔註54〕《為接待美艦隊事畢酌派大輪前往蒲島查勘事》（光緒三十四年九月十五日），發外務部與廣東張人駿電，端方檔，檔號：27-01-003-000027-0010。

〔註55〕《為蒲拉他士島與日本交涉情形事》（宣統元年閏二月初一日），收廣東張制臺電，端方檔，檔號：27-01-003-000027-0021。

〔註56〕《為核查布袋是否為蒲拉他士島事》（宣統元年閏二月十二日），發廣東張制臺電，端方檔，檔號：27-01-003-000028-0016。

澳按查《廣東通志》係在鯉魚門內海，與東沙似不相同」〔註57〕。

經過一年多廣泛搜討，查證史書、尋找證據終於有了線索。1909 年 3 月 23 日，端方告知張人駿，「東沙一島，頃敝發陳君慶年來言，渠見《藝海珠塵》史部地理類中有陳倫炯所著《海國聞見錄》載有是島，與英人金約翰《海道圖說》所載形勢相合。西人之來此島探測據金書始於嘉慶十八年，而倫炯是書成於雍正八年，有此足為我屬之確據。雲再王爵棠在粵曾刻有《沿海輿圖》（這裡指王之春《清朝柔遠記》中載有《沿海輿圖》），即係勦襲陳圖」〔註58〕。《成案》涉及查找證據一節，記述如下：「此二書（《清朝柔遠記》、《江海險要圖說》）者故當時所據以為爭東沙島領土權之最有力證據。惟余曾考王德均氏筆述英人金約翰所輯之《海道圖說》，內載西人之來東沙探測，實始於嘉慶十八年，是金書發現東沙島已較早於英國海圖官局（指《江海險要圖說》），又最近得見陳倫炯所著《海國聞見錄》卷首，亦列有沿海全圖。核與《柔遠記》所繪，竟無二致。陳書成於雍正八年，是其發現東沙島距今已有二百年，又較金書為早。此則談東沙島歷史者所不可不知也。」〔註59〕比較《成案》所載與上文端方所發電報，內容相似，該書作者是否看到端方電報，並據為己說或是偶然巧合，不能確證。然而，清末中日東沙島交涉前期，端方、張人駿等人耗費時日搜尋史籍、查找證據以為交涉之資卻是不能淹沒和遺忘的歷史事實。

1909 年正月，飛鷹號兵艦前往調查，初步瞭解島礁被日侵佔狀況。很快便查明「蒲拉他士島」，即土名東沙，日人改名為「西澤島」，同時發現島上原有日本男女四百多人，現在尚留有百餘人，另外還有很多臺灣人，在此尋覓沙魚、龜魚，並礁上之雀糞，用作田料。島上已經修築了鐵路、德律風（電話）、小火輪及碼頭等。中國漁民前建的海神廟等早無蹤跡。

為了進一步弄清事實，張人駿再次派「飛鷹」和「開辦」前往調查，這次調查比前一次調查更深入，並同西澤派駐在島上的事務人淺沼彥之亟進行了對話。淺沼彥之亟聲稱他們受西澤之委任到該島經商，完全是個人生意。至於日本政府是否瞭解此事，亦未知之，只是上一年的夏天日本臺灣總督府曾派官吏六人上島視察，他們也不知道該島屬於何國。

〔註57〕《為布袋島係在鯉魚門事》（宣統元年閏二月十四日），收廣東張制臺電，端方檔，檔號：27-01-003-000027-0019。

〔註58〕《為發現史籍記載蒲拉他士島事》（宣統元年三月二十三日），發廣東張制臺電，端方檔，檔號：27-01-003-000028-0023。

〔註59〕陳天賜：《西沙島東沙島成案彙編·東沙島之發現時期》，第 3 頁。

　　另外清官員還到日本擊沉中國漁船的地方進行了查看，走訪了堅持在東沙島捕魚的中國漁民，並筆錄了《漁商梁應元稟詞》、《船主報告》等證詞，作為日本人非法佔據東沙島毀滅中國人島上生活的證據。

（三）向日本領事進行交涉

　　張人駿致電外務部說明上述情況，外務部覆電責令張人駿與日方交涉。張人駿依據東沙島調查委員的報告，判斷東沙島明確屬於中國領土，直接向在廣東的日本領事提出照會：「位於惠州海面上的東沙島，隸屬於廣東省，從來都是福建廣東各港漁船，在捕魚之時在該島停泊的地方，最近貴國商人雇用工人，在島上開採磷礦，經營全島是完全不符合規矩的，請盡快撤離並給予答覆。」對我方的照會，在廣東的日本領事官賴川氏交給廣東總督一冊島志稱：「該島是由日本人最先發現，發現國是日本，根據萬國公法當然是日本所屬。現在貴部既然認為是屬於中國，那其編纂的島志，能夠證明該島有無的調查，請給予回答。」〔註60〕日領事認為島上神廟已拆，墳墓已毀，無可對證，又知中國志書，只詳陸地之事，而海中諸島素多疏略，故強行狡辯。

　　面對此種形勢，張人駿廣泛搜集證據，據理力爭，聲明東沙島是廣東屬地，要求日領事諭令日商即行撤離，查明辦理，同時舉諸證如下：

　　第一、據當時水師提督薩鎮冰所派「飛鷹號」兵船管帶黃鍾英報告，島上舊有中國漁民所建大王廟等，日人西澤吉治來時，將之毀去，以圖滅跡。〔註61〕但是，「基石雖被挪移而去，石塊及廟宇原地尚可指出」〔註62〕。

　　第二、據漁商梁應元稟稱：「光緒三十二年（1906年）忽有日人多人到（東沙）島將大王廟一間拆毀。查該廟係該處漁民公立之所，坐西北，向東南，廟後有椰子樹三株，見日人公然在此開挖一池，專養玳瑁，前時該廟之旁，屯有糧食伙食等物，以備船隻到此之所需，今已蕩然無存。」〔註63〕眾多漁人也紛紛予以作證。

　　第三、提出英國地圖作為證據，「英國人曾經在普拉達斯島遭受海難。其後外國人的地圖將此島也標注為普拉達斯，並注明屬廣東省。公元1866年5月，英國軍艦西版特號在該島曾經停泊過。英文書籍也記載中國人在該島進

〔註60〕〔日〕《南支那海諸礁島歸屬關係第二卷》，JCAHR: B02031159150。
〔註61〕鄭資約著：《南海諸島地理志略》，商務印書館1947年，72～73頁。
〔註62〕《清季外交史料》（第二冊），宣統一年三月二十二日。
〔註63〕鄭資約著：《南海諸島地理志略》，商務印書館1947年，72～73頁。

行漁業捕撈。另據英國『聖約翰海道圖說』記載,嘉慶十八年,即公元 1813年發行的中國尚倫煙著作,記述了東沙島的狀況及沿海的狀況圖說:『惠州甲子港西部有東沙島,西東北部有尾表島,西南部有南竭島的記載。』有以上這些可以證明日本人所佔領的東沙島,為中國島嶼無疑。此島並不是無人島。尚倫煙是雍正初年臺灣的總兵,在雷州連州駐屯,本書是雍正八年即 1730 年完成。」〔註64〕

第四、利用中外各種圖志證明該島自古以來就是中國領土,並不是什麼「無主地」。王之春的《國朝柔遠記》、陳壽彭譯的《中國江海險要圖志》以及中國和英國出版的一些地圖,都記載此島屬廣東管轄。

(四)廣東各界支持政府收回東沙島主權

東沙島問題引起社會的廣泛關注,廣東社會也開始研究解決辦法。2 月 10日,廣東自治會在協議澳門境界問題之時,討論了東沙島國權對國民生計相關問題,討論結果如下:

一、連帶本問題向海內外同胞進行宣布。

二、向政府提出,對我國漁業及同島的財產要進行保護。

三、如若政府放任不管,我等要傾注力量來進行挽救。〔註65〕

另外惠州省的代表也就東沙島的現狀等進行了闡述:

第一,沿海漁民所建築的廟宇,足以證明該島是我國領土。

第二,日本人為了在該島的設施,驅逐了中國漁民。

第三,電報證明英國美國兩國都認為該島是我國的領土。

第四,外國人地圖,也能確認該島是我國的領土。

第五,廣東省當局多次派員進行調查。〔註66〕

根據以上詳細報告,在同月 21 日,廣州市各界人士幾千人在府學館召開會議商決四項解決辦法:

第一,聯合各界向廣東總督張人駿及國境劃定專使高爾謙請求維持全島的權宜。

第二,以書面申請的方式向廣東深商自治會及在北京廣東出生官員請求全力協助維持該島權益。

〔註64〕〔日〕《南支那海諸礁島帰屬関係第二卷》,JCAHR: B02031159150。
〔註65〕〔日〕《南支那海諸礁島帰屬関係第二卷》,JCAHR: B02031159150。
〔註66〕〔日〕《南支那海諸礁島帰屬関係第二卷》,JCAHR: B02031159150。

第三，對各地生商及學界等進行書面倡議請求協助調查該島情況。

第四，一切費用由商學兩屆共同承擔。

同時，將某位地學家對全島利害關係的陳述，以書面的方式向北京的攝政王載灃進行陳述。〔註67〕

（五）日本政界對東沙島的轉化

中日之間東沙島之爭也引起了日本各界的關注。「現在東沙島究竟屬於何國還未十分明確，日本政府如果決定要佔領該地，那必須向中國提出確鑿的證據，使中國來放棄其領土的認識。如果認定該島為中國領土，那應當保護現在該島居住的日本人。」〔註68〕

日本也承認「沒有主張該島的領土權。但也不認為中國擁有該島的領土主權，認為該島應該是無所屬的無人島。日本人西澤的同島經營是個人的事業，日本政府並不知曉。」〔註69〕但臺灣總督府方面即持相反的態度，認為「此島是根據中日媾和條約中臺灣一條，而成為由臺灣所屬的島嶼，故整個群島都是屬於日本。」〔註70〕臺灣總督府的大島民政長官公開稱：「西澤已經在該島開拓多有時日，從來沒有得到清國方面的任何的抗議，廣東總督的要求十分無理。此島不過是一個小島嶼，因磷礦豐富而受到西澤的重視，並傾全力進行開拓，花費了莫大的資金，縱令該島屬於清國的領土，那麼對西澤也應該給予相當的賠償。」〔註71〕

在大量確鑿的證據面前，日本政府最後承認：「中國所提出的許多關於東沙島的證據都值得信賴，承認東沙島屬於中國的領土，並在近期將該島歸還給中國。」同時，西澤向外務省提出了保護申請。最後臺灣總督府方面屈服，這樣兩邊的主張就漸次的接近，日本政府承認該島為中國領土，清政府承諾對西澤的損失進行相當的補償。

（六）賠償金的商議

是年5月，廣東省洋務局官員魏潮與日本領事賴川及西澤三人，共同前往

〔註67〕〔日〕《南支那海諸礁島帰屬関係第二卷》，JCAHR: B02031159150。
〔註68〕〔日〕《南支那海諸礁島帰屬関係第二卷》，JCAHR: B02031159150。
〔註69〕〔日〕《南支那海諸礁島帰屬関係第二卷》，JCAHR: B02031159150。
〔註70〕〔日〕《南支那海諸礁島帰屬関係第二卷》，JCAHR: B02031159150。
〔註71〕〔日〕《南支那海諸礁島帰屬関係第二卷》，JCAHR: B02031159150。

東沙島進行實地調查。在調查的基礎上，魏潮提出以下五條件：

第一，必須購買的房屋和器具等，在價格決定之後由中國委員直接引渡管理。

第二，不動產轉讓決定之後，先行停止該島的一切產業，日本和臺灣的工人同時從該島撤去，一切房屋進行引渡之後，中國委員將日本國旗撤棄，將中國龍行旗插上。

第三，已經採取的還沒運回的礦物、木材、鳥糞、肥料、海產、魚類等，一概按照指定的日期運回，並依據條例進行納稅。

第四，收購的房屋器具等，先行由日商出具價格表並上交給日本領事館來進行查驗並指定交接日期。對於日本人損壞的中國大王廟和漁民的損失，也有委員制定價格表，交到日本領事館由領事和日商進行查驗並確定價格，並從收購金額中扣除。

第五，中國收回該島之後進行開墾，作為商埠，許可與外國進行通商，待商埠專章制定後進行通告。〔註72〕

以上第一、第二、第三、第五，都得到了日本領事的認可。但對於第四項，對於房屋和器具的收購價格及大王廟、漁民的損失賠償價格，兩者之間差距甚大，日商提出來的收購價格是一百萬元。廣東省委員會通過調查，認為僅應給予四分之一。這樣反覆的磋商，一直沒有最終獲得雙方的認可。在此期間，西澤繼續在該島從事其相關事業，把大量的礦物及海產物運回臺灣。廣東省當局認為該島的物產也理所應當屬於中國所有，責成王委員向派到該島的魏潮進行通告，令其與日本領事進行交涉。

根據各委員在該島對房屋、淺橋等進行調查的結果，認為只有事務所還算是能等同於建築物的建築，故認為日本人的賠償金要求過高。廣東總督張人駿也因在東沙島問題上態度強硬，轉任兩江總督，由袁樹勳繼任張人駿的位置。但張人駿仍然向外務省發電：「該島嶼完全屬於中國的領土，日本商人做法十分不符合國際法，現在日本旗還在島上飄揚，必須要求撤下其旗幟，以強調我主權。」〔註73〕

（七）西澤利用新聞媒體進行施壓

日本方面並不甘心得到賠償並撤出東沙島。西澤開始利用新聞媒體來進

〔註72〕〔日〕《南支那海諸礁島帰屬関係第二卷》，JCAHR: B02031159150。
〔註73〕〔日〕《南支那海諸礁島帰屬関係第二卷》，JCAHR: B02031159150。

行狡辯，在接受《外字新聞》記者採訪時稱：「1901 年我第一次到東沙島的時候，該島嶼並沒有人居住，僅有一個小廟和一塊古地。1907 年及 1908 年再次到達該島嶼時，小廟已經被火燒毀，故並不是由我故意損壞的。當時我還對全島進行了調查，沒有發現任何人的痕跡，只是在海濱發現了一艘破損的漁船，仔細檢查以後發現是英國的炮艦『理刺號』。另外還發現了三艘外國漁船的遺骸。在海濱發掘的一個小船中有一具屍體，判斷是日本人，就直接將其埋葬。當時中國人或者英國人等都沒有在該島居住。但是如果想對該島進行經營的話，他日一定會得到相當的利益，於是投入巨額的資金，雇傭了六百多名工人用船將其運到該島嶼，進行各種事業的工作，現在已經歷經兩年，其投資額也達數十萬元。又架設了輕軌鐵路，修築了倉庫、工廠、醫院、機械工廠、製鐵工廠等，還用小蒸汽船，大型船舶等各類各種船等，將建造房屋鐵道等各樣材料，大量的運到該島上進行儲藏，同時將在這兩年之間採集鳥糞約一萬五千噸，磷礦約八、九萬噸運往各處。現在中國人要奪回該島，並要求進行賠償。特別是中國官員還要求對其開拓先驅者進行賠償金，十分過分。」新聞記者稱「經營即將成功之時被剝奪權力確實有些遺憾」，對此，西澤稱「如果能得到其他三個荒島來代替中國的賠償金的話，他就沒有什麼遺憾了。」〔註74〕

（八）中日最終達成協議

由於廣東方面委員只承諾答應日商要求賠償金額的三分之一，而對大王廟等的賠償及其對磷礦等開採要求的金額比較巨大，交涉一直到 1909 年 7 月時，仍然沒有任何的結果。日本旗還在島上飄揚，但由於日本已經承認東沙島為中國領土，故島上居住的日本人開始撤回到琉球群島。

8 月中旬，日本方面進行了讓步，將賠償金減少到廣東銀 16 萬兩，對於大王廟破壞的賠償金抵 3 萬扣除，最後賠償 13 萬元。8 月 22 日，由廣東總督袁樹勳對協定的內容進行最後的認可調印。協議內容如下：

第一，惠州府所屬東沙島，在中日兩國進行大量收集證據的情況下，認定為中國廣東省惠州府所屬，中國自行派遣職員進行開拓經營。

第二，對於日商在該島進行經營事業的一般財產等，與廣東派遣委員共同進行調查的基礎上，認定其全部價格費廣東銀 16 萬兩，

〔註74〕〔日〕《南支那海諸礁島歸屬關係第二卷》，JCAHR: B02031159150。

向日商進行購買。（購買的財產包括房屋兩棟，各種房屋 6 棟，由礦區運至海岸的馬路及一部鐵道工程、各種船舶 8 艘、礦產及海產採用器具及各種使用器具 45 件，及已經採出的磷礦海產物等）

第三，對日商破壞的該島上的大王廟及漁民的房屋及船舶等的損害賠償金及輸出磷礦所得稅金額為 3 萬元，由日商在上記款項中扣除。

第四，約定扣除日商賠付的 3 萬元之後所要支付的廣東銀 13 萬元在該島財產全部引渡之後，在廣東省城進行支付，由廣東省委員會在舊曆 9 月 12 日，即新曆 10 月 25 日將全島財產作為最後的引渡期，9 月 14 日將購買金額全部支付。

第五，該島的全部財產引渡給廣東省委員之後，該島居住的日本商人及工人，將全部從該島撤離，對於購買之外的道具財產等，可自行任意攜帶。〔註 75〕

上記協定簽字成立之後，袁樹勳在 9 月 12 日與日本副領事共同在勸業道善後局，向該島派駐了中方職員。

三、晚清政府對東沙島的設治管理和開發建設

日本侵奪東沙島的行為，促使清政府加快對東沙島的設治管理和開發建設，並把其作為捍衛國家海洋領土主權的切實步驟，以斷絕日本和其他西方列強對東沙島和南海其他島嶼的貪念之心。從這一點來說，晚清政府對我國海洋國土主權的捍衛是做出一定貢獻的。

（一）清政府對東沙島設職管理

1908 年清政府與日交涉收復東沙島時，委派候補知府蔡康前往接收東沙島，廣東當局做出決定：「派委營牟，酌帶勇丁，隨同蔡守前往東沙島，以資駐守。」蔡康接收東沙島後，便選派帶往之司事 2 人，護勇 4 人駐守此地，並條陳兩廣總督袁樹勳（張人俊卸任後，由袁樹勳繼任），建議每月派兵輪巡視一次，以備不虞動測。其後又呈遞招商承辦開採東沙島資源說帖，建議「由粵派勇一旗，常駐該島，並隨時派拔兵輪前往巡視以示保護」〔註 76〕。

〔註 75〕〔日〕《南支那海諸礁島帰屬関係第二卷》，JCAHR: B02031159150。
〔註 76〕陳天錫編：《西沙島東沙島成案彙編・東沙島成案彙編》，商務印書館 1982 年版，第 210 頁。

　　為了加強管理，清政府還將東沙島的行政建制向前推進一步。1910 年 7 月，清政府為加強對東沙島的行政治理，設立了「管理東沙島委員會」，負責管理東沙島事務，任命為委員，並刊發關防一顆，文曰：「辦理東沙島委員會之關防」。同時增派駐守東沙島人員。蔡康去任後，洪念宗繼任管理東沙島委員之職。

　　1911 年，洪念宗報告該島的管理情況時說：「東沙島原係為廣東勸業衙門主司所管，向派委員一名，管理該島事務，又管工一名，勇目一名，醫生一名，護勇十三名，看守東沙島上物業。每月由該管理東沙島委員會稟知勸業道，行文知會水師軍門李（廣東水師提督李準），飭派廣海兵船前往載運糧食赴島，以應駐島人員之需用。」〔註77〕

　　從以上東沙島人員分派、駐島人員組成以及島上日常補給，可以分析出東沙島的軍事、政治意義重大，水師以東沙島為基點派兵駐守，目的是巡視洋面，保護海洋國土。這些措施加強了東沙島與大陸的聯繫，初步地改變了我國南部海疆國土無人駐守的局面。

（二）清政府對東沙島的經濟開發

　　清政府收回東沙島後，廣東官員對開發東沙島資源表現出極大的興趣，候補知府蔡康在其接收東沙島的報告中，就提出一個開發東沙島的計劃，其中包括遴選專員、分設屯棧、設立居所、撥用船隻、延聘技師和優給薪工等。

　　1910 年 7 月，兩廣總督袁樹勳任命蔡康為管理東沙島委員。同年 7 月 29 日蔡康率領司事、總技司、工匠等共 62 人，乘廣海號兵艦取道香港，於 8 月 2 日抵達東沙島。蔡康「隨偕技師遍閱島中磷質，逐一化驗，指定界址，督工採挖」〔註78〕。並在香港康樂道設立「東沙島磷質及土產銷售處」，以為辦理銷售及轉運之所。後因礦砂銷售困難，只開採三個月，就宣布停工。

　　1911 年 3 月和 7 月，經過日本駐廣東領事瀨川淺之進的介紹，廣東勸業道陳望曾和管理東沙島委員洪念宗等同日本大澤商會總理森田金藏等先後簽訂了《代雇工採取東沙島螺殼及承售辦法合同》和《代售東沙島水產物辦法條款》，由大澤商會代雇琉球潛水員至東沙島附近撈取螺殼和其他水產。每百斤

〔註77〕陳天錫編：《西沙島東沙島成案彙編・東沙島成案彙編》，商務印書館 1982 年版，第 115 頁。
〔註78〕陳天錫編：《西沙島東沙島成案彙編・東沙島成案彙編》，商務印書館 1982 年版，第 156～157 頁。

螺殼，日本大澤商會付給中國 10 元港幣，其他水產出手，中方得售出金額之六成，日方得四成。同年 8 月，中日雙方都覺得無利可圖，自願停辦。〔註 79〕

為往來船隻的航行安全，清政府還計劃在東沙、西沙群島設立燈塔和無線電臺。其實早在 1868 年 6 月 22 日，清政府總稅務司就擇定中國沿江險要地方 20 處設立燈塔，逐年興建，其中規定東沙島應於 1874 年建成。這是中國政府擬在東沙島建設燈塔的最早紀錄，但由於清政府末期處於風雨飄搖之中，這一計劃始終沒有開始。

1908 年，英領事請求清政府在東沙島設立無線電臺，為此中國海關在西沙群島也建立燈塔，以利航行。1909 年，廣東水師提督李準率官兵一百七十多人，乘「伏波」、「琛航」二艦第二次前往西沙查勘，探明島嶼 15 座，並逐一命名，勒石於珊瑚石上，升旗鳴炮，宣告西沙群島為中國領土。李準回廣州後，著《廣東水師國防要塞圖說》，並奏請朝廷開發西沙，清政府於次年（1910年）決定招徠華商承辦島務，官為保護維持，以重領土而保主權。

1910 年 7 月，清政府為加強對東沙島的行政治理，設立了「管理東沙島委員會」，負責管理東沙島事務。清政府還決定開發東沙、西沙群島，鑒於「各島相離遙遠，一切公牘風迅，非電不能傳送」，擬在西沙島、榆林港、東沙島、以及航行東、西沙的廣海兵船上，各設無線電臺。〔註 80〕並擬將省城無線電局所用僅達 100 海里的電機，改用能通 500 海里的電機，以利互通消息。並由水師提督李準派人與禮和銀行和香港威林思積公司洽購電臺機器事宜。〔註 81〕不久，清政府被推翻，建設燈塔和無線電臺之事就被擱置下來。

小結

綜上所述，西澤吉治最初遇風飄至東沙島或許是偶然，但其後的侵略性開拓行為，則與臺灣總督府有著密切的關係。這也證明日本在南中國海的行為，不能單純地理解為日本商人的個人所為，其目的也不僅僅是盜採磷礦和捕魚，而是欲借「無人島」為「無主地」，來達到開疆拓土擴展其「生存空間」。日本

〔註 79〕陳天錫編：《西沙島東沙島成案彙編‧東沙島成案彙編》，商務印書館 1982 年版，第 17 頁。

〔註 80〕陳天錫編：《西沙島東沙島成案彙編‧東沙島成案彙編》，商務印書館 1982 年版，第 17 頁。

〔註 81〕陳天錫編：《西沙島東沙島成案彙編‧東沙島成案彙編》，商務印書館 1982 年版，第 267 頁。

侵奪東沙島的行為，促使清政府認識到對南海諸島的疏失，兩廣總督張人駿派廣東水師提督李準前往東、西沙群島巡視勘察，同時加強了對東沙島的設治管理和開發建設。清政府在東沙島的行政建制，作為捍衛國家領土主權的切實步驟，特別是同時派人到西沙群島的巡視，斷絕了本欲覬覦侵佔西沙的日本人的野心，日本人只好轉變方式，採取聯合中國商人的辦法來達到其掠奪西沙群島的磷酸礦和海產資源的目的。

第二章　日本對西沙群島磷礦資源的
不法侵奪

　　西沙群島，古稱九乳螺洲（石）、七洲（洋）、長沙、千里長沙等，為中國南海諸島四大群島之一，由永樂群島和宣德群島構成，是中國南海陸地面積最大的群島。晚清政府與日本交涉東沙島的事件對中國的官民的影響巨大。1909年，廣東水師提督李準率伏波、廣金、琛航 3 艦巡視西沙群島，登上島嶼進行科學考察，測繪地圖，調查資源，並對所到島礁中的 15 座命名立碑，在永興島上升旗鳴炮。同年 3 月，廣東總督張人駿設立西沙群島籌辦處，籌備經營西沙事宜，制訂《入手辦法大綱》10 條。4 月，籌辦處人員由廣州分乘伏波、廣金、琛航 3 艦赴西沙群島復勘。1909 年張人駿設立了「籌辦西沙島事務辦」，統籌經營西沙島一切事務。他考慮到：「西沙各島孤懸海外，既無淡水，又無糧食，輪船並無避風之所，必擇一妥近之地，供資供應。」〔註1〕在縝密考察後，他認為海南島崖州（今三亞）所屬榆林港和三亞灣與西沙群島「相距僅 150多海里，且暮可達」，且二港「山水環抱，形勢天然，地土亦頗饒沃，實擅瓊崖之勝」，遂決定以此兩港作為經營西沙群島的根據地。〔註2〕此後經營西沙群島的重心便從萬州（今萬寧）移到崖州，崖州成為群島有力的後勤和軍事保障基地。1910 年，清政府擬訂官辦章程 10 條，令廣東諮議局西沙群島籌辦處派員設立局所，籌辦東沙、西沙群島開發事宜。1911 年，西沙群島劃歸海南島崖縣管轄。但是，日本人繞開中國政府的主權措施，通過股份甚至股權控制的

〔註 1〕陳天錫主編，《西沙島東沙島成案彙編・西沙群島成案彙編》，商務印書館，1982
　　　年版，第 17 頁。
〔註 2〕陳天錫主編，《西沙島東沙島成案彙編・西沙群島成案彙編》，第 17、23 頁。

不法手段，蠶食侵奪中國對西沙群島的主權。

一、日本以商人勾結之形式侵奪西沙磷礦資源

第一次世界大戰結束後，日本磷礦價格大幅攀升。巨額的戰爭賠款使戰後的日本財力充足海軍壯大，臺灣武裝抗爭的平定使之成為穩固的南進基地，加之戰爭原因磷礦石的輸入被阻斷，日本需要尋找類似「拉薩島」那樣的磷礦資源，於是又開始覬覦中國的海南島及西、南沙群島。

根據日本外務省檔案記載，「1915 年 10 月 9 日，旅粵日商杉山常高通過一名與之素有交情的中國商人率先向廣東當局提請承辦開發西沙群島林業和磷礦，並得到了廣東巡按使張鳴岐的許可」〔註3〕。此事件以後怎樣發展，筆者沒有找到資料證明，推斷可能沒有結果，才有日本人連續對西沙的覬覦。

日商為逐暴利屢屢侵入西沙群島進行非法探查，日本外務省記錄在案者就有小松重利、池田金造和平田末治等人。

小松重利、池田金造於 1918 年 5 月至 9 月間竄到西沙、南沙群島進行磷礦探查，回國後即於同年 10 月委託政客神山閏次等向日本外務省呈稱其發現了「無人島」，請求當局進行「主權」確認。〔註4〕1918 年 12 月，兩人聯合日本農商務省技師鴨下松二郎、櫻井凌亮進行第二次探險活動。1919 年 5 月以神山閏次、橋本圭三郎的名義再次向日本當局提出「領土編入」及磷礦開發申請。〔註5〕

根據日本檔案記載，「大正六年（1917）在臺灣高雄在住的平田偶然的機會發現了本島，從大正九年（1920）開始著手開採工作」〔註6〕。這份資料證明平田末治也是在 1917 年「偶然」發現西沙群島，顯然不符合歷史事實。

而平田末治自稱其在 1917 年 6 月前往東沙島途中遭遇風暴，漂流至西沙群島，偶然發現島上磷礦資源，經過 1918、1919 年對該群島的兩次調查後，

〔註3〕〔日〕《2 大正 8 年 6 月 17 日から大正 9 年 11 月 5 日》《各國領土發見及帰屬関係雑件／南支那海諸礁島帰屬関係第一卷》JCAHR: B02031158200; B0203 1157900。

〔註4〕〔日〕《6・支那南部海上二於ケル新島發見ノ儀二八神山閏次外一名ヨリ願出ノ件大正七年十月》，JCAHR: B03041153300。

〔註5〕〔日〕《1 大正 8 年 5 月 13 日から大正 8 年 6 月 2 日》《各國領土發見及帰屬関係雑件／南支那海諸礁島帰屬関係第一卷》JCAHR: B02031158100; B0203 1157900。

〔註6〕〔日〕《「パラセル」群島燐鉱関係一件分割 2》，JCAHR: B04011138600。

認為採礦事業大有可為，回國後於 1919 年 1 月向外務省、農商省及海軍省發照會，就其所屬關係進行「主權」確認，得到的回覆是「無所屬」〔註7〕。1919 年 3 月向日本農商務省呈遞「採礦申請書，並將西沙群島命名為平田群島，著手開發。」〔註8〕

通過以上分析可以看出，早在 1915 年時日本商人就通過合股的辦法企圖加入到中國開發西沙群島商業活動中，平田末治並非「偶然」發現了西沙群島，1917 年「漂流」至西沙群島顯然是有意所為。

根據日本檔案記載，平田開治 1916 年 5 月入職基隆金瓜石株式會社田中礦山區，1917 年轉職到位於高雄街新濱町三十二番地從事經營東沙島「海人草」〔註9〕採取及沉船解體業。從 1918 年開始從事西沙群島磷礦石的開採及經營。「平田是在 1917 年 6 月因臺灣製糖株式會社農事係老朋友豬股農學士而來到高雄市新濱剛街百二十三番地開設了木炭商店。不久豬股農學士將其介紹給基隆糖業本社社長兼農事部長鳥井技師，並獲得資金的援助。鳥井技師又關照他，使他得到當時明治海運株式會社社長小柳的關照，獲得資金 5 萬元和一艘汽船。平田把這些作為資本，開始了西沙島磷礦石的開採經營。平田將開採的磷礦石作為肥料賣給鹽水港製糖株式公司，鹽水港製糖會社將百萬元以上的資金給平田作為融資資金。另外平田與高雄州的農會也有很密切的關係。」〔註10〕

平田末治與軍部之間也有很密切的關係：「其經營南洋事業就起始於鳳山海軍無線電信所機構內的一塊耕地。軍部所獲得的南沙資料，都由其提供。其在東沙海人草採取事業，也由軍部暗中支持。由於平田與海陸軍都有密切的關係，故與總督府各部首腦關係密切。」〔註11〕檔案還記載平田末治是 1919 年

〔註7〕〔日〕《「パラセル」群島燐鑛関係一件分割 1》JCAHR: B04011138500。

〔註8〕〔日〕《「パラセル」群島燐鑛関係一件分割 1》《分割 1》《東沙島及西沙島二於ケル本邦人ノ利権事業関係雑件／鳥糞採取業関係》，JCAHR: B0401113850 0; B09040865300; B09040865100。

〔註9〕一種植物，製造驅蟲藥的原料。

〔註10〕〔日〕《2 昭和 8 年 23 日から昭和 11 年 1 月 14 日》、《各國領土發見及帰屬関係雑件／南支那海諸礁島帰屬関係／新南群島関係第一卷》，JCAHR: B020 31161500; B02031161200。

〔註11〕〔日〕《2 昭和 8 年 23 日から昭和 11 年 1 月 14 日》、《各國領土發見及帰屬関係雑件／南支那海諸礁島帰屬関係／新南群島関係第一卷》，JCAHR: B020 31161500; B02031161200。

3 月 11 日向外務省提出「西沙群島磷礦開採申請」〔註 12〕。

故筆者認為平田末治所謂的「偶然」決不是偶然，是日本海軍主導、由臺灣總督府方面資助的有預謀的以「無人島」發現磷礦為契機的殖民開拓佔領方式。而「神山、橋本」也對開發西沙提出申請，日本三井物產會社也對開發西沙群島磷礦表現出極大興趣，曾於 1920 年積極諮詢西沙主權歸屬。〔註 13〕這些都足以說明近代日本對西沙群島的覬覦是以「偶然」的個人發現為藉口的國家行為。

對於平田末治關於西沙群島的「主權」之請，日本政府進行了積極的「調查」。為此，臺灣總督府及日本政府內部就「西沙群島」所屬進行了大量的調查，最後認定不論從《水路圖志》還是歷史，都證明 1909 年中國政府已經將這些島納入到版圖。〔註 14〕

據其公文記述，「臺灣總督府」、日本駐香港總領事館曾向港英殖民政府函詢，得到「不知該島是否為中國屬島」的曖昧回覆。前述印度支那總督府政務和土著局公函記載，日方亦曾致函法屬越南海軍司令、海軍上校列米（Remy），對方回稱「該島非法國屬地」〔註 15〕。日本檔案則記為「三井物產會社向法屬越南海軍司令官函詢西沙群島歸屬」〔註 16〕。

日本外交史料館保存有當時河內日本總領事館獲取的法屬印度支那政府機密檔案《時任印度支那總督府第一科長剌空布關於帕拉塞爾群島機密備忘錄》，其中記載了法國及其印度支那政府還有中國政府的一系列行動。不難看出，法國及印度支那政府承認中國的西沙群島主權，「備忘錄」內容如下：

《關於帕拉塞爾群島（西沙群島）

印度支那總督府第一科長拉昆布提出的機密備忘錄》

第一號（1921 年 5 月 6 日作於河內）

根據印度支那總督府的檔案，帕拉塞爾群島問題源於 1898 年。當時的法國殖民省，根據駐紮在海南到海口的法國領事的報告，對

〔註 12〕〔日〕《「パラセル」群島燐鑛関係一件分割 1》

〔註 13〕〔日〕《（13）西沙群島現狀報告書送附ノ件》，JCAHR: B06050365900。

〔註 14〕〔日〕《2 大正 8 年 6 月 17 日から大正 9 年 11 月 5 日》、《各國領土発見及帰屬関係雜件／南支那海諸礁島帰屬関係第一卷》，JCAHR: B02031157900; B02031158200。

〔註 15〕韓振華，《我國南海諸島史料彙編》，東方出版社，1988 年，第 537～538 頁。

〔註 16〕〔日〕《（13）西沙群島現狀報告書送附ノ件》，JCAHRB: 06050365900。

於印度支那來說，由於該島地理位置與產生的利害關係，相信有必要提醒總督引起注意。帕拉塞爾群島處在海南島東南 150 餘海里，與海南島南部的榆林港和安南海岸的茨拉弩港距離大致相同。距離海南島海岸 250 公里，距離安南海岸 300 公里。

帕拉塞爾群島是典型的分散型的島嶼集團，各個島嶼被珊瑚礁所環繞，其中最大島嶼是塔爾堡圩（島上樹木繁茂之意）長度是一海里，寬度是四分之三海里，鑲嵌在眾多的暗礁之中，給航海者帶來嚴重威脅。（島名複雜暫時省略）

帕拉塞爾群島上沒有人永久居住於此，而且幾乎沒有植物，群島中的島嶼有鹽和水，海南島及安南的漁民將水燒開飲用，季節北風結束時，中國及安南的漁民（大部分是中國人）組成船隊出發巡航，直到 10 月停留於帕拉塞爾群島上，他們在陸上建有原始的小房子，將糧食儲藏於此，將收穫的水產不放鹽進行晾曬，漁獵結束後，要返回駐紮地，他們需要利用西南季風來返回。

進入冬季，帕拉塞爾群島的住民都登陸，該群島的碼頭在東北季風期間，船舶難以下纜，群島的地勢較低，周圍的海灣受到海浪衝擊，水深過大（四十米至四十米以上），海底多高低不確定的珊瑚石，對於來自同一方向的風浪，短時間可以避風，但是，難以成為永久的避風港，遇到颱風和濃霧的季節，以及冬天季節，航海者會避免接近這些島嶼，只是在風浪平穩天氣晴朗的情況下，可以清楚看到這些島嶼。

帕拉塞爾群島有不少觸礁沉船，1891 年德國「瑪麗安娜」船撞在蚌貝暗礁、1895 年英國「貝羅娜」撞上北方暗礁，1896 年日本「伊目義丸」撞在安扉透爾島上。前文提及的「貝羅娜」、「伊目義丸」兩船產生了眾多議論。這兩艘船舶裝載著金屬銅，由英國保險公司承保，雖然也嘗試實施救助，但以無效而告終，高價租借到的返航船，因為天氣原因，只是將船舶拖回到香港，而貨物卻被放棄了。對此，中國漁民乘機開始搶奪貨物，由海口的船主作為中介，試圖半價引渡那些銅金屬，保險公司對此予以拒絕。期間，一部分銅金屬被運送到了海南島。故此，駐紮在北京的英國公使及其海口領事應保險公司之請，要求中國政府無條件交出這些銅金屬，他們的理

由是，船難之時，海南島的官憲接到報告，作為官憲沒有採取措施預防搶奪，發生搶奪後，責任當然要由這些官憲來承擔。海南島的官憲對此予以反駁：「帕拉塞爾群島是被放棄的島嶼，既不屬於安南，也不屬於中國，況且行政上也未編入海南島的哪個地區，所以，也不存在警察之類的官憲」。

1908～1909 年，沒有哪個國家表達過佔領帕拉塞爾群島的意願，雖然德國從 1881 年至 1884 年，對此島進行過正式的水路勘測，但仍然不能推論出對此佔領的意思，大概只是直到廈門和福州中國海沿岸的勘測而已（海南、北海）。英國報紙也曾表明英國政府希望在帕拉塞爾群島的某處設立燈塔，但也只能看作是方便航海的意圖。

1898 年，法國殖民省將報紙記者夏布爾諮詢帕拉塞爾群島信息的要求轉送給印度支那總督府，夏布爾希望為漁民建設必需品倉庫。當時，駐紮在北京的法國公使畢西洋的意見是，總督（1899 年 6 月）向殖民省報告夏布爾的計劃以及商業開發案沒有成功的可能，但是，當時，總督認為防止別國佔領帕拉塞爾群島是法國的利益所在。從該群島的位置來看，總督提出為了今後法國主權要求的正當性，可以在此進行燈塔建設。

但是，這個事件並未引起特別的成果，在印度支那總督府的檔案中，並未發現外務省、殖民省對此有何回應。帕拉塞爾群島問題能夠證明引起法國以及印度支那關心的任何記錄皆無。

1907 年，面對日本政府提出的東沙島權利的回應，廣東總督宣稱中國沿岸所有群島及其部分島嶼都是中國的一部分，準備通過考察主張群島的所有權，但是其中也並未包含帕拉塞爾群島。

1909 年 4 月，中國政府的視察團對此進行了調查，他們主張認識到了該群島，得出該群島具有豐富的磷礦床開發的可能性的結論。

1909 年 6 月，又派出了第二批視察團，他們在主要的島嶼上插上了中國旗，鳴放了二十一響禮炮，如此，中國政府在名義上實現了對帕拉塞爾群島的佔有，數日之後，他們返回，但是，並非像前一個視察團那樣令他們狂喜，因為，他們只發現岩石、沙子、半鹹的井水，還有難熬的酷暑。

這場行動的結果是駐紮在廣東的法國領事鮑比針對此種情況，

向外務大臣請訓對策，面對中國政府在該群島上的實際佔有是否予以限制？或者為避免中國人的反彈而沉默，至少在我們知道的範圍內該如何反應？但外务大臣並沒有給與鮑比回答。

本來，長期以來關於帕拉塞爾群島並無問題，最近再次出現問題，其原因在於日本的一個三井物產航海公司感覺有必要就帕拉塞爾群島到底是否是法國領土問題，向印度支那海軍長官魯米大佐質詢，於是，1920 年 9 月 20 日的書函中，陳述了該公司產生此問題的理由是，在該群島發現的磷酸富含百分之三十二的礦物質，本公司有意進行開採。數日後的 1920 年 9 月 24 日，列米大佐考慮作如下回答：「在海軍檔案中，能夠決定帕拉塞爾群島所屬國家的東西，一點也沒有，而且，本人相信該群島並非法國所屬，這並非單單是本人的一個記憶，因為對此予以證明是完全不可能的」。

在海軍長官於 1921 年 1 月 24 日發給印度支那總督的信函中，他在海軍檔案中，一點也沒有發現明確帕拉塞爾群島所屬的內容，故此，向交趾支那副總督進行諮詢，副總督試圖在其文件中和總督府的文件中尋找答案，最終也沒有收穫。交趾支那副總督相信此問題的重要性，要求向他提起問題的海軍長官再向海軍省諮詢。

1920 年 9 月 28 日，西貢海軍發給巴黎海軍的電報，記載了當時的情況。問題的出現在於印度支那所進行的調查未能見效，帕拉塞爾群島的所屬問題，到底由何檔案來決定，請示下。對此，1921 年 1 月 23 日，海軍省發了回電。關於第 206 號來電，中國人 1909 年要求帕拉塞爾群島的所有權至今，尚未見到其他的參考資料，請指示本問題的起源和目的。應該說一句，在印度支那的政務和土民科，關於帕拉塞爾群島的情報要求，交趾支那副總督和海軍長官的書函雖然僅僅一頁，但還是客觀存在的。前述的科里，關於本問題的還是擁有成分的材料，我的這份備忘錄主要就是依據該課的材料寫成的。總督府 1921 年 1 月 2 日的材料中記載的一件事，是殖民大臣接到 1921 年 2 月 10 日電報之前，關於本問題最直接的關聯材料。記載內容如下：距離安南海岸大約 300 公里的帕拉塞爾群島是個無人島，最近，日本領事向印度支那總督府發函，詢問法國是否主張其所有權，總督府做出了否定的回答，實際上，如此回答的官員只

是認為在帕拉塞爾群島設置潛艇的話，足以封鎖全印度支那海岸。總督府材料上的記載，不能不說是對上述三井物產公司列米大佐的回答。作為印度支那總督府，面對日本領事、外交官，以及其他人的詢問，這正是一次回答的機會。

總督接獲殖民大臣的電報，直接開始了調查活動，之後，1921年4月8日，駐紮在廣東的總領事鮑比給總督發來電報，電文如下：1921年4月2日的廣東省報發出告示，該年3月30日，廣東民政長官發布命令：1921年3月11日的會議決定，廣東督軍決定帕拉塞爾群島行政上歸屬海南島的某縣政府。

正如我們上述報告所說，廣東政府最近的決定（也可以說是1909年6月行動的確認）、前述列米大佐給日本航海公司的答覆、2月10日殖民省電報引用的論文之間，或許存在著某種關係。我們禁不住要與事情發生的時代背景相對照，廣東政府的注意或許是中國公使館的館員讀過巴黎殖民省電報中的論文，抑或是被其他的中國人所誘發，更或許是聞知與本問題有利害關係的列米大佐答覆三井物產公司回答的人所誘發，此種猜測並非不可能。（注：根據鮑比報告，最近，駐紮在廣東的三井物產公司代表在孫逸仙大總統就任時，向他發去了賀電，可以確認的是該公司至少是駐紮在廣東的代表通過個人關係，與南方政府最高要人具有密切關係。）

觀察此類事情時，海軍長官在問題的性質上保持沉默，或者說至少保持慎重。關於某事件對於外國的航海公司，如果不得不主觀地做出回答，那是非常遺憾的事情，或者說關於此事，未徵得總督的同意，而做出的回答是遺憾的，前述的長官關於本件事情，詢問過交趾支那副總督，但是，副總督的權能無論何種場合也代替不了總督的權能，而且，關於法國領土的討論，海軍省討論本身就很奇怪，更驚詫的是，受到詢問的海軍省有必要就此事向相關的機構的外務省，或者是與我們的殖民地相銜接的殖民省通告。

印度支那總督府第一科科長 1921 年 5 月 6 日於河內簽名〔註17〕

〔註17〕〔日〕《8 參考資料昭和 8 年 8 月 9 日から昭和 8 年 8 月 15 日》《國領土發見及歸屬關係雜件／南支那海諸礁島歸屬關係第二卷》，JCAHRB: B0203116000 00; B02031159150。

　　從「拉昆布」的秘密備忘錄內容來看，法國知道 1907 年中國面對日本政府提出的東沙島權利的回應時廣東總督就宣稱中國沿岸所有群島及其部分島嶼都是中國的一部分，1909 年中國還再次對此群島進行了調查，1921 年 3 月 11 日的會議已經決定西沙群島行政上歸屬海南島，故該群島並非法國所屬。

　　實際上，在日商呈報其外務省的測量圖中，所注島名不少使用當時中國稱謂。〔註18〕據當時日本的檔案記載，1920 年 2 月，日本海軍省在其官修《海軍水路志》中發現 1909 年中國政府派員到西沙群島巡視查勘、豎旗宣示主權的記錄。〔註19〕

　　3 月 23 日的通商局長田中發給臺灣總督府外事科長的電信案中，也重申了日本海軍省水路志的同樣內容，並清楚地說明是發生所謂「西澤島」問題時，當時的張（人峻）兩廣總督曾經派遣軍艦前往調查，還有 1915 年 4 月 19 日，住在廣東的日本人杉山（常高）有密切關係的中國人向廣東政府提出開墾全島及採掘磷礦的申請，當時的巡按使張鳴岐下發過許可的指令，日本駐廣東領事曾彙報過此事。要而言之，該島嶼有屬於中國的確鑿證據，對此他國沒有異議。〔註20〕

　　在調查證實中國具有西沙群島主權後，日本馬上改變策略，採取收買、勾結中國承辦商人，以簽訂合約的形式盜採我國海洋資源。檔案記載鑒於「至 1920 年 9 月時，西沙群島主權歸屬已然明確」〔註21〕，外務省亞細亞局長芳澤氏、通商局長田中氏、東洋課長木村氏、前任日本駐廣東總領事太田氏、「臺灣總督府總務長官」下村氏等高級官員與平田會晤，建議「承認該群島為中國領土，做好要將利益分成繳納給中國政府這樣的做法最為安全」〔註22〕。

二、日本欲通過購買經營權掠奪佔領西沙群島

　　平田末治採納了「太田總領事」等人的建議，就拜託外務省的芳澤來介紹信用可靠的中國人來進行。檔案記載臺灣總督府的池田事務官向其介紹了「數

〔註18〕平田末治上呈的測量圖中至少 5 座島嶼採用中國稱謂，包括多樹島（即今永興島）、多岩北島（即今北島）、中央島（即今中島）、南島（即今南島）、樹島（即今趙述島），這些島嶼名稱早在 1909 年廣東當局派員巡視西沙群島時就已勘定。參見《「パラセル」群島燐鉱関係一件分割 1》，JCAHRB: B04011138500；陳天錫：《西沙島東沙島成案彙編‧西沙島成案彙編》，西沙島島名對勘表。
〔註19〕〔日〕《2 大正 8 年 6 月 17 日から大正 9 年 11 月 5 日》，JCAHRB: B02031158200。
〔註20〕〔日〕《2 大正 8 年 6 月 17 日から大正 9 年 11 月 5 日》，JCAHRB: B02031158200。
〔註21〕〔日〕《「パラセル」群島燐鉱関係一件分割 1》，JCAHRB: B04011138500。
〔註22〕〔日〕《「パラセル」群島燐鉱関係一件分割 1》，JCAHRB: B04011138500。

年來與臺灣總督府有著密切關係主張日支親善最有信用及貴重人格的廣東省香山縣出身（香港在駐）的梁國之先生」〔註23〕作為合作人，此後梁國之就作為平田末治的代理人出現在西沙群島磷礦開採的競標中。

梁國之於 1921 年 3 月向廣東省長公署提出「西沙群島磷礦採據申請」〔註24〕，而同為香山人的何瑞年也提出同樣的「申請」。梁國之給廣東省長公署提呈的申請上說發現「無人島怕鹵斯里群島，擬即自籌資本三十萬元，先行試辦磷礦漁業五年，申請磷礦和漁業的開發權」〔註25〕。

何瑞年為廣東香山縣商人，1921 年向南方軍政府內政部申請承辦西沙群島實業，獲准試辦。1923 年 4 月，正式領得西沙群島承墾證書、礦業經營執照。據日本駐廣東總領事藤田榮介的調查，何瑞年曾在辛亥革命時期捐助支持過孫中山活動，又為其提供庇護，因而與孫中山交情深厚。孫中山也有意報恩，一路鼎力支持。故而何氏得以越過廣東地方政府直接向軍政府申請，並使其承辦之事順利無虞。〔註26〕

梁國之得知此消息後馬上通過孫文的秘書山田純三郎向孫文進行溝通，「山田因為梁的拜託而請孫文對申請案考慮，孫答覆其稱本件相關之事與何瑞年申請的西沙群島是不是同一島嶼，現在正在調查中。」〔註27〕最後調查發現梁國之所謂的「怕鹵斯里群島」就是西沙群島，故而在 1921 年 9 月 15 日何瑞年獲准承辦西沙實業。

但日本並沒有就此罷休。6 月 24 日，在廣東的總督領事藤田榮作親自給臺灣總督田健治郎寫信請求幫助。〔註28〕而同年 8 月廣東軍政府派員出訪臺灣，其中就有孫文的秘書山田純三郎。他與日本憲政會議員菊池良一等人正策動南方軍政府與「臺灣總督府」合作開發海南島。〔註29〕該月 9 日，「孫文秘書山田純三郎關於海南島開拓事業求我邦人之贊助」。11 日，「山田純三郎、菊池良一以及澁澤子外三人添簡來訪，述廣東政府特使馬育航之企圖，關於海南島開發之

〔註23〕〔日〕《「パラセル」群島燐鉱関係一件分割1》，JCAHR: B04011138500。
〔註24〕〔日〕《「パラセル」群島燐鉱関係一件分割2》，JCAHR: B04011138600。
〔註25〕陳天錫，《西沙島東沙島成案彙編·西沙島成案彙編》，第 27 頁。
〔註26〕〔日〕《分割1》《東沙島及西沙島二於ケル本邦人ノ利權事業関係雑件／鳥糞採取業関係》JCAHRB: B09040865300; B09040865100。
〔註27〕〔日〕《「パラセル」群島燐鉱関係一件分割1》，JCAHRB: B04011138500。
〔註28〕〔日〕《「パラセル」群島燐鉱関係一件分割1》，JCAHRB: B04011138500。
〔註29〕〔日〕《「パラセル」群島燐鉱関係一件分割1》，JCAHRB: B04011138500。

計劃，切望我總督府之援助及實地調查之決行。」〔註30〕山田此次臺灣之行最重要的目的就是要與日本方面合作開發海南島。但筆者沒有找到山田純三郎與平田末治直接接觸資料，但據前述梁曾經拜託山田之舉推測可能是出在此時期。

日方以山田純三郎為中間人與廣東地方高層幹旋，同時委託杉山常高、澀谷剛直接與何氏交涉。〔註31〕山田純三郎是孫中山秘書，在中國南方軍政府身居要職。杉山常高旅粵經商 20 餘年，一直覬覦西沙磷礦。1915 年 10 月 9 日，他通過一名素有交情的中國商人率先向廣東當局提請承辦開發西沙群島林業和磷礦，雖得到了廣東巡按使張鳴岐的許可，但最終無果，後被何瑞年聘請為商業顧問。澀谷剛與杉山頗有交情，亦與何氏「意氣投合」〔註32〕。

平田重酬請澀谷居中幹旋，與何瑞年進行溝通談判，企圖收購何氏「西沙群島實業無限公司」。然而何氏無意轉賣，收購無望。幾經商談，何氏同意吸納日人資本，改組原來公司，由雙方合辦，並達成口頭協議：「平田向梁提供採礦所需一切資本，並以提供採掘設備為擔保，以梁名義向廣東省署申請西沙採礦權。梁氏承諾成功後將磷礦專賣權全部轉讓給平田，並以提供採掘設備為擔保。採礦工人使用日本人。」〔註33〕兩人合作的形式為「由梁出資一百萬元設立西沙群島實業公司（公資公司）共有採礦權。」〔註34〕

1921 年 11 月 24 日，日本商人平田末治等組成資本團，由梁國之為資本代表出面，何瑞年則以西沙資源權利代表身份出面，由原合夥人羅叔雅、衛志清見證，雙方簽訂《合辦西沙群島實業公司訂立合同》。〔註35〕「合同」主要條款如下：

> 為訂立合約事現因合拍辦西沙群島採礦漁業其他一切礦務事業定名為西沙群島實業公司以承商享有代表何瑞年為甲以資本團代表梁國之為乙茲將甲乙兩方所情願訂立列下各項之合同分繕一樣兩本交與甲乙分執以資遵守而垂久遠項至合同者計開。

第一條甲（即西沙礦產權利人代表何瑞年，下同）將經營西沙

〔註30〕吳文星等主編，《臺灣總督田健治郎日記》中冊，「中央研究院」臺灣史研究所籌備處 2001 年版，第 275、278～279 頁。
〔註31〕〔日〕《「パラセル」群島燐鉱関係一件分割 1》，JCAHRB: JB04011138500。
〔註32〕〔日〕《「パラセル」群島燐鉱関係一件分割 1》，JCAHRB: B04011138500。
〔註33〕〔日〕《「パラセル」群島燐鉱関係一件分割 1》，JCAHRB: B04011138500。
〔註34〕〔日〕《「パラセル」群島燐鉱関係一件分割 2》，JCAHR: B04011138600。
〔註35〕〔日〕《「パラセル」群島燐鉱関係一件分割 1》，JCAHR: B04011138500。

群島之全權永遠委任於乙（即日方資本團代表梁國之，下同）。

第二條本公司現集足資本股銀一百萬元正，以廣東毫銀為本位，訂明每萬元每年月息七十元算，如資本一百萬元尚未足用，須由乙擔任增加，以足數需用為度。

第三條本公司所有年中買賣收入總結算明，除支一切費用及利息外，所存之款即作為溢利分作十成，甲占三成五，乙占六成五，以每年三月及九月為結算均分之期。至甲占三成五之內，應提出三成還本；俟資本團各本銀清還之日，所有溢利甲乙各占五成平均。

第四條本公司現定名為無限公司，看適當之時甲乙決議改組為有限公司。

第五條公司領得正式執照時，除何瑞年、羅叔雅、衛志清等原股東三名外，再加入資本團梁國之、譚桂余、翁山英、潘子明等新股東四名，以上述七人名義共享西沙群島採礦權利。

第六條本公司開始查勘礦島一切工程等費，經由辦事發起人等共先墊支，費用銀六萬五千元，應由本公司資本股銀項下於立約日先行提出交回一萬元，其餘俟領得正式執照日即行交足，毋得延誤。

第七條本公司呈准政府得有墾植西沙群島磷礦質漁業之得權固當竭力保護進行，如查該西沙群島尚有其他各項可辦得權仍由甲乙雙方合力呈政府承領並辦以擴利源。

第八條本公司所有事務另立細則以規定之甲乙共同遵守勿得違背以昭大信。〔註36〕

按照合同規定，何瑞年要將西沙群島經營事務全權永遠委任於日方資本團代表梁國之。這意味著日本公司「合辦」後資本基數提高到100萬元，其金額由日本資本家以及「臺灣總督府」「殖產興業」獎勵資金籌足。〔註37〕按第六條規定，何氏預先支付的六萬五千元將由日方資本銀分兩個階段返還。日方實際上擁有全部股份。經營利潤何瑞年僅得三成半，日方資本團則占六成半，而且在何氏所得利潤中還要抽出三成償還日方資本。何瑞年又承諾，待獲取正式承辦的營業執照後，可以納入梁國之、譚桂余、翁山英、潘子明等四人做股

〔註36〕〔日〕《「パラセル」群島燐鉱関係一件分割1》，JCAHR: B04011138500。
〔註37〕〔日〕《分割1》《東沙島及西沙島二於ケル本邦人ノ利権事業関係雑件／鳥糞採取業関係》，JCAHR: B09040865300; B09040865100。

東，以此七人名義共享西沙群島磷礦採掘權。

　　新加入的四人屬於日方資本團成員，代表日方利益毋庸置疑，由此日方董事佔了多數。後來並沒有將日人列入股東名單，因為自晚清招商開發東沙島時起，歷屆政府都曾強調承辦開發者必須是中國公民，南方軍政府當然不能破例。

　　1922 年 4 月，何瑞年向廣東省長公署申請增加股東，順利得到批准。〔註38〕後有人告發何氏招納日股，廣東地方政府撤銷其承辦權，而何氏竟可言之鑿鑿，稱冤辯屈，結果很快復辦，直至 1928 年。

　　據廣東檔案記述，1922 年 2 月崖縣縣長曾派專員前往西沙群島查勘，結果發現島上皆為日人。〔註39〕而「臺灣總督府」調查報告則更加詳實，記載當時平田採掘位置主要集中在甘泉島，雇傭工人來自琉球和臺灣，施工方式採取露天開採，分工環節包括採掘、搬運、裝船等；其生產設施有採礦場、儲礦場和倉庫、碼頭等，並鋪設了運送礦料的鐵軌，搭成送貨上船的棧橋，配有臺車、艀船等機械，此外還建設了小規模的鍛冶場和木工場以打造生產工具等。島上生活設施「有事務所兼宿舍一棟、礦夫長屋兩棟、炊事場兼礦夫食堂一棟、炊事附屬小屋一棟、雜物屋一棟……為了提供飲用水，建有三個儲存雨水的水槽以及兩個飲用水過濾器」〔註40〕。這種已具規模的設施，足以讓日人長期駐守，順利施工。僅在 1921 年 6 月至 1922 年 3 月間，平田就先後兩次雇傭「明保野丸」到島，裝運鳥糞磷礦共 4300 噸回國銷售。〔註41〕

　　1922 年 3 月，「臺灣總督府」派遣礦務課技師高橋春吉、技手長屋裕、農務課技師小野男五郎等人到島，對平田經營情況進行調查。其調查結果被編成《西沙群島磷礦調查報告》〔註42〕一書，於 1926 年 9 月公開出版。平田經營模式被列為日本磷礦經營樣本，宣傳推廣。〔註43〕同年 5 月，正值廣東地方各

〔註38〕陳天錫：《西沙島東沙島成案彙編・西沙島成案彙編》，第 44〜48 頁。

〔註39〕陳天錫：《西沙島東沙島成案彙編・西沙島成案彙編》，第 49〜52 頁。

〔註40〕〔日〕《分割 1》《東沙島及西沙島二於ケル本邦人ノ利權事業關係雜件／鳥糞採取業關係》《南支那及南洋調查南支那及南洋調查第 120 輯　パラセル群島燐鑛調查報告》，JCAHRB: B09040865300; B09040865100; A06032518100。

〔註41〕〔日〕《分割 1》《東沙島及西沙島二於ケル本邦人ノ利權事業關係雜件／鳥糞採取業關係》JCAHRB: B09040865300; B09040865100。

〔註42〕〔日〕《南支那及南洋調查南支那及南洋調查第 120 輯　パラセル群島燐鑛調查報告》，JCAHRB: A06032518100。

〔註43〕〔日〕《南支那及南洋調查南支那及南洋調查第 120 輯　パラセル群島燐鑛調查報告》，JCAHRB: A06032518100。

界掀起反對何瑞年運動之時，日本駐廣東總領事藤田榮介為確保日方利益，要求何瑞年、梁國之與平田、慎哲等人在領事館當局見證下簽訂《借款契約書》《磷礦採掘委任契約》《磷礦買賣契約》《利益分配契約》。〔註44〕

在平田經營西沙時期，運回日本的鳥糞、磷礦直接供應給齊藤公司。〔註45〕齊藤藤四郎，日本櫪木縣人，曾任日本政友會代議士（眾議院議員），又在大阪出資興辦海鳥糞製肥公司，可謂亦政亦商。這次所謂「合辦」開發西沙磷礦資源，其實完全由日本商人經營和「臺灣總督府」管控，日本勢力獨佔了西沙磷礦資源的所有利益。

1925年4月3日，在日本駐廣東總領事清水亨牽頭和見證下，齊藤藤四郎作為日本資本家代表，與何瑞年簽訂了《賣礦契約書》，主要規定：

1. 由齊藤籌款八十九萬七千餘元，購買西沙群島賣礦（銷售）權利，並替何氏墊付其餘一切建設費用。

2. 何氏將西沙群島磷礦（包括海鳥糞）販賣經營全權委任於齊藤辦理，但掘採、搬運等事宜由何負責。採礦工人使用中國人，惟工程師數名可用外國人。

3. 賣礦權不得用於別項債務上之擔保，亦不得轉讓他人經營。採礦權與搬運權需在雙方協商後才得轉讓他人或是作為別項債務上之擔保。

4. 賣礦收入每年結算，其中五成用於償還墊款，剩餘五成在抽取墊款利息後雙方五五均分。

5. 凡與廣東政府各部門交涉事宜，由何氏負責辦理。〔註46〕

何瑞年和齊藤還簽訂了《借款契約書》，申明日方所出資本屬何瑞年的借款，何瑞年必須以轉讓開採、販賣西沙磷礦「一切權利」做擔保，同時要繳納借款中42萬餘元所產生的利息。〔註47〕

〔註44〕〔日〕《「パラセル」群島燐鉱関係一件分割1》，JACAR: B04011138500。

〔註45〕〔日〕《分割1》《東沙島及西沙島二於ケル本邦人ノ利権事業関係雑件／鳥糞採取業関係》JCAHRB: B09040865300; B09040865100。

〔註46〕〔日〕《分割1》《東沙島及西沙島二於ケル本邦人ノ利権事業関係雑件／鳥糞採取業関係》JCAHRB: B09040865300; B09040865100。《賣礦契約書》，JACAR: B09040865300。

〔註47〕〔日〕《分割1》《東沙島及西沙島二於ケル本邦人ノ利権事業関係雑件／鳥糞採取業関係》JCAHRB: B09040865300; B09040865100。

此後，日商在西沙群島的經營規模明顯擴大。

三、廣東政府收回西沙群島經營權後日本人的侵採行為

1926 年，北洋政府為建設氣象和無線電臺照會日本公使，要求日人撤出西沙群島。〔註48〕但日本駐廣東總領事深諳當時中國時局，建議政府對此不予理會，他們認為「第一，北洋政府此舉背後是英、美等勢力的軍事需要；第二，當時正值中國北伐戰爭時期，北洋政府應無暇顧及該計劃；第三，廣東方面撤銷何瑞年案後尚無任新的舉措，正是日本繼續經營西沙、加強控制該地的好時機。」〔註49〕結果，日本政府置之不理，北洋政府也無可奈何，西沙群島建臺計劃不得不廢止。

日本商人侵害中國主權攫取西沙利益的情況，已引起我國政府關注。根據沈鵬飛所提交的《調查西沙群島報告書》，其具體表現為：

1. 主要採礦地點轉移至林島（今永興島），並且有向周邊各島礁擴散的趨勢。日人除在林島安全採礦外，對於其他西沙群島中之各島，並力行探測，設計經營。

2. 島上生產、生活等各種設施更加完備。生產設施包括辦事處、貯藏室、宿舍、食堂、倉庫、鐵道、貨棧、橋樑、木船、電船，以至運送用之臺車、藤籃，及採掘用之鋤、畚、網、篩，無不整備。生活設施有蓄水池、蒸溜機，及井泉以供飲料；有食物貯藏室、豚舍、雞舍、撈魚船、蔬菜圃，以供食物；有小賣部以供給日常用品；有公醫制度以調理疾病。

3. 出產數量穩增，裝運頻繁。隨著日人採礦經驗的累積以及島上設備的完善，磷礦產量有所增加，日本商船每隔一月來島一次，將磷礦裝運回國出售，每年由島運走之鳥糞，達 15000 噸；當時地質調查隊還估計，日人總計盜採了該島近三分之一的磷礦資源。〔註50〕

〔註48〕〔日〕《分割 1》《東沙島及西沙島二於ケル本邦人ノ利權事業関係雑件／鳥糞採取業関係》JCAHRB: B09040865300; B09040865100。

〔註49〕〔日〕《分割 1》《東沙島及西沙島二於ケル本邦人ノ利權事業関係雑件／鳥糞採取業関係》JCAHRB: B09040865300; B09040865100。

〔註50〕沈鵬飛，《調查西沙群島報告書》（1928 年），出版者不詳，載於國家圖書館民國圖書數據庫，第 41～42 頁。

　　1926 年，商務廳、實業廳先後上呈廣東省政府，建議撤銷何瑞年案另行招商。同年 11 月，省政府以何瑞年毫無成績為由，宣布撤銷何案，並飭實業、民政兩廳派員赴島整理業務。〔註 51〕但因當時南方政府正全力北伐，「國民革命軍總司令部」表示無艦船可派，故此事遷延至 1928 年 5 月方才實施。

　　1927 年，日人高島秀次〔註 52〕向國民政府財政部告發齊藤藤四郎私採礦產。〔註 53〕宋子文委託廣州國民航業公司商人俞志遠作為其全權代表整理西沙島務。其實，高島秀次告發之意在吞併齊藤產業。他一方面請求日本海軍省駐廣東海軍援助，阻止齊藤從西沙運輸磷礦；另一方面通過澀谷剛斡旋與俞志遠達成以下協定：

　　　　1. 由俞氏負責爭取國民政府批准，高島負責採礦設備及費用，雙方共同派員赴島押收齊藤私採之鳥糞及原有設施；

　　　　2. 賣礦所得純利國民政府占 55%，俞氏占 30%，高島占 15%。
〔註 54〕

　　不過高島因未能繳納 1 萬元保證金，染指西沙計劃破產。同年，又有日人小畑政一〔註 55〕與俞氏達成協議，由小畑動員日本資本家安原美佐雄〔註 56〕出資，每次出航向國民政府交納 2 萬元，以上海商人沈起鳳〔註 57〕的名義從政府獲取正式委任，打算先將齊藤積存在島上的約四千噸海鳥糞運回日本出售。〔註 58〕

　　10 月，沈起鳳、小畑政一、安原美佐雄等人乘坐日輪「福海丸」前往西沙，隨船同行者還有廣東虎口司令部兵士 21 名、粵籍工人 40 名、保衛員 16

〔註 51〕陳天錫：《西沙島東沙島成案彙編・西沙島成案彙編》，第 73～78 頁。

〔註 52〕高島秀次原為日本大阪市瑞寶洋行主。

〔註 53〕〔日〕《分割 1》《東沙島及西沙島ニ於ケル本邦人ノ利権事業関係雑件／鳥糞採取業関係》JCAHRB: B09040865300; B09040865100。

〔註 54〕國民航業公司由國民政府政治委員會主席張靜江、財政部部長宋子文出資成立，是在「省港大罷工」期間為確保政府糧食供應等目的而設立的特權公司。該公司曾經虧損嚴重，故欲借整理島務一案謀取利益。而俞志遠本身則是在張靜江、孫中山同意下擬設立的西沙島墾牧公司的代表人。參見《「パラセル」島（西沙島）燐鑛採掘權問題》，JACAR: C04016586400。

〔註 55〕小畑政一，長期旅居香港，為日本太平礦業會社員工。

〔註 56〕安原美佐雄曾任上海日本人商業會議所書記長。

〔註 57〕沈起鳳即沈慕芬，為廣州國民航業公司經理，與張靜江關係密切。

〔註 58〕〔日〕《分割 1》《東沙島及西沙島ニ於ケル本邦人ノ利権事業関係雑件／鳥糞採取業関係》JCAHRB: B09040865300; B09040865100。

名。〔註59〕齊藤大為恐慌，向日本海軍省求助，詳述中國「武裝佔領」西沙之情形，控訴小畑政一等日商攘奪其事業，請求海軍省派艦赴島營救其員工，並切實調查此事，維護其利益。〔註60〕

1928 年 1 月，日文《週刊・支那事情》報導了「我邦人所經營之西沙群島被中國士兵佔領」一文，日本國內輿論大嘩。〔註61〕日本海軍省迅速介入，調查確認了何瑞年經營西沙群島特權已被取消、小畑等人已將日本工人運離該島等事實，但認為事屬商人爭利，未予派艦。此後，何瑞年冒用承辦虛名繼續與日商勾結。同年 6 月，何瑞年與日本東大洋行主東則正及前述安原美佐雄二人訂立《賣礦契約書》。〔註62〕

1929 年 3 月 20 日，何瑞年以「不履行契約，大反信義」為由取消與東則正契約，又與日商大西宇兵衛〔註63〕簽訂《買賣契約書》，規定大西以每噸礦石向何付費兩元半的代價獲取開採西沙磷礦的特權。〔註64〕該月 6 日，大西資助小畑政一從大阪雇傭商船「日盛丸」，私往西沙群島修補棧橋；〔註65〕14日，又雇傭日輪「第三豐彥丸」搭載工人到西沙實施盜採；〔註66〕至 5 月份，運載約 4200 噸磷礦返回大阪出售。〔註67〕

〔註59〕〔日〕小畑政一：《西沙群島沿革志》（1928 年 9 月 22 日），廣東省立中山圖書館藏；沈鵬飛：《調查西沙群島報告書》，第 18 頁。

〔註60〕〔日〕《軍艦派遣請願書（1）》，JCAHRB：C04016586600。

〔註61〕〔日〕《分割 1》《東沙島及西沙島二於ケル本邦人ノ利權事業關係雜件／鳥糞採取業關係》JCAHRB：B09040865300；B09040865100。

〔註62〕〔日〕《分割 2》《東沙島及西沙島二於ケル本邦人ノ利權事業關係雜件／鳥糞採取業關係》JCAHRB：B09040865400；B09040865100。

〔註63〕大西宇兵衛，本來從事人造珍珠製造貿易業。小畑政一為救其胞弟（曾是東大洋行一員，1928 年間與臺灣籍採礦工人一同前往西沙群島勘察未歸，有云其與島上臺灣人已染病死於島上）唆使大西加入磷礦盜採事業。參見：《分割 2》《東沙島及西沙島二於ケル本邦人ノ利權事業關係雜件／鳥糞採取業關係》JCAHRB：B09040865400；B09040865100。

〔註64〕〔日〕《分割 2》《東沙島及西沙島二於ケル本邦人ノ利權事業關係雜件／鳥糞採取業關係》JCAHRB：B09040865400；B09040865100。

〔註65〕〔日〕《分割 2》《東沙島及西沙島二於ケル本邦人ノ利權事業關係雜件／鳥糞採取業關係》JCAHRB：B09040865400；B09040865100。

〔註66〕〔日〕《分割 2》《東沙島及西沙島二於ケル本邦人ノ利權事業關係雜件／鳥糞採取業關係》JCAHRB：B09040865400；B09040865100。

〔註67〕〔日〕《分割 2》《東沙島及西沙島二於ケル本邦人ノ利權事業關係雜件／鳥糞採取業關係》JCAHRB：B09040865400；B09040865100。

自 1928 年起，廣東省政府派員調查西沙群島，該年暫批中山大學代管，1929～1931 年重新批商承辦，1932 年將該島開發事業納入粵省「三年建設計劃」，收回西沙群島經營權。何瑞年與日本不法商人勾結出賣西沙群島資源的活動才告結束。

小結

綜上所述，從以上日本通過商人不法侵奪西沙群島磷礦資源過程來看，前期平田末治借助「合辦」外衣，改組何瑞年的公司，加入日方股東，注入日本人資本，使其演變為日資性質，迫使中國商人「委託」其全權經營，控制採礦、運輸、銷售乃至消費等所有環節；後來齊藤藤四郎等進一步採取借款、墊款等手段，從何瑞年手裏獲取銷售及採礦等權，大西宇兵衛甚至以採礦「抽份」的方式掌控經營，更是將中國商人排除在各個環節之外。這些史實都證明日本人在東沙島以開拓謀取主權的行動失敗以後，在西沙群島則嘗試不涉主權，採取國家政府力量暗中支持，由商人出面與中國不法商人勾結來購買經營權，來達到攫取磷礦資源的目的。這也有利地證明日本官民不得不接受中國擁有東沙和西沙群島主權權利，利權的獲得必須在承認主權的基礎上方能實現。

第三章　民國政府收回西沙群島採礦權及再調查

日本人在東沙島的擴張促使清政府不得不關注類似的近岸島嶼，將其視為一個整體並採取相關的活動。民國以來，我國商人陸續申請去南海諸島從事開採活動。1917 年，「海利公司」商人何承恩向廣東省長公署申請在西沙群島採取磷礦及海產物；1919 年，商人鄧士流申請開墾西沙群島中之和五島，從事種植業；1921 年，中國政府內務部批准廣東省商人何瑞年在西沙群島開辦漁業、墾殖、採礦等實業，後發現何瑞年竟將經營權轉讓給日本商人。於是民國政府就此事進行調查。1927 年，民國政府撤銷其經營權並再次年對西沙群島進行了調查。

一、民國政府收回西沙群島採礦權

自晚清招商開發東沙島時起，歷屆政府都曾強調承辦開發者必須是中國公民，南方軍政府當然不能破例。1922 年 4 月，何瑞年向廣東省長公署申請增加股東，順利得到批准。〔註1〕不久，上海報紙又揭露瓊崖督辦李根源向臺灣日商借款數百萬元，傳言軍政府有出賣瓊州之意。〔註2〕

1922 年 2 月，崖縣派委員陳明華，為測勘西沙群島到達三亞港，此時

〔註 1〕陳天錫，《西沙島東沙島成案彙編·西沙島成案彙編》，第 44～48 頁。
〔註 2〕蘇雲峰，《從南洋經驗到臺灣經驗》，《海南歷史論文集》，海南出版社 2002 年版，第 140～141 頁。

地方政府始獲悉該公司為日本人控股之事。後崖縣縣長在向省署呈文中報告:「該公司為日股所組織,三亞港全埠早已知之,故委員到步之日,即有請委員須呈縣長嚴為拒絕者,又有揶揄委員為日本奴隸者,輿論騰沸,不可遏止。」〔註3〕

陳明華測勘後的報告披露日本人掠奪西沙的行徑,崖縣政府對此做出反應。1922 年 4 月,崖縣縣長孫毓斌呈報省署,內錄陳明華查勘原文,後敘查訪公司為日股所控之實,直陳西沙為日本人所控的嚴重危害:「竊揣西沙群島,昔與日人幾經交涉,始得歸為國有。苟一旦為日本合墾,則海權、領土盡行喪失。蓋日人野心勃勃,苟有蠶食之際,便肆鯨吞之主。非嚴於拒絕,則西沙群島一失,則瓊崖必盡入其勢力範圍。……我國版圖,藩籬盡撤,僅存瓊崖一島為南洋之門戶,為東粵之屏藩;而西沙群島密邇榆林港,車輔相依,又扼洋船出入之咽喉,關係實屬甚巨。」〔註4〕為此他呈請:如該公司摻入日股,為其所持,則該公司自無存在可言,應即改組經營。崖縣分部部長王鳴亞支持孫毓斌的行動。〔註5〕

陳明華的報告、孫毓斌呈文公布後,激起了瓊崖各界的巨大反響,「自有崖縣縣長之一呈,瓊崖所屬各界各團體為激烈之攻擊者,紛然雜起。而瓊崖以外團體,甚至海外之僑民,亦應聲反對。文電交馳,淋漓盡致。各反對者之措詞不一,而請求取銷何瑞年等之公司、為嚴厲之究治者,則幾於眾口同聲。」〔註6〕瓊崖一些團體通過發表宣言、致函各地商會、集會抗議等方式,表達捍衛西沙的決心,並呼籲全國各界的支持;《申報》《益世報》等南北報刊進行跟進報導,引起國內各界的廣泛關注,是為「西沙事件」。駐省瓊籍議員多人,兩次向省政府提出嚴重質問。

1922 年 5 月,張啟經等二十四名青年學生發布《瓊崖公民對西沙群島危亡宣言書》,主要內容為:

1. 日本人「耽逐」於西沙群島已非一日,因懼於中國人反對,不敢

〔註3〕《崖縣縣長呈文》,陳天錫編著,《西沙島東沙島成案彙編·西沙島成案彙編》,第 51 頁。

〔註4〕《崖縣縣長呈文》,陳天錫編著,《西沙島東沙島成案彙編·西沙島成案彙編》,香港:商務印書館、香港印刷局 1928 年版,第 50、51 頁。

〔註5〕范運晰編著,《瓊籍民國將軍錄》,海口:南海出版公司 1993 年版,第 33~34 頁。

〔註6〕謝彬著,《雲南遊記》,上海:上海中華書局 1925 年版,第 26 頁。

公然侵入,於是利用欺騙手段,利誘姦商設立公司,「假開礦為名,陰行其圖謀之詭計」。

2. 瓊崖公民團體曾訴呈當道,未有結果,故奸商氣焰更加囂張,飾詞辯訴,淆惑視聽。開採西沙資源的工人、輪船,盡為日本人掌握。

3. 西沙如為日本人掌握,將危及中國南部邊疆安全。「西沙任由日本人掌握,則瓊崖海權隨之盡失,瓊崖且將隨之偕亡。瓊崖亡,則我國南方輿圖,能不為之改色乎?」宣言書最後強烈呼吁,「懇政府迅予注銷該公司,並予以懲治國奸,以警將來。」[註7]

瓊東縣學生聯合會分別致函天津總商會、北京總商會、上海總商會,陳述事件經過,呼籲支持。天津《益世報》刊載了《西沙群島又入日本人掌握》[註8]《瓊東學生聯合會之呼籲西沙群島又被漢奸斷送於日本人》[註9]這兩篇電文,為瓊東縣學生聯合會致天津總商會、北京總商會之信函,內容為上述「瓊崖公民對西沙群島危亡言書」之主要內容。

1922 年 12 月 1 日,瓊州各界數千人召開「瓊崖全屬公民大會」,因日本人佔據西沙群島且圖謀侵佔瓊州,決定成立「挽救西沙群島各界聯合會」,電請全國援助,並敦請省署從速取消日本人控制的「西沙群島實業公司」。次日,瓊崖學生聯合會等團體組織示威遊行,規模不下萬人,[註10]引起了社會各界的廣泛關注。

12 月 2 日,瓊崖旅寧同學會集會討論時政,會員王白天、蘇家雲提議為捍衛西沙權益,力促當道力爭,請求全國各界聲援,提議:

1. 西沙為瓊命脈所在,有某國人驅我漁人,奪我海利,且欲箝制我輿論,「吾會應急電粵當道力爭」;

2. 西沙之事,宜將某國人情形宣布全國,請各界聲援。上述提議得該學會通過。該學會還創辦了進步雜誌《瓊崖旅寧同學會雜誌》

〔註7〕中共海南省委黨史研究室編,《瓊崖大革命史料選編》(內部發行),瓊海市教育印刷廠 1994 年 4 月印刷,第 12~13 頁。該宣言及後附的「崖縣測勘西沙群島委員陳明華報告」,1922 年 7 月刊登在由進步人士徐成章等人創辦的《瓊崖旬報》(第 36 期·創刊週年紀念號)。

〔註8〕《益世報》1922 年 5 月 15 日第 10 版。

〔註9〕《益世報》1922 年 5 月 18 日第 7 版。

〔註10〕王芸生編著,《六十年來中國與日本》(第 8 卷),北京:三聯書店,1982 年版,第 66 頁。

（後改名《瓊崖新聲》）。〔註11〕

　　針對崖縣委員陳明華報告中對其不利的觀點，何瑞年百般狡辯。1923 年 3 月，何瑞年以「興辦實業橫遭誣饒、案經查明妄被注銷」為由，提請省署「維持原案」。令人瞠目結舌的是，廣東省署所派調查人員呈遞的報告竟然為何瑞年的齷齪舉動背書。廣東省署遂下文，允許實業公司「照案開辦，以興實業。飭崖縣縣長補給承墾證書」。省署這一罔顧事實的批文，立即遭到各界人士的強烈抗議。一場聲勢更為浩大的鬥爭再次拉開序幕。

　　1922 年 4 月 1 日，瓊崖各界人士在廣州瓊崖會館集會，討論日本借由奸商之手侵佔我西沙群島之事。會後，由大會推舉的十名代表聯合瓊籍省議員，共赴元帥府及省長署請願，要求省政府以實力驅逐日本人出境，「即出激烈手段，亦在所不辭」。

　　李大勳、王敍撰等瓊籍省議員在議會中還積極提交議案。在提案中，議員們痛斥日本對中國的「經濟滅國」手段。「近世列強之占掠領土，不外急性緩性兩種。緩性占略，吸我膏髓，窺我堂奧，每不及防。近年籌辦各種實業，國人群起拒絕外股。職此之由，該公司純為日股，表面用華人出名以掩國人耳目，居心尤為叵測。」為防微杜漸，議員們還在提案中諮請「省長將西沙群島公司成案迅以撤銷，以杜詭謀而固國防。」〔註12〕

　　三亞市歷史文化名鎮保護管理委員會顧問何擎國介紹，瓊崖愛國人士的主張得到廣東省議員的熱烈響應。林超南、馮河清、符鴻澄等議員隨後向議會提交「諮請省長查明將西沙群島實業公司成案撤銷以固國防而杜侵略」的議案。在議案中提醒省政府警惕實業公司「實為日資」的虛假面貌，並說明西沙群島對於瓊崖和中國的重大意義，諮請省長撤銷實業公司，「以保邊防而杜侵略，庶瓊崖免為朝鮮、臺灣之繼。」〔註13〕

　　議員們的議案凝聚成巨大的力量，上述議案均被廣東省議員大會表決通過。省議會隨即向廣東省署提交咨文。文中寫道，「經查西沙群島實業公司被控攙入日股各節，諮請省長即將西沙群島公司撤銷，以固國防而杜侵略。」迫

〔註11〕中國人民政治協商會議海口市委員會文史資料研究委員會編，《海口文史資料》（第 5 輯），1989 年 2 月，第 54 頁。

〔註12〕《議員李大勳等提案》，陳天錫編著，《西沙島東沙島成案彙編·西沙島成案彙編》，第 60～61 頁。

〔註13〕《議員林超南等提案》，陳天錫編著，《西沙島東沙島成案彙編·西沙島成案彙編》，第 62 頁。

於議會的壓力，崖縣「惟以後迄未據報曾經發給證書，亦未再據何瑞年呈請催縣發給」〔註14〕，終未發放許可證。廣東省政府再次注銷何瑞年承辦的西沙群島實業公司原案。議員們以議案為武器，揭露日本人與國內奸商勾結企圖侵佔西沙群島的陰謀，用實際行動鞏固海防、維護主權。

日本檔案也記載了廣東人民對何瑞年勾結日本人開拓西沙的反對。1922年5月13日日本駐廣東總領事藤田榮介發給臺灣總督田健治郎的臺機密第六號電報《關於西沙群島採磷事業成行通報之件》，可見海南島崖縣民眾對此也作出了積極反應。電報中記載：「關於西沙島採磷事業，其後，以中國人何瑞年、梁國之的名義，提供了手續上必需的礦區測量圖，經過管轄西沙島的崖縣知事，向廣東省長公署申請下發正式的磷礦採掘許可證書，不日該公署會向申請人下發證書。最近，海南島的學生們以及國民黨支部發起反對運動，他們宣稱西沙島開墾事業表面上是打著中國人的名義，實權完全掌握在日本人手裏，日本人包藏著佔領全島的野心。他們極力向各方面通告，喚起輿論支持，努力煽動人心。正如另外一封信中所說，當地所有的報紙都紛紛刊載此消息，不僅形勢對我們極為不利，而且，現在廣東公署也向申請人何瑞年詢問共同申請人梁國之的國籍，質問梁國之是否是日本國籍，何瑞年堅定地否認，回答說是純粹的廣東人。中國官員本身已經對日本人相當警覺，此種情況下，平田如果再航行西沙島，有組織地開始磷礦採掘，不僅無趣，而且可能會延遲下發正式許可證書。故此，請貴府通知平田，在前述的許可書下發之前，盡可能地先停止磷礦採掘。眼下，我方和何瑞年，應該盡可能地促成中國官員盡快下發正式的採掘許可證。據何瑞年講，不日一定會下發許可證書，原因不僅僅是和孫文有著特殊的舊交，孫文也是不得不依託日本的資本經營磷礦採掘事業，只是會加強管理，作為我方來說，此時，最好不要進行刺激中國輿論的行動，待許可證書下發後，再籌劃更妥當的方法。」〔註15〕

此份電文不僅記載了海南及廣東各界對何氏聯合日本人的反對，也說明當時中國官民對日本人的野心有所瞭解並有所防範。

1922年5月27日，藤田榮介又再次發電給田健治郎，報告海南島崖縣官民的反對行動。檔案記載，何瑞年催促廣東省長公署下發正式磷礦採掘許可

〔註14〕《飭縣補發承墾證書之呈請》，陳天錫編著，《西沙島東沙島成案彙編‧西沙島成案彙編》，第64頁。

〔註15〕〔日〕《「パラセル」群島燐鉱関係一件分割1》，JCAHR: B04011138500。

書，公署解釋說本月 18 日已將申請書及其相關文件轉交給了內務部，內務部如果批准就會將證書交給管轄西沙群島的地方政府的崖縣知事，再由崖縣知事下發給申請人。

由於崖縣公民代表李福海等向廣東省長公署控訴何瑞年利用日本人的股金，何瑞年提交了否認的答辯書，廣東省長公署表示公民代表提出的事情屬於內務部的權限，而且尚有何瑞年關於日本人募款的答辯書，以上這些材料均上交了內務部，只等稍後的大總統的指示。同時，關於共同申請人梁國之的國籍身份，經程鴻軒（廣東財政部秘書長）證明為廣東香山縣人。〔註 16〕

除議員外，海南島的學生們也群起反抗。根據日方檔案中記載，學生們紛紛發布通電，由原本攻擊何瑞年人身，轉向揭露日本佔領西沙島的野心，廣東的報紙對此紛紛予以轉載，廣東政府也知道何瑞年與日本人的關係並非單純地經營資金融通的問題，懷疑何瑞年和梁國之是否能申請到正式的採掘許可書。〔註 17〕

1922 年 5 月 30 日，藤田榮介又給田健治郎發了一份電報。電報中提到：「海南島的學生和居民們至今還在向各方面發布通電，宣稱日本與何瑞年勾結，企圖佔領西沙島，表達反對的聲勢。何瑞年也嘗試向廣東政府高層闡明立場。此前，本人已在本月 13 日發過臺機密第 6 號，27 日的第 11 號。現在，廣東省長伍廷芳，正如廣東報紙摘錄的那樣，命令海南島各縣長查清何瑞年等人的組織，西沙群島實業無限公司有無日本人持股，梁國之有無日本國籍，向致通電的海南島地方各團體人士說明。」〔註 18〕

另外，日本官方檔案不僅記載了日本駐華外事官員對當時海南官民反對的情況，檔案中還附帶了當時廣東及海南島報紙的報導，如《承墾西沙群土之反響》《伍縣長對西沙群島去電》等等，可見西沙群島問題成為廣東，特別是海南崖縣官民的關注，說明西沙群島與廣東及海南尤其是崖縣官民息息相關。

時任孫中山經濟顧問的謝彬，在 1923 年 9 月公開發表「西沙群島地理交涉」一文，號召全國人民支持瓊崖兒女保護國家主權的鬥爭。1924 年 2 月 1 日，瓊崖社會各界在瓊城王公祠召開「公民大會」，抗議日本人侵佔西沙群島，

〔註 16〕〔日〕《「パラセル」群島燐鑛關係一件分割 1》，JCAHR: B04011138500。
〔註 17〕〔日〕《「パラセル」群島燐鑛關係一件分割 1》，JCAHR: B04011138500。
〔註 18〕〔日〕《「パラセル」群島燐鑛關係一件分割 1》，JCAHR: B04011138500。

商議挽救辦法。大會議決由王樹人等具名，在瓊崖民眾多次「向廣東省署呼
吁，未蒙容納」情況下，電請北京國務院支持，痛陳日本人侵西沙、瓊人抗爭
之經過：

> 1. 日本人勾結何瑞年等人，以承墾西沙群島實業公司名義，瞞
> 呈廣東省長立案，盜採西沙資源，瓊人捕魚悉被掠奪、驅逐，此島
> 儼然為日本殖民地。
>
> 2. 1896 年中日《通商行船條約》規定，日本人居住、營業及舶
> 船者止限於通商口岸，西沙島既非通商口岸，絕不容許日船停泊，
> 及有日本人之蹤跡，乃日本人公然違約。
>
> 3. 該島與瓊崖唇齒相依，若任他國人盤踞於此，則平時遇事生
> 風，交涉決無寧日，有事則門戶洞開，防禦更形棘手，這勢必影響
> 瓊島安危。〔註19〕

「瓊崖公民大會」致電北京國務院後，國務院迅速將此事交由農商部，農
商部分別向外交部、廣東省政府發出咨文。外交部因其職責所在，於 1923 年
5 月 5 日向日本駐華公使發出「文書」抗議，認為中方僅認可日本人在通商口
岸的商業行為，即使何瑞年等承墾西沙的實業公司是華日合營的，中方也不能
允許這種行為。〔註20〕

北京政府農商部以「瓊島」之事重要，故於 1924 年 3 月 13 日致函時任
廣東省慰問使、國務院顧問唐寶鍔進行調查。調查結果是，何瑞年等承墾西沙
群島與粵省抵押瓊島實業權「實屬二事」，唐將此情況詳報農商部，農商部又
將報告轉給了外交部。唐在呈文中說：西沙群島為瓊崖附屬島嶼，其位置與「被
占」之經過情形，已在本年 2 月 18 日「密陳之某國侵佔瓊崖主權一折第一節
內」言及，何瑞年係日本人之化名，其領銜之粵人梁國芝，實主其事。瓊民呼
籲情形，與外交部覆文，所引大略相同。「惟廣東尚稱自治，從前部中僅向省
長諮查，迄未妥籌辦法，所以不得要領。」〔註21〕顯然，北京政府雖通過委派
官員瞭解到的情況與事實不符，終未採取具體措施，因為關注點在於粵省抵押
瓊島實業權，而並非其他。

在隨後的鬥爭中，以陳英才等為代表的青年們繼續帶領崖城人民堅持抗

〔註19〕《瓊人抗爭日占西沙島》，《申報》1924 年 2 月 12 日第 10 版。

〔註20〕〔日〕川島真著，《中國近代外交的形成》，北京：北京大學出版社 2012 年版，
　　　　第 413 頁。

〔註21〕《唐寶鍔查覆瓊島抵押案》，《申報》1924 年 3 月 24 日第 10 版。

爭。1926 年 1 月，陳英才、陳世訓、黎茂萱等人成立中共瓊崖東南支部，開展對日鬥爭。他們充分利用國共合作反日出兵的有利時機，帶領人民開展反對日本侵略西沙的鬥爭，做出了卓越貢獻。11 月，他們聯合國民黨一些人士，發動瓊崖各縣黨部和團體，分別以國民黨崖縣黨部、瓊東縣公民大會的名義要求省政府派員雇船到島，撤銷實業公司，懲辦何瑞年驅逐日本人。

崖縣黨部在《呈請迅將何瑞年承墾試辦崖縣東南群島之案取消並予嚴重懲辦》的呈文中，歷數實業公司幫助日本人盜挖西沙磷礦的罪行，「何瑞年恢復前辦西沙群島，訪查常赴該島漁人，據稱島上礦工數百，盡屬日本、臺灣土人，現又由圓島遷渡巴注島」〔註 22〕。這份言詞鑿鑿的呈文，引起廣東省政府的重視。省政府委員會討論決定將這份呈請交由實業廳核辦，並要求由實業廳和民政廳派員，乘軍艦前往西沙群島實地調查，但最終因無軍艦可前往，調查人員暫時未能成行。

1927 年，何瑞年所承辦的實業公司五年的開礦期已到，在是否允許其續約的問題上，各方力量角逐。在此期間，何瑞年以收復瓊崖戰亂、海路不暢未能有效開礦為由，逃避繳納礦產稅。何瑞年的行為徹底激怒實業廳。恰在此時，商人馮英彪申請獲得西沙的磷礦開採權，並承諾如若事成，願意繳納 1 萬元給省政府，且每年認繳銀元 4000 元。經過綜合考量，自 1926 年 11 月始，實業廳三次向省政府提議，撤銷何瑞年的公司，由馮英彪的公司進行磷礦開採。

由於崖縣人民持續不斷地抗爭，反對何瑞年勾結日本人侵佔西沙群島，加之實業廳的提請，省政府遂召開政府委員第四次會議，專題討論實業廳提交的核查報告。會議認為「瓊崖西沙群島實業公司何瑞年辦無成績，擬請撤消。另招商辦案。由實業、民政兩廳派員乘軍艦前往徹查核實」。隨後，省政府循例將實業廳的提案提請政治會議廣州分會審議。

當議員們在審議實業廳的提案時，事情又出現了變化。中山大學農科系主任鄺嵩齡呈文政治會議，文中稱馮英彪和日本人也有所勾結，是日本人侵略西沙的傀儡。西沙群島戰略位置重要，礦產資源豐富，應嚴禁承商盜賣，建議省政府自行設局開採。在強大的壓力下，廣東政府「以西沙群島實業無限公司商人何瑞年等，承辦西沙群島實業，毫無成績，又被控告勾結日人，

〔註 22〕 《永興島上日軍修築的炮樓及遺址簡介》《三沙文物》，三沙史料史實尋訪活動官網 http://www.sansha.gov.cn/sansha/swzq/201404c890899c61db4eb5b0cb79e52b195e47.shtml

狼狽為奸」〔註23〕為由驅逐日本殖民者，收回了西沙群島的採礦權，並計劃派艦赴西沙進行調查。

二、1928 年中國政府對西沙群島的再調查

1927 年 6 月，廣東省實業廳向廣東省政府提議撤銷何瑞年原案，另批准商人馮英彪前往西沙群島專辦開採鳥糞，獲得省政府委員會議批准，並由廣東省政府呈報國民黨中央政治會議廣州分會（以下簡稱政治分會）審議。〔註24〕

中山大學農科系主任鄺嵩齡〔註25〕得知這一消息後，立即呈文政治分會，質疑馮英彪不過是日本的代理人，是日本人假借華商之名盜採西沙資源的幌子，因此建議政治分會暫停批商開採西沙資源，仍根據廣東省政府第四次會議決議派員前往調查，調查之後再行決定開採事宜。〔註26〕

政治分會函覆廣東省政府，指示此案仍應根據省政府第四次會議決議，派人調查後再定辦法，並決定由政治分會、第八路軍總司令部、建設廳、民政廳、實業廳、土地廳等各派一人，另函總司令部派艦前往。〔註27〕

如果沒有鄺嵩齡教授呈文反對，西沙群島極有可能被批給馮英彪承包開採，這其中與當時中山大學的社會影響力是分不開的。當時中山大學的校長戴季陶、副校長朱家驊均是政治分會的成員，可見中山大學對促成前往西沙群島調查行動發揮了重要作用。

中山大學是由孫中山先生一手扶植起來的。它是由廣東高等師範學校、廣東農業專門學校及廣東法科大學合併而成。1924 年 2 月 24 日，鄒魯召集三校學生在廣東高等師範學校禮堂舉行大會，會上宣布籌建國立廣東大學，並報告了籌備經過和進行計劃等。3 月 3 日，廣東大學召開首次籌備會議，著重討論

〔註23〕《派員派艦往查之決議》，陳天錫編著，《西沙島東沙島成案彙編·西沙島成案彙編》，第 86 頁。

〔註24〕沈鵬飛編，《調查西沙群島報告書》，1928 年中山大學圖書館特藏部藏，第 9 頁。

〔註25〕鄺嵩齡，金陵大學農科學士，美國加州大學農學碩士，專攻進種學。歷任國立廣東大學農藝系主任，國立中山大學農學系主任等職務。參見：《華南農業大學百年校慶叢書》編委會編，《華南農業大學百年圖史》，廣東人民出版社，2009 年，第 72 頁。

〔註26〕陳天賜編，《西沙島東沙島成案彙編·東沙島成案彙編》，廣東省實業廳，1928 年第 80～82 頁。

〔註27〕陳天賜編，《西沙島東沙島成案彙編·東沙島成案彙編》，廣東省實業廳，1928 年，第 80 頁。

並通過了國立廣東大學籌備處組織大綱。為保證籌備工作的開展和國立廣東大學的順利開辦，孫中山親自動手籌措資金。1924 年 6 月 9 日，孫中山任命鄒魯為國立廣東大學首任校長，並親筆題寫校訓：「博學、審問、慎思、明辨、篤行」。孫中山先生逝世後，學校於 1926 年定名為國立中山大學。1926 年 10 月 14 日，國民黨中央、國民政府決定在中山大學實行委員制，由國民黨元老蔣介石稱之為「國師」的戴季陶任委員長。1927 年 6 月 10 日，遵照南京國民政府規定，中山大學又改回校長制，由戴季陶任校長。1929 年 9 月，國民黨中央決定在中山大學成立董事會，以蔣介石、譚延闓、宋子文、古應芬、陳銘樞、孫科及學校正副校長為董事，戴季陶兼董事會主任。中山大學的實力非常強大，所以可能參加到政府的行政系統中。中山大學對此次西沙群島的調查亦相當重視，派出農林科教授會議主席沈鵬飛等人參與調查。

1928 年 2 月，海軍方面決定派「海瑞號」赴西沙群島進行調查，同時指派「自由艦長李英傑、安北艦長張德因、福安艦長伍自立、龍驤艦長余堃垣、江漢艦長黎尚武、中正艦長馮海添」，「隨艦前往調查，並以籍廣航行經驗」〔註 28〕。

1928 年 5 月 22 日，調委會各委員在廣州天字碼頭集合，然後乘渡輪前往黃埔碼頭轉乘海瑞號軍艦開往南海。調委會共有委員 15 人，分別來自廣東省建設廳、實業廳、民政廳、第八路軍總指揮部、兩廣地質調查所、中山大學等單位，由中山大學農林科教授會議主席沈鵬飛率領。中山大學參加人員包括理科陳達夫教授和陳炳相助理員、農林科丁穎教授和林純煦助理員、兩廣地質調查所朱庭祜和朱翽聲，約占調委會委員人員的一半。除委員外，隨同前往調查的還有測夫工人等十餘人。

校長戴季陶親自率領中大師生數十人前往天字碼頭送行，「除贈送水果罐頭香煙等數十罐外，兼送各調查委員以筆記簿、鉛筆、生花籃及插置西沙群島用之中大校旗十七面」，並預祝調委會「一帆風順，滿載而歸」〔註 29〕。

1928 年 5 月 29 日，調委會一行對西沙群島中的林島（今永興島）和石島進行了調查，並舉行了升旗儀式，中山大學校旗也一同升起在該島上。〔註 30〕

〔註 28〕《1928 年廣東海軍艦隊令派六個艦長乘海瑞艦赴西沙群島調查》，《濤聲》1929 年 2 月 28 日，第 68～69 頁。

〔註 29〕沈鵬飛編，《調查西沙群島報告書》，1928 年中山大學圖書館特藏部藏，第 61 頁。

〔註 30〕沈鵬飛編，《調查西沙群島報告書》，1928 年中山大學圖書館特藏部藏，第 66 頁。

調委會的考察內容包括西沙群島各島礁的地理位置、海流、動植物（採集動物標本計脊椎動物 13 種、節肢動物 36 種、軟體動物 75 種、腔腸動物 43 種、海面動物 4 種〔註31〕）、水產等，特別是對鳥糞取樣，帶回中山大學化學系檢測。

鄺嵩齡致廣州分會呈文稱：「全島被滿鳥糞，深約四五尺，可以為磷質及肥料製造之原料，實為世界天然特產之區。加以魚類海產之豐，尤為世所罕有。據日人估計，祇鳥糞一項約可值五千餘萬元，以故垂涎百尺，久思獲而有之。」〔註32〕

日本檔案也詳細地記載了這段歷史，在 1928 年 9 月 12 日日本駐臺北中村武官發給日本海軍次官的電報中，保存有廣東政府報紙上對此次調查的記載。

調查報告中對西沙進行了明確的定位，「西沙群島距離海南島一百四十哩，位於北緯十六七度」，它的名稱為「舊稱九洲島，外人稱為帕拉塞爾」〔註33〕。重要性在於它處於「香港與南洋間交通的重要地點」，而且島嶼數量「由大小二十多個島嶼組成」，面積有「二百里」，主要是由珊瑚礁構成，「周圍海水深度大，多暗礁，經常有颱風，帆船難以航行，群島分成東西兩部分，東部被外國人稱作鶯非士菜特群島，西部被稱作庫勒生特群島，清宣統三年（1911年），派遣調查員踏查西沙群島之際，認為有西七島東八島共計十五島，實際上遠不止於此。北部到北礁，南部有特里屯島，東部到林康島，西接七洲洋大小二十多個島嶼構成西沙的兩個群島。西沙群島在外國地圖上被稱作帕拉塞爾群島，我國地圖上名稱不詳。據在近海捕魚的海南島人所言，該處被稱作東海，他們對各島嶼賦予了特定的名稱，比如，四江島被外國人地圖稱作都蘭莽島，大三腳島被稱作檀堅島，小三腳島被稱作拔唔島，所以，足以證明這些是我國固有領土」〔註34〕。

檔案還記載：「本來西沙群島是中國領土擁有固有名稱。據查童世亨的《七省沿海形勢圖》上使用的是外國的譯音，其名稱不僅不相符，與其後的各種地

〔註31〕馮雙編著，《中山大學生命科學學院（生物學系）編年史》，中山大學出版社 2007 年，第 31 頁。

〔註32〕陳天賜編：《西沙島東沙島成案彙編・西沙島成案彙編》，第 80～81 頁。

〔註33〕〔日〕《西沙島調查報告（支那官憲調查広東総領事報）》，JCAHR: C0401658 6900。

〔註34〕〔日〕《西沙島調查報告（支那官憲調查広東総領事報）》，JCAHR: C0401658 6900。

圖和商務印書館中華印行的中國地理中的地名也不一致,即何瑞年經營的『圓島』以及李德元經營的『巴注巴興嶼』兩島在圖中並未明確標注,到底指代何處不明確,即是我國領土就應該使用中國名稱,有必要在廣東政府審查的基礎上確定名稱向全國公布,為便於對比參考需要標注中外名稱。」〔註35〕根據檔案整理西沙群島各島名如下表:

中國名	外國名音譯	外國名英語	備 註
西沙東側群島	鷟非土來特列島	Ampht trite Group	也稱「晏非的利得島」
中島	密都兒埃倫	IMiddle i	
則衡志兒灘	密都兒埃倫	Jehangire Bank	也稱「怡亭芝」
林島	活地埃倫	Woody i	土人稱為「巴島」地理上稱為「多對島」
石島	樂忌埃倫	Rocky i	
樹島	托里埃倫	Tree i	也稱「小樹島」
北島	椰可埃倫	North i	
南島	哨石埃倫	South i	
東島	林可埃倫	Lincoln i	前清時稱「東島」地理上稱「玲洲」
臺圖島		Dido Bank	
高尖石		Pyramid rock	
蒲利孟灘		Bremen Bank	也稱「勃利門灘」
傍俾礁		Bombay Reef	也稱孟買灘
亦爾剔斯灘		iltie Bank	
西沙西側群島	庫勒生特群島	Crescent group	也稱魯詰桑群島
珊瑚島	八道羅埃倫	Pattle i	也稱巴圖魯島
甘泉島	四拔埃倫	Robert i	又名羅伯特島
金銀島	文尼埃倫	Money i	又稱莫泥島、錢財島、銀島
伏波島	都蘭莽島	Drummond i	也稱蘭分島、杜林門島,土人稱為四江島,商務高中地理稱為部島
琛航島	壇堅島	Duncan i	也稱登進島,土人稱之大三腳島;商務高中地理稱為登島。琛航艦初次到達該島故改名為深航島。

〔註35〕〔日〕《西沙島調查報告(支那官憲調查広東総領事報)》,JCAHR: C0401658 6900。

廣金島	拔晤埃倫	Palm i	也稱為掌島，土人將之稱為小三腳島，廣金艦到達該島遂稱為廣金島。
天文島	阿卜蘇未繩	Observation Bank	又稱湖量島
南柱島	土業塘島	Triton i	又稱特里屯島、利東島
柏蘇奇島	巴徐崎	Passu Keah	也稱巴生忌島，因此次派海瑞艦到達該島，有傳說也稱為海瑞島。
	核子牌淺	HoteSpur shoai	
羚羊礁	晏的利礁	Antelope Reef	以暗礁出名，也稱晏的羅
覓出礁	地士加佛礁	Dis	也稱發現島
符勒多兒礁		Vuladdore Reef	也稱島拉多島
北礁	椰夫礁	North Reef	也稱北沙島

　　此份報告還就西沙群島的地質、海流、氣候、物產、動物等進行了記載，其描述「礦物」為「西沙群島中樹島林島金銀島甘泉島都覆蓋著鳥糞，其中林島最為豐富，厚度達到二三尺，積累了數千年的鳥糞。鳥糞中包含有各種磷質的肥料，如果分析一下可以發現它有豐厚的利益。日本人曾在林島採掘了三年時間，大約運走了三分之一的鳥糞，現在政府如果講究開採方法產量也會不少」〔註36〕，「西沙群島上並無常駐居民，從瓊東的樂會、文昌等地來作工的較多，都是以捕魚為業，所捕水產多是海龜，他們每年三月初來島，六月離島。每隊有三四十人，雇傭二三艘漁船，分別駐紮在各島，各自進行捕撈作業。最紅火的時候漁船達到二三十艘，漁民也有一千幾百人。漁民的工錢每月能達到幾元。他們除了進行海龜鱉及其海鼠捕撈外，不從事其他捕撈，沒有大規模的漁業捕撈」〔註37〕，「無論哪座島嶼，因為沒有常住人口，建築物很少，島上只有神廟，它被稱作孤魂廟，最大的也不過六七平方尺，小的只有三四尺。是他們共同建造的，為了迷信才建造，故此，沒有文字記載，但是足以證明是我國固有領土。而且我國沿海的疍民歷來是在此生活。此前，日本人佔據東沙島時，就先破壞島上的大王廟，消滅我們生活的痕跡，把東沙島改名為西澤暗礁。西沙群島上唯獨林島上建築物多一些，原因是，何瑞年得到政府許可，進行了開採事業，日本人在此進行了建築。建築物中主要的是，碼頭的鐵橋（長度大

〔註36〕〔日〕《西沙島調查報告（支那官憲調查広東總領事報）》，JCAHR: C0401658
　　6900。
〔註37〕〔日〕《西沙島調查報告（支那官憲調查広東總領事報）》，JCAHR: C0401658
　　6900。

約是一千二百尺），簡易鐵路（長度是九千尺）及運送車輛（10 輛），有屋頂的倉庫（一座），辦公室（一處），二人寄宿的宿舍（二處），食堂（一處）廚房（一處）蒸餾機（一臺）蓄水池（一處）。」〔註38〕

在調查的基礎上又提出了《西沙群島善後處理辦法報告》，其內容如下：

此次，政府克服各種困難，派遣西沙群島調查隊，當然是完成了各方面的期待。今天，調查即將完成，面對商人追逐眼前小利的鳥糞採掘權，為了避免商人為了逐利而毀壞島嶼，政府應該著眼於島嶼的建設，希望通過商議提出宏偉的計劃，下面提出三點善後辦法僅供參考。

（一）關於移民事業

西沙群島接近熱帶地區，風土極為惡劣，瘴癘嚴重，但是，如果想辦法研究衛生設施，還是不難維護居住安全的。群島中最需要也是最缺乏的是淡水，如果人工挖鑿深井建造蓄水池，利用雨水可以滿足需要。但是，如果挖掘蓄水池，從遙遠的內地招募工匠不容易，莫不如從南區善後公署監禁的犯人中挑選，可以讓他們移居於島上，而且對他們施以教育，傳授技術，逐漸促使他們變成良民，而且，在島嶼開發採礦築路燒陶捕魚等工作，給予他們勞動報酬，可以安定他們的生活，這可以說是一舉多得的事情。對於他們的管理可以由南區善後公署制定相關的章程。法國人為了隔離犯人和城市，曾經在安南海岸芳梨灣一百多里的海上的塞塞島和克特圍島上建造監獄，讓他們移居於此。鑒於此，西沙群島的位置和這兩個島嶼相類似，故此，按照那個辦法去作，不會有什麼困難。

（二）關於興業事項

西沙群島的特產是鳥糞，其他的植物有椰子、菠蘿，海產物中的各種魚類及貝類的產出也不少。各島嶼都是由黑白兩色珊瑚構成，作為石灰用於建築用途很廣，如果將其賣到瓊崖定會有相當的利潤，如果對三亞港進行改建，定班船舶以及大型帆船往返西沙島聯絡的話，將來當地的開發以及移民的進入，海運也可以發展起來，可以成為良好的殖民地方。

〔註38〕〔日〕《西沙島調查報告（支那官憲調查広東總領事報）》，JCAHR: C0401658
6900。

（三）關於領海事項

　　西沙群島位於我國南海的中樞，氣候土壤條件不太好，面積又不大，故此，本來建港和駐軍的價值就沒有，但是，根據地學家姚明輝對東西沙群島的闡述，西沙群島之東是臺灣，以西是印度支那，南面是婆羅洲，是南海的中心，將來如果希望向南洋發展的話，該處可以作為根據地，東沙島介於臺灣和瓊崖之間，和西沙島相對。故此，對之加以利用的話，東面金銀島可以通過廈門謀劃臺灣，北面利用潮汕可以謀劃南洋，此觀點也並非誇張。金銀島以西一帶是香港和西貢之間的航路要衝，林康島以東一帶也屬於香港和南洋間的航道，所以，一旦東西兩面有事，兩座島嶼可以儲存煤炭、飲用水和食物等，以及駐紮守軍，對於守衛沿岸非常重要。況且，近年海運事業逐漸興盛，各國皆對海洋事業極力擴張。我西沙群島位於南海門戶，如果不能控制將失去海權，將來必然受其害。

　　現在，法國人已經在廣州灣開始經營漁業，魚界已然達到數百里外，而且，擔心島內沒有船舶避難所，考慮如果利用琛航及廣金兩島間的岩礁，連接成海堤，中間修建港口的話，利用海水的深度適合於船舶停靠。

　　根據此次所見，此海灣內可以容納兩艘大型漁船進入，如果在此處修建海堤疏濬海底的話，雖然規模比較小，但是不僅適合船舶停靠，而且群島可以從外部保護港口，阻擋風浪，成為最安全的地帶，此外，在島內設置無線電設施，和瓊崖等地建立聯繫的話（東沙島已經設置了無線電，還有一個探海燈，照明距離達到二十里），一旦有事，可以成為向周圍傳遞消息的中樞，平時也可以作為群島交通的中心。

　　總之，如果在各島增加移民，興旺事業，領海主權愈益鞏固，何懼外人窺視。〔註39〕

同年6月6日，調委會回到廣州。根據調查結果，調委會委員相繼出版了一系列論著，如沈鵬飛編寫的《調查西沙群島報告書》，朱庭祜撰寫的《西沙群島鳥糞》《西沙群島之磷酸礦》，還繪製了《西沙島在中國海位置圖》和

〔註39〕〔日〕《西沙島調查報告（支那官憲調查広東総領事報）》，JCAHR：C04016586900。

林島（今永興島）、石島、燈擎島（今琛航島）、掌島（今廣金島）的位置圖。〔註40〕方新的《西沙群島調查記》提出了移民西沙群島和開發西沙群島的意見等。〔註41〕

第一次調查結束後不久，中山大學校長戴季陶、副校長朱家驊以西沙群島鳥糞等礦物可作廣東省進口的智利硝的配置原料、有利於政府發展農林業、且中山大學正開闢第二農場等為理由，向廣東省政府呈文，懇請省政府「轉呈政治會議廣州分會准將西沙群島礦產撥歸本校管理，即由農林科規劃經營，俾資利用，而助建設」〔註42〕。

1928 年 6 月 19 日，政治分會第 116 次會議做出決議：「國立中山大學校長戴傳賢呈請准將西沙群島礦產，撥歸該校管理、規劃經營，俾資利用，而助建設案，（議決）照准」，即將西沙群島礦產撥歸中山大學管理、規劃經營。〔註43〕

朱家驊同時注意到，西沙群島不但礦產豐富，而且風景秀麗，如果以之建立海洋教育基地是一個極佳的選擇。於是返回廣東後以中山大學調查隊的名義將此情況也進行了彙報。

這次考察是由中山大學師生進行的，考慮到當時中山大學的管理者朱家驊等都是政府大員，可以提供較為有力的資源支持，故經廣東政府批准，由中山大學出面將西沙群島領為其實驗基地，變成了中山大學的校產。在我國關於西沙群島的主權問題上，中山大學是一個重要的參與者。

在抗日戰爭之前，西沙群島一直是中山大學的校產。一個地理位置如此重要的群島居然是某大學的校產，這件事今天提起來有些不可思議，但回顧歷史，也覺必然。

西沙群島變成中山大學的校產之後，在朱先生等人的推動下，中山大學曾

〔註40〕沈鵬飛編：《調查西沙群島報告書》，1928 年中山大學圖書館特藏部藏，附圖。

〔註41〕馬志榮、李瑩：《爭議海域海島爭端問題的史地考證及對策研究——以南海海域為例》，《西北師大學報（社會科學版）》2012 年第 2 期。

〔註42〕陳天賜編：《西沙島東沙島成案彙編·西沙島成案彙編》，廣東省實業廳，1928 年，附錄第 5～6 頁。

〔註43〕《政治會議廣州分會第一百一十六次會議議事錄》，《中央政治會議廣州分會月刊》第 8 期，廣東省立中山圖書館特藏部藏，縮微文獻，第 14 頁。《政治分會第一一六決議案》，《廣州民國日報》1928 年 6 月 20 日第 3 版，廣東省檔案館藏；《呈政治分會准將西沙群島礦產撥歸本校管理》，《國立中山大學日報》1928 年 7 月 2 日第 2～3 版，中山大學圖書館保存本閱覽廳藏。

作出多項開發規劃，試圖以西沙鳥糞礦與進口的智利硝石相配合，製成研造炸藥的重要原料。同時中山大學農科系試圖在廣州近郊開闢第二實驗農場，其肥料來源也選擇了西沙島上的磷礦。

1929 年 4 月，經沈鵬飛提議，中山大學向廣東省政府致函，表示「校費猶感困難，似無餘力即日從事開辦，不如由廣東省政府暫行批商開採」，並懇請「省政府即將批商所得之款全數撥與本校為籌設該項肥料製造廠之用」〔註44〕。

廣東省政府認為中山大學「所擬辦法尚屬妥善」〔註45〕，指令中山大學會同建設廳等核議協濟公司宋錫權呈請開採西沙群島礦產一案。後來，省政府直接做出決議批准宋錫權開採，〔註46〕並發布了《招商承採西沙群島鳥糞簡章》，將建設廳原擬的公開招標改為政府核准制，並規定僅由建設廳負責監督。〔註47〕招商承採簡章內容如下：

　　　　第一條西沙群島鳥糞由政府批准批商承採歸主管機關辦理之。

　　　　第二條凡中華民國人民未受三等有期徒刑之處罰及反革命言動者，遵照本簡章之規定，均有承辦西沙群島鳥糞之權。

　　　　第三條承採範圍以西沙群島陸上鳥糞為限，不得擅自漁業捕撈及採取其他海產等物。

　　　　第四條承採期間定為 5 年，由發給之日起算。在期滿以前如無違章或欠餉情弊，政府不得任意撤銷。至承採期滿，另由政府自辦或招商承辦，如招商承辦新舊兩商出價相同時，舊商得有優先承辦權。

　　　　第五條承採權確定後，即由建設廳發給開採執照，自領到執照之日起十日內，在建設廳繳納開辦保證金三萬元，並於兩個月內繕具施工計劃書、公司章程及股東名冊，呈交建設廳在案，並在廣州市內覓取資金一萬元以上之保店及附繳價值十萬元以上至銀行存票，呈廳核驗。

〔註44〕沈鵬飛編：《調查西沙群島報告書》，1928 年中山大學圖書館特藏部藏，第 89 頁。

〔註45〕沈鵬飛編：《調查西沙群島報告書》，1928 年中山大學圖書館特藏部藏，第 92 頁。

〔註46〕林金枝：《1912～1949 年中國政府行使和維護南海諸島主權的鬥爭》，《南洋問題研究》，1991 年第 4 期。

〔註47〕沈鵬飛編：《調查西沙群島報告書》，1928 年中山大學圖書館特藏部藏，第 93～113 頁。

第六條自領到執照之日起，三個月內為籌辦時期，預期仍不能赴島開採者，即將承案撤銷，沒收保證金，另行招商競投，但遇有天災地變或其他不可抗力事由時，得呈請政府展限。

第九條承包商所及資本均以華股為限，不得招收洋股，至礦場內一切職工及工人，均不得雇傭外人，如在內地設廠提煉及製造肥料有聘請洋技師之必要，時需呈准建設廳。

第十一條承商為推銷鳥糞起見，得在國內各地設置鳥糞販賣局所。

第十三條承商為保護礦場及船隻來往起見，得設礦場警察，唯警察數額需呈請政府核定。

第十四條建設廳為監督指導施工營業及配及配制起見，得派監察員一名，監督指導開採及運銷事項。

第十六條承包商違反第九條之規定招收外人資本者，除撤銷承辦權外，並處以十萬元至罰金。〔註48〕

從以上「招商簡章」內容來看，並沒有涉及到中山大學的權限，這表明中山大學仍然有西沙群島的管理權。

在對西沙群島調查的基礎上，1932 年 6 月，廣東省政府還制訂了《西沙群島建設計劃書》，內容包括設立短波無線電臺、燈塔、氣象臺及職員住所等項，開辦費及經費合計為 36.94 萬元。

小結

綜上所述，當何瑞年勾結日本商人竊採西沙群島敗露後，瓊崖各界通過宣介、集會抗議等方式，反對日本人盜採西沙資源，表達了對中國主權的憂慮。何瑞年承辦之事後雖有反覆，但當局者終憚於民意，不得不有所收斂，在 1928 年以何承辦無果而結束。而中山大學推動參與了對西沙群島的科學考察，並取得了對西沙群島礦產的管理權和開採權，年輕的中山大學勇於擔當，為維護國家的領土主權做出了應有的貢獻。

〔註48〕沈鵬飛編：《調查西沙群島報告書》，1928 年中山大學圖書館特藏部藏，第 107 ～113 頁。

第四章　日本海軍主導對「南沙群島」的侵佔及開發

　　日本佔據東沙島失敗後，忙於爭取德國在亞洲的殖民地，同時繼續覬覦中國南海諸島。清政府鑒於日本竊占東沙島之教訓，在西沙也宣示了主權，使日本認識到必須採取更為迂迴的策略。故日本在西沙群島採取借華商之名掠奪資源之法，在南沙群島則由海軍暗中主導支持，進行非法探險調查，再以「無人島」發現磷礦為藉口，由拉薩磷礦公司為殖民開拓者，佔據開採南沙各島嶼的資源，進行實質性的殖民開拓，最後達到納入領土的策略。學術界此前有論文即使有所涉及，也將之視為個人的行為，但實質上這些行為是由海軍暗中策劃及支持的，是日本近代軍國主義對外擴張重要的一部分。

一、日本對南沙群島的認知與所謂偽造出來的「平田末治調查」

　　日本方面認知南沙群島是從船舶遭難開始，根據是 1933 年由巴黎發行雜誌的記事。「1867 年，法國的水陸調查船『阿卜曼號』訪問南沙群島西部，在海圖上將其記錄成恐怖的海難場。日本海軍水陸部發行的海圖檔中，將其標注為危險區域，並認為其屬於沒有所屬的無人島。」[註1]

　　從上述記錄分析來看，日本對南沙群島的認知是從近代才開始的，其來源為英國航海記錄。我們並不否認南沙群島 1808 年至 1928 年之間的多數水文地理信息都是來源於英國。但英國並不是南沙群島水文地理信息唯一的記錄

〔註1〕〔日〕山下太郎，《新南群島》，《臺灣地方行政》，卷號：v005，期號：n006，1939-06-01。

者。1867 年，法國的官方調查船測繪了南沙群島海域。1876 年，英國政府官方的水路調查船對南沙群島海域進行了深度全面的測繪。1883 年，德國人也對南沙群島海域也進行了測繪。有學者根據中外史料、特別是英國在南中國海自乾隆年間以來的測繪史料和航海志，介紹和研究了英國海軍海圖官局及日美法德四國近代測繪南沙群島海域的情況即水文地理調查歷史。〔註2〕

這些調查也證明中國人歷史上在南沙群島的活動情況，如 1867 年英國航道測量船「來福曼」號來此測量時，就認為南海諸島存有海南漁民生活的足跡，如拾貝殼、捕撈海參等。1899 年在南沙群島安波沙洲，英國「旅遊者」號船舶也發現了很多中國人的遺跡。1923 年英國官方出版物《中國海指南》中，也記載了海南居民在南沙島礁上收集海參和龜甲等，海南的帆船每年載著生活必需品與島上居民交換收集的物品。〔註3〕甚至 1933 年法國殖民者入侵南沙九島時，也承認當時這些島上只有中國人居住，存在中國人的神廟、水井和茅屋等，對此，美國出版的《亞洲航海指南》也有相關的記載。〔註4〕以上外國的歷史文獻和相關的記錄，均為中國人民開拓、經營南沙諸島的有力歷史證據。

日本對南沙群島的關注始於 1914 年第一次世界大戰之時。大戰剛剛開始，日本立刻對德宣戰，出動海軍對太平洋上的德占島嶼發起攻擊，先後佔據了馬紹爾群島、馬里亞納群島、加羅林群島等德屬太平洋島嶼，並攫取了德國在中國山東的權益，佔領青島。第一次世界大戰結束後，國際聯盟以「委任統治」方式將上述太平洋島嶼交由日本管轄，實際上是承認了日本對這些島嶼的侵佔，並使日本的海洋擴張行為「合法化」。此後日本又通過華盛頓會議和《五國海軍協定》，迫使美國、英國同意不在距離日本本土 5000 英里的範圍之內新建或擴建海軍基地。這實際上等於美英日三國劃分了在太平洋地區的勢力範圍，即英國控制西南太平洋，美國控制東太平洋，日本控制西北太平洋。如此一來，不僅使日本的軍事防禦戰略縱深增加，而且迫使英美勢力遠離日本本土。這為日本覬覦海南島及西、南沙群島提供了條件。

〔註2〕房建昌：《近代南海諸島海圖史略——以英國海軍海圖官局及日本、美國、法國和德國近代測繪南沙群為中心（1685～1949 年）》，海南大學學報人文社會科學版，2013 年 7 月 2013 第 31 卷第 4 期。

〔註3〕Choon-Ho Park, *East Asia and the Law of the Sea*, SeoulNational University Press, 1985, p.186.

〔註4〕趙理海著：《海洋法問題研究》，北京大學出版社，1996 年版，第 12 頁。

　　1918 年 6 月，明石元二郎任臺灣總督期間，總督府專賣局長池田幸甚率領數十名官員兩次到海南島進行經濟調查。〔註 5〕在總督府及日本海軍界的支持下，各路探險人員赴西沙及南沙進行殖民探險，並謀求在西沙通過與中國不法商人合夥的方式進行滲透，在南沙則以「無人島」為由侵佔並進行殖民開發。

　　關於日本人最早於何時進入南沙群島，黎蝸藤在其《南海百年紛爭史》中稱「早在一九零七年，日本人宮崎就在『水產南下』的鼓動下，駕駛漁船進入南沙群島活動」〔註 6〕。但筆者沒有找到相關檔案資料證明，能夠看到的資料只提到宮崎進入南沙群島。

　　根據日本檔案記載，對南沙群島的調查最早是在 1918 年 5 月到 9 月的小松重利、池田金造。他們自稱發現南沙群島，並提出這是「日本人第一次探險」〔註 7〕。小松重利當時居住在基隆。「大正 7 年用 42 噸的帆船保證丸號帶領十五名船員從東京出發，在基隆寄港，經帕拉塞魯群島（西沙群島）南下，進入問題的一些島嶼，9 月返回東京」；「他曾經訪問菲律賓司令部的一位副官查詢該群島的所有權，這位官員稱，我國領有菲律賓島時日尚淺，本島的治安還沒充分解決，距離本土二百海里外一個小小島嶼，還無暇顧及。」〔註 8〕

　　1918 年 10 月 7 日，身為貴族院議員的橋本圭三郎與神山閏次提出申請要求開拓小松重利等發現的南沙群島磷礦，並組織人馬再次赴南沙群島進行探險。

　　1919 年 5 月 13 日，橋本圭三郎與神山閏次向外務大臣提出要求開發各島嶼並請求將其編入帝國版圖：「大正七年十月七日（1918 年 10 月 7 日）提出請願書的池田金造、小松重利兩人發現磷礦及鳥糞的各個島嶼進行事業經營上的再調查，就其品質及其礦量是否正確等，與農商省技師鴨下松次郎及技術員櫻井濬亮一起進行出差，從去年冬天開始進行持續的調查。根據調查這五個島嶼及其附近的島嶼，都有品質良好的鳥糞及豐富品質良好的磷礦存在。特別

〔註 5〕〔日〕《臺灣に於ける外國交涉曳件》，臺灣日新報社，昭和 8 年 12 月，第 35 頁。

〔註 6〕黎蝸藤，《南海百年紛爭史》，五南圖書出版社，2017 年，第 57 頁。

〔註 7〕〔日〕《2 昭和 13 年 3 月 22 日から昭和 13 年 5 月 21 日》，《各國領土發見及歸屬關係雜件／南支那海諸礁島歸屬關係／新南群島關係第二卷》，JCAHR：B02031162200；B02031161900。

〔註 8〕〔日〕《臺灣に於ける外國交涉曳件》，臺灣日新報社，昭和 8 年 12 月，第 44 頁。

提出申請為盡快開展業務,將如圖所至的四島嶼編入我帝國新版圖,以便進行這些島嶼的鳥糞及磷礦開採以及開墾植樹等業務。」〔註9〕

這份檔案說明在小松重利第一次探險南沙群島後,橋本圭三郎與神山閏次也組織人馬又對南沙進行了探險調查。

另外一位主張探險發現南沙群島的是探險過西沙群島的平田末治。平田末治因探險西沙群島而知名,也是後來「開陽興業株式會社」的社長,他自稱:「我在大正六年六月使用十九噸發動機船『南星丸號』在南中國海進行沉船打撈之時,發現了西沙群島,緊接著又發現了東沙和新南群島。」〔註10〕如果按平田自己的說法,似乎發現南沙群島是 1917 年 6 月,是與小松重利及池田的探險基本同一時間。但根據日本各館藏檔記載,並沒有發現平田末治發現南沙群島的檔案記錄,故筆者認為這可能是日本為吞併南沙群島有意將平田末治信口之說當成事實。

根據檔案記載的平田末治「個人簡介」,他是日本秋田縣人,1916 年 5 月,入職基隆金瓜石株式會社田中礦山區,1917 年到高雄街新濱町三十二番地從事經營東沙島「海人草」〔註11〕採取及沉船解體業。從 1918 年開始,從事西沙群島磷礦石的開採及經營。檔案還記載:「平田是在 1917 年 6 月因臺灣製糖株式會社農事係老朋友豬股農學士而來到高雄市新濱剛街百二十三番地開設了木炭商店。不久豬股農學士將其介紹給基隆糖業本社社長兼農事部長鳥井技師,並獲得資金的援助。鳥井技師又關照他,使他得到當時明治海運株式會社社長小柳的關照,獲得資金 5 萬元和一艘汽船。平田把這些作為資本,開始了西沙島磷礦石的開採經營。平田將開採的磷礦石作為肥料賣給鹽水港製糖株式公司,鹽水港製糖會社將百萬元以上的資金給平田作為融資資金。另外平田與高雄州的農會也有很密切的關係。」〔註12〕

檔案資料還顯示,平田末治與軍部之間也有很密切的關係。「其經營南洋

〔註9〕〔日〕《1 大正 8 年 5 月 13 日から大正 8 年 6 月 2 日》、《各國領土発見及帰屬関係雑件 / 南支那海諸礁島帰屬関係第一巻》,JCAHR: B02031157900; B02031158100。

〔註10〕〔日〕《西沙島に關する平田末治氏の談》,《臺灣水產雜誌》,n281,1938-08-12。

〔註11〕一種植物,製造驅蟲藥的原料。

〔註12〕〔日〕《2 昭和 8 年 23 日から昭和 11 年 1 月 14 日》、《各國領土発見及帰屬関係雑件 / 南支那海諸礁島帰屬関係 / 新南群島関係第一巻》,JCAHR: B02031161500; B02031161200。

事業就起始於鳳山海軍無線電信所機構內的一塊耕地。軍部所獲得的南沙資料，都由其提供。其在東沙海人草採取事業，也由軍部暗中支持。由於平田與海陸軍都有密切的關係，故與總督府各部首腦關係密切。」〔註13〕檔案還記載平田末治是 1919 年 3 月 11 日向外務省提出「西沙群島磷礦開採申請」〔註14〕，為此，臺灣總督府及日本政府內部就「西沙群島」所屬進行了大量的調查，最後認定不論從《水路圖志》還是歷史上，都證明 1909 年中國政府已經將這些島嶼納入到版圖。〔註15〕

　　根據以上分析可以看出，日本近代最早對南沙群島進行探險的時間應當是 1918 年。第一次提出開發是橋本圭三郎與神山閏次，但日本政府並沒有將其開採權交給此二人，而是選擇了具有軍方背景的拉薩島磷礦株式會社。

　　「拉薩磷礦株式會社」的社長恒藤規隆〔註16〕是日本第一個農學博士，也是近代日本著名地質學家、實業家，拉薩工業的設立者。他因探尋肥料原料磷礦而發現沖大東島（拉薩島）的鳥糞化石質磷礦石而知名。1880 年入職內務省勸農局地質課。1894 年在日本首次發現磷礦石。1901 年轉任農商省肥料礦物調查研究所所長，同時兼任地質調查研究所土性課課長。1910 年 2 月轉任「拉薩磷礦株式會社」社長。

　　根據探險南沙群島的預備海軍中佐小倉卯之助所寫的《暴風雨之島》中記載，是一位神秘的紳士客人來找恒藤規隆，要他購買南海諸島的磷礦資源：「某天忽然有位紳士來拜訪拉薩磷礦會社的社長農學博士恒藤規隆先生，對先生說：『在中國海中的某個地點有磷礦，貴公司是否願意購買其權利。』博士答

〔註13〕〔日〕《2 昭和 8 年 23 日から昭和 11 年 1 月 14 日》、《各國領土發見及帰屬関係雜件 / 南支那海諸礁島帰屬関係 / 新南群島関係第一卷》，JCAHR: B02031161500; B02031161200。

〔註14〕〔日〕《「パラセル」群島燐鉱関係一件分割 1》

〔註15〕〔日〕《2 大正 8 年 6 月 17 日から大正 9 年 11 月 5 日》、《各國領土發見及帰屬関係雜件 / 南支那海諸礁島帰屬関係第一卷》，JCAHR: B02031157900; B02031158200。

〔註16〕恒藤規隆（つねとうのりたか）1857 年 2 月 11 日～1938 年 12 月 6 日。著有《農產物分析集》（有隣堂、1880 年 12 月）、《農事演述筆記》（福島縣農商課、1888 年 3 月）、《日本土壤論》（成美堂、1904 年 1 月）、《日本地產統計》（水野書店、1906 年 5 月）、《実用肥料之講話》（中外肥料要報社、1907 年 2 月）、《実用肥料大観》（大日本農業奨勵會、1909 年 5 月）、《南日本乃富源》（博文館、1910 年 11 月）、《予と燐礦の探検》（恒藤事務所、1936 年）等論著。

覆說：『能夠買到當然好，但它在何處呢？』紳士左右搪塞到最後也沒有明確磷礦所在地在哪裏。」〔註17〕

筆者沒有查到這位神秘紳士究竟何人，只見恒藤規隆一面，恒藤就決定要出錢去中國海探險，此人應當有強有力的政治背景，推斷可能是橋本圭三郎。這位紳士到訪之後，恒藤馬上去拜訪了海軍省醫務局局長軍醫總監本多忠夫少將，請他挑選海軍中適當的人選，這樣就找到剛剛從海軍退役的中佐小倉卯之助。小倉恰好以前在海軍「水陸部」奉職，對中國海方面早有一些瞭解。

恒藤規隆並沒有具體指出磷礦區域在中國海中哪個位置。故小倉卯之助借助以前在海軍的關係，借到《水路圖志》及相關圖書，研究了一個月，最後提出探險南中國海可行的區域有三：「第一，西沙群島附近；第二，跤止支那洋上附近的諸島嶼；第三，巴拉望島西方的危險區域一帶。」〔註18〕

小倉卯之助提出的三個區域，基本都是中國所屬的南海諸島嶼範圍內，他對此也心知肚明，故向恒藤規隆提出：「第一處區域，1909年中國政府已經發出合併宣言，如果去此區域，容易與中國產生矛盾。第二塊區域，則在法國所領的安南（越南）鼻前，雖然航海者難以判斷其領土歸屬，但此區域也容易產生爭端。第三區域中的諸島，雖然在《水路圖志》中記載古來就與中國有著歷史關係，但沒有明確確定為其領土，特別是在海圖上所記載的危險區域，航海者對其十分恐怖，也不敢靠近，即使發現也不能確定其領土所屬，另外在《水路圖志》記載以外，也許還有未知的一些島嶼，故比較之下應當選擇第三區域。」〔註19〕

根據小倉卯之助提出的區域分析來看，其所說的第一區域就是東沙島，第二區域就是西沙群島，而第三區域則是南沙群島。而且小倉卯之助明知第三區域「古來就與中國有著歷史關係」，卻以「沒有明確確定為其領土」為藉口，將其作為探險目標地，圖謀因其區域危險恐怖，一般船隻不能靠近，來達到巧取佔領之目的。

根據《暴風雨之島》的記載，拉薩磷礦會社的社長恒藤規隆對小倉卯之助提出的第三區域的探險方案極為贊同，並認為三、四月到六、七月是最佳探險時間。

〔註17〕〔日〕《暴風雨の島》，小倉中佐遺稿刊行會，昭和15年，第41頁。
〔註18〕〔日〕《暴風雨の島》，小倉中佐遺稿刊行會，昭和15年，第44頁。
〔註19〕〔日〕《暴風雨の島》，小倉中佐遺稿刊行會，昭和15年，第44～45頁。

　　就在小倉卯之助積極準備對南沙群島進行探險調查之時，還有另外的一支船隊同時對南沙群島進行探險調查。小倉卯之助因此去探問了恒藤規隆，恒藤規隆馬上想到曾經拜訪他的那名神秘紳士，認定「一定與他有關係」〔註20〕，為了搶佔先機，成為第一個到達南沙的探險者，決定馬上讓探險船隊出發。

　　根據筆者查閱到的檔案，另外一支探險隊可能是「東京赤阪區的發現者齊藤英吉、臺灣基隆的發現者野澤專藏及東京市芝區的發現者山崎彪」〔註21〕。檔案《南陽無人島磷礦發現事情》記載：「1920年4月中，補助機關附屬的帆船幡摩丸號，為採集高瀬貝從臺灣高雄港出發，向南中國海的西沙群島進行航行。途中羅盤出現狀況，偏離了航向，沒有達到目的地，所以就變更航路為海圖上所指示的危險區域的無人島。5月上旬到達該島附近。船組全員登上無人島，在島內各處進行探查檢測，在島的西南角發現有無數海鳥棲息，採取其土壤進行了簡單磷礦試驗，第二天又探查了其堆積的狀態及分布範圍。」〔註22〕資料還顯示此三個人的採礦申請並沒有得到日本政府的許可。

　　根據以上分析來看，日本對南沙群島的覬覦不是單純的個人行為。整個大的時代背景是在第一次世界大戰後日本對磷礦資源的需要，整個南沙群島探險行動也是集國家各方力量來進行的。

　　根據日本外交史料館所藏的《新南群島燐鉱採掘權関係》記載，「我公司1911年4月繼承沖繩縣島尻郡沖大東島拉薩島事業，著手從事磷礦的開採業。1913年5月更名為拉薩島磷礦合資公司。鑑於在拉薩島及其他太平洋的島嶼上發現磷礦，設想在南中國海沒有詳細瞭解調查的島嶼應該儲有磷礦及鳥糞，故著手開始調查工作。1914年世界大戰爆發以後，磷礦石的輸入逐漸減少，至1917年1918年間，基本已經達到輸入斷絕的狀態，這對帝國製肥乃至農業上造成傷害，故全力在拉薩島上進行磷礦開採，每年達到產量18萬噸，解決了國內對肥料的需求，對國家產生了重大的貢獻。儘管如此，還不能滿足需求，需要大量的輸入，這對國家財政上也造成困難，故自給自足非常的重要，在此

〔註20〕〔日〕《暴風雨の島》，小倉中佐遺稿刊行會，昭和15年，第44～45頁。

〔註21〕〔日〕《各國領土發見及帰屬関係雑件／南支那海諸礁島帰屬関係第一卷》之《9昭和3年3月28日から昭和4年3月15日》，JCAHR: B02031157900; B0203118900。

〔註22〕〔日〕《各國領土發見及帰屬関係雑件／南支那海諸礁島帰屬関係第一卷》之《9昭和3年3月28日から昭和4年3月15日》，JCAHR: B02031157900; B02031158900。

種情況下，1918 年密集的對南中國海的島嶼進行調查。根據調查的結果，1919 年 11 月，由公司股東協會決定每年拿出十萬元來進行調查工作。」〔註23〕

拉薩磷礦公司是在 1918 年前後進行南沙探險的，而從拉薩公司探險記錄來看，一戰結束後的日本透過中國不法商人對西沙群島和南沙的探險及經營都是有計劃有預謀的，是由海軍方面積極策劃支持而達成的。

二、「拉薩會社」對南沙的調查及侵佔

以預備海軍中佐小倉卯之助作為隊長，船長監督濱田市松、船長佐藤昌雄、農學士近滕三衛、步兵中尉武滕尚志率領船員二十多人，於 1918 年 11 月 23 日下午 2 點從東京月島出發向南沙群島進發進行探險。

探險船是「報效丸號」，該船是因探險千島而聞名的郡司大尉所屬「報效議會」的帆船，是一艘只有三十八噸的老舊船。該次探險中途在沖繩中城灣、臺灣的高雄等停泊，於 12 月 26 日到達南沙「北二子島」附近。由於氣候惡劣，該船一直等到 30 號才登陸成功。

12 月 30 號，小倉卯之助等人到達「雙子島」附近，「被無數礁岩所包圍的東北、西南各一個，兩個並列的島嶼即是雙子島，看起來與海圖記載沒有大差別，東北方的島嶼，比地圖記載略小，西南的島嶼比地圖記載略大。兩島嶼都在珊瑚礁上，由珊瑚沙堆積而成，其地勢比較低，當大的波浪來臨之時，從遠方難於發現，其邊緣為廣闊的珊瑚礁所包圍，礁上水深有二三尺，即使小的波浪，小船也難以靠近。」〔註24〕

小倉卯之助等人先登上東北方的島嶼，驚訝的發現島上竟然有水井：「如果是普通的地方，有水井也沒有什麼值得驚訝，但一直認為是無人島，有水井就令人非常吃驚。水井被木柵欄所圍繞，湧出的水非常乾淨。」他們還吃驚的發現了「墳墓」。「這個島上還有人類，真是令人不可思議。」在椰子樹的樹陰下還發現了一個小木屋。「一位年輕的男子，正把一隻腳踩在一個大的龜甲片上，他完全裸露著上身，身體皮膚呈現赤銅色，一看就是中國人。」〔註25〕他們與中國人打招呼，「中國人也非常的吃驚。在人跡罕至的這個島嶼，忽然發現有人前來，那個中國人吃驚是當然的。」〔註26〕由於語言不通，只

〔註23〕〔日〕《23·新南群島燐鉱採掘權関係》，JCAHR: B09041015900。
〔註24〕〔日〕《暴風雨の島》，小倉中佐遺稿刊行會，昭和 15 年，第 150 頁。
〔註25〕〔日〕《暴風雨の島》，小倉中佐遺稿刊行會，昭和 15 年，第 151 頁。
〔註26〕〔日〕《暴風雨の島》，小倉中佐遺稿刊行會，昭和 15 年，第 151 頁。

好拿出紙和鉛筆來進行筆談。「得知他們是兩年前來到此處，這個小木屋中一共居住三個中國人，在此從事扇貝及其海鼠等的漁獵工作，每年舊曆十二月到一月期間會從海南島有大船發來，把他們俘獲的貨物載運回去，每年的三、四月時候其他的漁夫來代替，他們就返回海南。」〔註27〕詢問他們平時吃什麼，回答說吃海龜的肉。他們平時住在「東北崎」，漁獵活動主要在「西南崎」。另外從中國人口中小倉卯之助還得知，「6 月 20 號的時候有一艘日本船來島上進行探險。」〔註28〕

這個南沙探險隊從《新南群島問題經緯》〔註29〕中間接證實是「小松重利」與「池田」所率領的調查隊。這也證明前述小倉卯之助所言之「第二支探險隊」的存在，更證明日本近代對南沙群島的侵略是密謀已久的國家行為。

次日就是 1919 年的新年，日本的「大晦日」。島上的日本人準備大量的酒菜來慶賀新年，三個中國人也來拜訪，與小倉等人一起喝酒。小倉卯之助再次與他們進行了筆談：

問他們從哪裏來？

年輕的中國人回答：「小人廣東省大清國瓊州府文昌縣人海口人三人……」。

島上有可用的飲用水嗎？

回答：「以今水有食不不水食小人與下落崎水大人船有水亦是不水食。」

那你們的飲用水從哪裏來？

回答：「我食水有多。」

哪個月來？哪個月回去？

回答：舊曆 12 月來，西南信風開始歸國。

問從事什麼職業？

回答：加力坡公緤賣哉賣艮多少錢哉會哉問大人哉會小人廣人省大清國瓊州付文昌縣人海口人三人來公司本艮三百大元。美年作貳千個海南船來作不小人來掌。〔註30〕

〔註27〕〔日〕《暴風雨の島》，小倉中佐遺稿刊行會，昭和 15 年，第 154 頁。
〔註28〕〔日〕《暴風雨の島》，小倉中佐遺稿刊行會，昭和 15 年，第 155 頁。
〔註29〕〔日〕《23．新南群島燐鑛採掘權關係》，JCAHR: B09041015900。
〔註30〕〔日〕《暴風雨の島》，小倉中佐遺稿刊行會，昭和 15 年，第 159～160、262～263 頁。

　　中國人的答覆說明他們長期生活在南沙群島各島中，每年舊曆年底由海南島來的船隻將他們運送到此從事漁獵活動，位於海口的公司每年給三百大洋作為本金。當時各島上早已挖好的水井及中國人生活房屋、墓地及小廟等，都說明南沙群島附近海域早為中國漁民開發的漁場，漁民們也早已長期生活和漁獵在南沙諸島上。但記載中所言之「貳千個海南船來作」，筆者認為可能是筆誤，極有可能是「貳十」或「貳百」。

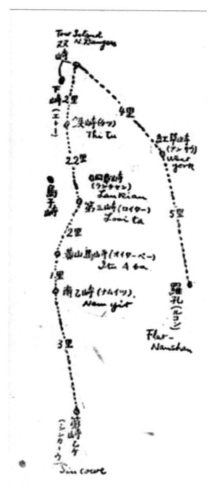

　　為了瞭解各島嶼的情況，小倉卯之助將海路圖攤在中國人前面，一位中國人從懷中掏出羅盤針，放在海圖上。羅盤針有 12 個分針，方位大體上沒有錯誤。通過筆談和手語，瞭解到各島嶼防衛如圖所示，他們還補充的寫道：

　　　　鐵峙

　　　　第三峙

　　　　黃山馬峙

　　　　南乙峙

　　　　第峙乙個

　　　　東南峙兩個紅草峙

　　　　上羅孔

　　　　黃山馬峙牙子有多

　　　　紅草峙生石不白土

　　　　鳥子峙在西南

　　　　雙峙上紅草上

　　　　雙峙上紅草四里紅草上羅孔五里雙峙下鐵峙二里鐵峙下第三峙

　　二里二第三峙下黃山馬二里黃山馬下南乙峙一里下（這裡的一里等

　　　於 10 海里）〔註31〕

　　　島嶼上三個中國人的答覆為日本人提供了大量的信息，但是小倉卯之助
等人並不滿足，繼續提問，「紅草和羅孔之外，東南方還有島嶼嗎？中國人回
答說沒有。之後就鳥子峙的位置反覆進行了確定」；「雖說是不自由的問答，但
是得到了很多相關知識」〔註32〕。之後小倉卯之助派三名日本人到西南峙進行
調查，三個中國人還一起跟隨。

　　　三名日本人第二天早上回到了東北峙，報告在西南峙上發現了大量的鳥
糞，大約有一千噸左右。小倉卯之助等人非常興奮，於是決定根據天氣的狀況
先到紅草峙探險，接著再到黃山馬峙。

　　　6 日，小倉卯之助帶領一行人向紅草峙出發，恰好三名中國人從西南峙捕
魚歸來，他們見到小倉的船，還大聲呼喊進行問候。

　　　9 日，小倉卯之助等人到達紅草峙。「紅草峙」是中國人的稱呼，此外因「威
斯特約克」汽船在這裡遭難而被世人所道，在《水路圖志》上以汽船的名稱標注。

　　　小倉卯之助等人在該島的西南側登陸，這裡有茂密的椰子樹。他們還在島
上發現了水井，也發現了有人居住的痕跡。該島含磷量極少，利用價值不高，
島上沒有發現人跡，小倉卯之助就決定在島上水井傍埋下標柱。「標柱早在東
京時就已經準備好，是用八尺左右的檜木製成，用墨汁在標柱前面寫『大正八

〔註31〕〔日〕《暴風雨の島》，小倉中佐遺稿刊行會，昭和 15 年，第 160 頁、263～
　　　　264 頁。
〔註32〕〔日〕《暴風雨の島》，小倉中佐遺稿刊行會，昭和 15 年，第 162 頁。

年一月十日佔有本島』，後面寫，『大日本帝國帆船報效丸乘員：海軍中佐小倉卯之助、農學士進藤三衛、陸軍步兵中尉武藤尚志、海軍兵曹長中島末吉、監督船長浜出市松、船長佐藤昌雄』〔註33〕。

早在東京就已經製作的「標柱」，說明小倉卯之助等人此次探險名義上是為拉薩會社尋找磷礦基地，實質上是為搶佔海外殖民地而來。

11日清晨，小倉卯之助等到達「飯團」一樣的「三角島」。全島被樹叢覆蓋，難於行走，島的西南方有很大的椰子樹，樹下面有一口水井，邊上有一小屋，有中國人居住的痕跡，離小屋不遠處，有一小路通往之處，還有一中國人小廟。

12日，小倉卯之助等人來到太平島：「因為該島東西很長，所以我將之稱為長島，雙子島上的中國人將之稱為黃山馬峙。」〔註34〕全島被茂密的椰子樹和灌木叢覆蓋，樹高兩三丈，到處都有繁茂的香蕉樹，樹叢中穿行著野鼠，整個島嶼像是野鼠的樂園。「以為沒有人居住，但在島的南側偏西區域，也有中國人居住的痕跡。在大樹底下空曠之地，雖沒有小屋，曾經有人居住過的痕跡仍然可見。從空地到島中央有一條小路，那裏有一座用水泥造的小廟，供奉著幾個牌位，查看其中的年號，最新的是民國7年。在廟的附近還有一水井，水質良好，水量豐盛。」〔註35〕

「幾個牌位」及「民國七年」再次證明中國漁民長期就在太平島上漁獵及生活。

根據小倉卯之助的回憶錄《暴風雨之島》記錄，其調查的幾個島嶼情況如下表：

島嶼名稱	島嶼狀況
南北二子島（North Danger RF）總概述	由南北兩個二島組成，多數是礁岩，與海圖的記載沒有更大的差別。中國人稱之為東北峙、西南峙。東北峙比地圖的記載略小些，西南峙與地圖記載大小相當。
	兩個島嶼都在珊瑚礁上，由珊瑚沙堆積而成，島上地勢很低，在波浪大時很難發現，其中東北峙島中央有椰子樹非常明顯，晴天的時候，約在六七海里之外可以發現。
	島嶼周圍被廣闊的珊瑚礁緣所包圍，礁上水深二三尺，僅有小的風浪，就可衝破礁岩，船難於靠近。

〔註33〕〔日〕《暴風雨の島》，小倉中佐遺稿刊行會，昭和15年，第176頁。
〔註34〕〔日〕《暴風雨の島》，小倉中佐遺稿刊行會，昭和15年，第182頁。
〔註35〕〔日〕《暴風雨の島》，小倉中佐遺稿刊行會，昭和15年，第182～183頁。

東北崎 （北二子島）	東北崎是長約四町，寬約一町半，高約十尺的砂丘。砂原上灌木叢生，中央地帶有數株喬木，明顯的可以看出是椰子樹，中國漁夫兩三人在此居住，他們在此島居住，在西南崎從事工作。 有水井，但鹽分過多，不適合做飲用水。有兩處墓地。 沒有海鳥棲息地面，也沒有鳥糞，砂中磷礦含量極少。
西南崎 （南二子島）	西南崎和與東北崎相比，稍長但略小，寬度稍寬，高度稍高，砂丘上被雜草覆蓋，沒有樹木。 有水井，水質比東北崎好，作為中國人的飲用水，但磷分很多。 有大量海鳥棲息，地面上被鳥糞全部覆蓋，砂中磷礦含量甚多。 海龜及高瀨貝很多。
紅草崎 （西青島 West york Ind）	中國人稱呼本島為紅草崎。 因汽船威斯特約克號在此遭難而在《水路志》上以同船名稱標記。 礁石的邊緣，散落著該船的殘骸，在 x 標記的位置，還殘留著同船殘骸及大的船錨。 該島長約六、七町，寬約四町，高約十五尺，島邊周圍樹木叢生，中間是砂原。 島的西南側有多株椰子樹，其附近也有水井一口，但現在已經廢棄。 曾經有住民的痕跡，但現在已經無人居住。 接近島的西側大約有七、八尋之地，可供小船拋錨，其他的地方水深急流，難以找到合適的拋錨地。
三角島 （Tei tee Ind）	島嶼與海圖記載沒有大的差別，全島周圍約十四、五町。 全島被樹木覆蓋，西南有一小屋，除到井戶附近，通一小路之外，跋涉非常困難。 島中有兩處非常高大顯著的大樹，一顆在北部，一顆在西南角附近。前者有兩顆茂盛高大的椰子樹，一個已經匍匐在地上，屈曲著再向上空伸展，在此大樹下，外面沒有辦法看到。另外一處的椰子樹約七八丈高，是極為顯著的目標。 北部大樹下有一口井，水量很多且水質良好，常年清水湧出不斷。 西南角大樹下有中國人的小屋，現在沒有看到人居住，但好像最近還有人居住。 小屋附近有一中國小廟。 水井的附近有數株香蕉樹。 沒有海鳥在島上棲息。 島嶼的表面黑色岩石甚為堅硬，挖掘僅數寸就看到白色砂，在水井的附近表層稍深。 貝類甚多，海鼠也很多。 島的西面是水深十度的良好的拋錨地，但不能抵抗大風。

長島 （Itsuada Ind）	該島與海圖記載的大小沒有差異，長約十町，是最大的島嶼。 全島被密林所覆蓋，難以跋涉，在島的南側大樹附近有一水井，水井的附近有一小路。 在南側大樹下有中國漁夫居住的空地，但沒有房屋存在。 井裏的水雖有鹽分，但可作為良好的飲用水，非常的滋潤。 在小路附近有一用水泥製造的小寺廟。似乎剛剛建完，根據其供奉的日期記載，是民國 7 年。 島上的樹木高約二三十尺，以椰子樹居多，另外也有其他難以辨認的樹木。 樹木中香蕉樹甚多，野鼠成群地咬食其成熟的果實。 除野鼠外沒有看到鳥獸類存在。 沒有海鳥棲息，但海龜很多，貝類及海鼠等都被中國漁夫所獵光。 在水井附近，島的最高處約十五尺左右，地質條件與其他島相同。 島的西南側有好的拋錨地，可以遮蔽偏北風，對其他風向則沒有辦法遮蔽。 朔望高潮約十一時，潮差約三四尺。

此表根據《暴風雨之島》中第五章《探檢諸島的實況》整理而成。

　　小倉卯之助等人用近半月時間對南沙群島中的「北雙子島」、「南雙子島」、「西青島」、「三角島」及「長島」5 個島嶼進行了調查，並提出了《探險報告書》。他在報告書中分析，中國人對「危險區域」南沙群島中的幾個島嶼非常熟悉，因此可以推測「其先輩們在危險區西北部中的島嶼間經常往來」〔註36〕。他還用「一小節」闡述南沙各島嶼和中國人的歷史關係：「此附近各島嶼，和中國人有著非常深的歷史關係，其證跡也歷然確鑿。探險結果發現附近各島嶼的名稱都是用中國語發音標注的英文。West york 及 Nanshan 等雖是發現者或遇難船的名字，但是中國人也早有其自己的名稱，前者稱為紅草峙，後者稱為羅孔峙。而且英國船隻在附近測量是 1867 年到 1868 年間的事情，當時中國人已經有了自己的島嶼名。島上墳墓的存在，證明中國人往來這些島嶼要比他們久遠。」〔註37〕

　　根據小倉的記載，他們所調查的五個島嶼，中國人早就有自己的島名，各島嶼也均有他們生活漁獵的實跡存在，證明中國漁民長期漁獵生活在南海各島嶼中，特別是他們在雙子島上與三個中國漁民相處幾日，從他們口中獲得大量的南沙群島相關知識，並一同前往「紅草峙」探險，這些足以說明南沙群島

〔註36〕〔日〕《暴風雨の島》，小倉中佐遺稿刊行會，昭和 15 年，第 245 頁。
〔註37〕〔日〕《暴風雨の島》，小倉中佐遺稿刊行會，昭和 15 年，第 247 頁。

歷史上由中國漁民經營開發，是中國漁民傳統漁區，這是中國政府實施管轄的基礎和前提。故小倉卯之助等人沒有選擇在太平島及中國人居住的雙子島上留下標誌，而是在靠近「危險地」的「紅草峙」來埋下佔領「標注」，其偷盜侵略者的心態顯露無遺。而此後日本各史書將南沙群島記錄為「無人島」的說法，更是強盜的自圓其說。

小倉卯之助等人此行的最重要使命是尋找磷礦資源，但探險的結果並不盡如人意：「調查的各島嶼，多少有一些磷礦存在，但樹木茂密島嶼磷礦甚少，也沒有海鳥棲息，沒有樹木的島嶼海鳥棲息量大，磷礦也比較多。磷礦儲藏比較多的島嶼是雙子峙中的西南峙，其他的各島嶼就是散在的小沙堆，磷礦的價值如何不得而知。」〔註38〕

日本探險南沙群島的目的並不是為了開採磷礦，主要是為了以「無人島」為名進行殖民佔領以便納入版圖，故拉薩磷礦株式會社並沒有拘泥於小倉的第一次探險報告，認為南沙群島的鳥糞可以作為肥料來進行開採，但實際的情況究竟怎樣，第一次探險並沒有完全掌握，於是在1920年11月15日又進行了第二次調查。此次探險活動是由小倉卯之助推薦的海軍中佐副島村八作為隊長，由拉薩磷礦株式會社5人，另外船長、技師及乘務員21人組成，使用船隻為「和氣丸」號，其規模大於第一次南沙探險。此次他們還對「西鳥島」、「中小島」、「南小島」、「丸島」等四個島嶼進行了調查，並在這些調查過的島嶼上，都用長四尺三寸的防腐材料製成的「木標」埋在秘密的地方，標注為日本領土。這次調查對磷礦株式會社的開採工作也起了一個決定性的作用。

三、拉薩磷礦株式會社對南沙各島的殖民開發

根據兩次對南沙各島嶼進行的探險調查，在下表這些島嶼上發現了磷礦及鳥糞。拉薩磷礦會社也就磷礦開採事業做好了準備，1921年購入了五百九十噸的汽船「隼丸號」作為公司的商船，還購置了無線電裝置、建築材料、食糧和其他一切用品，由文官松本修二及公司職員藤原良真等二十多人，於同年的5月12日從橫濱港出發開赴南沙群島。他們以「太平島」作為根據地，在那裏建築了淺橋、事務所和宿舍等。是年6月先對南小島進行鳥糞的開採，並將鳥糞運往日本內地。12月，又對「二子島」進行了鳥糞的開採工作。這樣，

〔註38〕〔日〕《暴風雨の島》，小倉中佐遺稿刊行會，昭和15年，第245頁。

南沙群島就成為日本人在中國南海諸島展開其殖民事業的第一步。

根據檔案記載這五個島嶼礦量如下：

島嶼名稱	礦區面積（坪）	可能藏量（噸）
南小島	435335	1741340
長島	347853	1403559
西鳥島	348100	696800
中小島	235311	705933
丸島	355313	1065939

此表根據《アンガウル燐鉱関係2止（27）》收藏的《礦產調查書》整理而成。

調查的礦區位置如下表：

礦區位置	北　緯	東　經
第一礦區	10度12分0秒	114度21分25秒
第二礦區	10度22分42秒	114度21分10秒
第三礦區	10度22分秒	114度分19秒
第四礦區	10度40分46秒	114度24分54秒
第五礦區	10度43分40秒	110度21分10秒

此表根據《アンガウル燐鉱関係2止（27）》收藏的《證明願》整理而成。

鳥糞也稱磷酸酯，是一種製肥原料。使用磷酸酯鳥糞製造的溶解磷酸酯鳥糞新型肥料有特殊的效果。南沙群島出產的磷礦及鳥糞與拉沙島出產的類似，大多數是作為過磷酸鉀肥原料來使用。拉薩磷礦株式會社於1922年9月27日向東京府知事申請運輸許可證，同年12月23日得到批准。其製造販賣公司於1922年12月12日向東京都知事申請生產許可，同年12月26日得到批准。「1923年以後，上述溶解磷酸酯鳥糞肥料對農作物、果樹和花草等的奇特效應，在農業及園藝界廣泛得到認可。其販賣的數量約400萬貫。」〔註39〕

拉薩磷礦株式會社還聘請水產專家，探查了從雙子島到太平島附近的水產品，發現其附近有大量的「青海龜」、「海參」「高瀬貝」等，其他魚類很多，能夠有望進行漁業捕撈的經營，通過這次調查也知道將來最適合經營的產業就是「青海龜的罐頭業」。另外，隨著各島磷礦開採業務的展開，還設

〔註39〕〔日〕《23・新南群島燐鉱採掘權関係》，JCAHR：B09041015900。

置了「新南群島出張所，其職員有出張所所長一名，礦物系主任一名，所員若干名，經理系主任一名，所員若干名，其中有一人為衛生事務員，還有礦夫若干名」〔註40〕。

拉薩磷礦株式會社還在太平島上「建造了木質棧橋，長約84間，中間還鋪設複式輕軌。建築了神社、事務所、礦物堆積所、分析室、儲藏倉庫、職員宿舍、礦夫宿舍、船具倉庫、食堂及氣象觀測所。在南雙子島上建有木質棧橋，長約68間，上面鋪設複式軌道，另外建有神社、事務所兼警察局職員宿舍、儲藏物倉庫、食堂、礦夫宿舍，儲礦場。」〔註41〕

拉薩磷礦株式會社早就在南沙各島嶼進行磷礦的開採，但直到1923年6月才正式向政府提出開採計劃。

筆者查閱到1923年6月5日拉薩磷礦株式公司代表取締役恒藤規隆向橫濱稅關長神鞭常孝提出的《近海第二區域南支那海中新南群島航行磷礦積取船內航取的請願書》〔註42〕，其內容記載：「弊社所申請的磷礦事業開采地，在南中國海中，弊社稱之為『新南群島』，就是附錄所示之北雙子島、長島、南雙子島、西青島、三角島、西鳥島、中小島、南小島及丸島等島嶼，這些島嶼是弊社自1918年以來花費巨額資金探險調查，有望在這些島嶼上出產磷礦，於是向外務省、海軍省等相關官憲查證這些島嶼所在區域沒有任何國家有所宣示，但處於各種外交上的考慮，還難於馬上宣布是我國的領土。但本事業將對國家有所貢獻，相信不遠的將來，此區域將編入帝國政府的邦域，故一日也不能耽擱，以免其他歐美國家先占，弊社排除萬難，直接著手開展事業進行殖民的佔領，於1921年6月派遣職員數名及幾十名工人，在長島（太平島）上建立了根據地，設立了事務所、宿舍、棧橋、軌道等具體的殖民實際佔領措施，在其他的各島嶼上設立標誌碑，漸次對這些島嶼進行開發。」〔註43〕

「請願書」還稱自己的事業是對日本國家發展非常有益的一個事業，那些不知所屬的島嶼究竟屬於哪裏，「委託小倉預備海軍中佐，向海軍省水路部進行非正式的調查。又向海軍省軍務局及外務省亞細亞局等進行同樣的查詢。並

〔註40〕〔日〕《23．新南群島燐鑛採掘權關係》，JCAHR：B09041015900。
〔註41〕〔日〕《23．新南群島燐鑛採掘權關係》，JCAHR：B09041015900。
〔註42〕〔日〕《アンガウル燐鑛関係2止（27）》，JCAHR：C10128166000。
〔註43〕〔日〕《アンガウル燐鑛関係2止（27）》，JCAHR：C10128166000。

向海軍及外務省當局提出如果以前沒有哪裏公布其所屬，就屬於無屬地，在英美等國人還沒有注意之時，考慮盡快的著手將其認定其所屬為帝國領土。」〔註44〕同時還敘述了拉薩磷礦株式會社侵佔南沙的歷史過程：

> 多年以來，花費了巨額資金進行探險和調查，才發現了這些島嶼。我公司在經濟不景氣的時候，克服了財政上的種種困難，在 1921 年 4 月開始諸島的殖民地佔領，並著手事業的各種準備。購入了帆船隼丸。考慮到在大洋中通信上的不方便，還向遞信省申請到許可，在該船上私設了無線電臺，職員礦夫以及各種材料搭載，4 年 5 月從東京出發，經過那霸和拉薩島，在同年 6 月中旬，到達新南群島中的長島，後來就以該島作為根據地，在此處設立了事務所、棧橋等各種建築物，成立拉薩磷礦株式會社新南群島出張所，開始了島上的經營工作。到 1921 年為止各島實際的測量和礦物的再調查已經全面進行，同時在太平島進行礦物磷礦及鳥糞的採掘工作。隼丸號從 1921 年到 1922 年 3 月期間，兩次進行航海及其鳥糞的運輸及在島者的糧食及事業工作上的材料的貨運。1923 年 4 月由於事業上的進一步擴張，用汽船來輸送運輸材料更為經濟，就廢止了隼丸號，雇傭 3000 噸乃至 4000 噸的汽船，每年來回兩三次進行磷礦及鳥糞的運輸。1923 年時開始經營南雙子島。由於從根據地到各島之間的聯絡沒有達成，同時各個島的詳細的調查也在進行之中，因此有必要雇用小帆船南星丸號。〔註45〕

小倉曾向海軍省及外務省進行了查證，認為「雖然從各種關係上來說，它位於臺灣以南中國海上，難以確定其所屬。」〔註46〕但根據國際公法學者的說法，「事實上經營無所屬地就等於佔領殖民地」，正式要求「殖民佔領」〔註47〕，檔案顯示，恒藤規隆「請願書」由橫濱轉到了大藏省，大藏省主稅局長黑田英雄於 7 月 21 日向外務省通商局長永井松三發出通告詢問「能否殖民佔領這些島嶼」〔註48〕。

1923 年 6 月以後，由拉薩磷礦株式會社補助的帆船「南星丸號」開始在

〔註44〕〔日〕《23‧新南群島燐鉱採掘権関係》，JCAHR: B09041015900。
〔註45〕〔日〕《23‧新南群島燐鉱採掘権関係》，JCAHR: B09041015900。
〔註46〕〔日〕《アンガウル燐鉱関係 2 止（27）》，JCAHR: C10128166000。
〔註47〕〔日〕《23‧新南群島燐鉱採掘権関係》，JCAHR: B09041015900。
〔註48〕〔日〕《アンガウル燐鉱関係 2 止（27）》，JCAHR: C10128166000。

南沙群島附近從事事業及聯絡任務，同時兼任探險調查工作。該船在 1923 年 9 月到 11 月期間，在「危險區域」內發現了「龜甲島」和「飛鳥島」，兩島上發現有大量的磷礦和鳥糞存在；1924 年對「西鳥島」和「丸島」進行了再次調查。

1918 年到 1924 年間拉薩磷礦株式會社公司在南沙群島發現島嶼如下：

發現島嶼名稱	發現島嶼之緯度	發現島嶼之經度
北雙子島	11 度 28 分 3 秒	114 度 20 分 48 秒
南雙子島	11 度 26 分 39 秒	114 度 19 分 29 秒
三角島	11 度 3 分 10 秒	114 度 16 分 25 秒
中小島	10 度 40 分 46 秒	114 度 24 分 54 秒
長島	10 度 22 分 42 秒	114 度 21 分 10 秒
南小島	10 度 12 分 0 秒	114 度 21 分 25 秒
西鳥島	8 度 38 分	111 度 56 分
龜甲島	10 度 44 分 10 秒	115 度 51 分 45 秒
西青島	11 度 7 分	115 度 4 分
飛鳥島	9 度 52 分 45 秒	114 度 16 分 10 秒
丸島	7 度 52 分	112 度 55 分

此表根據《新南群島燐鉱採掘権関係》資料整理而成。

根據上表可以看到 1924 年時，日本已經對南沙十多個島嶼進行了殖民調查。1922 年到 1929 年間，以長島作根據地，在雙子島、龜甲島、三角島、西鳥島、丸小島進行磷礦和磷酸酯的開採。這期間「共開採磷礦約 25,900 萬噸，金額達到 727,000 多元。」〔註49〕拉薩磷礦株式會社將這些所謂新發現的島嶼命名為「新南群島」：「本社發現在南中國海北緯 7 度到 12 度，東經 110 度到 108 度這塊地域散在的無人無所屬的諸島礁中埋藏著豐富的磷礦及磷礦酯（鳥糞堆積物）。1921 年 5 月以後，弊社一直將這些島礁稱為『新南群島』」〔註50〕。

當時日本的報紙也有記載：「川崎汽船東御丸號（1236 噸）載有磷礦石 1550 噸，於 26 日早晨從菲律賓出發，回到橫濱入港。該船是拉薩磷礦株式公司從所發現的菲律賓以西東經 114 度 20 分，北緯 11 度 28 分周圍的一群無人島，

〔註49〕〔日〕山下太郎，《新南群島》，《臺灣地方行政》，卷號：v005，期號：n006，1939-06-01。

〔註50〕〔日〕《23·新南群島燐鉱採掘権関係》，JCAHR: B09041015900。

由公司職員三人，二十多名工人所開採的磷礦石。該島是屬於珊瑚礁，全島有鳥糞覆蓋，磷礦石極其豐富，也適合作為無線電臺、海底電纜的中繼站及飛機的登陸地。最近似乎有英法軍艦來此調查的痕跡，還沒有確定是哪國的領地，因此取名為新南島。」〔註51〕

從上述所謂「新南群島」之說法，說明「新南群島」並不是南沙原有之名稱，是日本拉薩磷礦株式公司侵佔殖民開拓南沙後才取的新名字。

四、日本政府為吞併南沙群島所做的調查

1917年到1918年間，拉薩磷礦株式會社多次到南沙各島進行探險，目標就是開採南沙各島的磷礦資源，並以殖民開拓達到佔領之目的。1923年拉薩磷礦株式會社向日本政府請求將南沙納入領土。另外，前述與小倉同時赴南沙群島進行探險調查的另外一組人馬也向政府提出了申請。他們三人於1923年2月19日向「水路部長海軍少將大冢助次郎」提出了《南洋無人島磷礦發現書》：「1920年4月為採集高賴貝而赴南洋之時發現了這些島嶼，1921年4月的時候再次進行礦藏量的探險調查。」〔註52〕同時還提出《南洋無人島磷礦開採起業申請》〔註53〕。

大量檔案資料證明在日本向南沙群島擴張的整個過程中，其外務省及海軍省都有參與其中。為了能將南沙納入版圖，外務省甚至指示在菲律賓大使館查證南沙群島是否屬菲律賓界。

（一）對南沙群島是否屬於美屬菲律賓進行調查

大使館方面進行了大量的調查工作，找到「巴黎條約拔萃」、「巴黎條約追補條約全文」、「巴拉望州行政拔萃」、「菲律賓島公法拔萃」等法律條文，另外找到「1903年國勢調查附屬地圖」、「1918年國勢調查及菲律賓獨立委員會編纂屬地地圖」、「中央稅官長入手地圖」等，其調查所涉及的資料及人物

〔註51〕 〔日〕《各國領土發見及歸屬關係雜件／南支那海諸礁島歸屬關係／新南群島關係第一卷》之《1 大正12年6月21日から昭和8年8月18日》，JCAHR: B02031161200; B02031161400。

〔註52〕 〔日〕《各國領土發見及歸屬關係雜件／南支那海諸礁島歸屬關係第一卷》之《10 昭和4年3月25日から昭和4年4月18日》，JCAHR: B02031157900; B02031159000。

〔註53〕 〔日〕《各國領土發見及歸屬關係雜件／南支那海諸礁島歸屬關係第一卷》之《10 昭和4年3月25日から昭和4年4月18日》，JCAHR: B02031157900; B02031159000。

如下表：

序　號	資料或人物名稱	內　容
1	菲律賓委員會法令輯攬摘錄	巴黎條約及追捕條約
2	菲律賓公法摘錄	巴拉望州境界
3	1903 年菲律賓國勢調查摘錄	地理、面積
4	1918 年菲律賓國勢調查摘錄	島嶼、巴拉望地勢、歷史
5	美國沿岸水路志摘錄	巴拉望海峽、危險區域
6	菲律賓島地名及地勢詞典摘錄	群島境界、面積、巴拉望島、巴拉望海峽
7	菲律賓美國沿岸測量局支局長的會談摘錄	菲島的境界線、沿岸測量、公用地面
8	菲律賓中央稅關長的會談摘錄	公用地圖、新規調制、美國的新規主張
9	菲律賓政府摘錄	境界
10	菲律賓島檢視總長意見摘錄	境界線
11	菲律賓群島摘錄	群島概況、巴拉望島、測量

*此表根據日本外交史料館檔藏 B02031158600《6 地図返送ノ件 1》內容整理而成。

　　1927 年 8 月 15 日，總領事逢田榮四郎向外務大臣田中義一回覆了調查的結果，認為有關係的內容是「1903 年國勢調查拔萃」、「1918 年國勢調查拔萃」、「美國沿岸水路志（菲律賓）拔萃」、「菲島地名並地勢詞典拔萃」、「菲律賓政府拔萃」、「菲島檢視總長意見書全文」、「菲律賓群島拔萃」這幾份文件。

　　根據菲律賓委員會法令輯攬摘錄中記載，西班牙與美國簽訂的《巴黎條約》中所規定的境界線，「問題島嶼完全不在這個區域」。另根據「菲島公法集第 1 卷第 984 頁所記載的巴拉望州界中沒有記載新南群島所涉及到的島嶼。」〔註 54〕

　　「1903 年國勢調查」中記載「菲律賓群島也稱東印度諸島，是大諸島的一部分，橫亙位於亞細亞大陸的東南部，位於東經 116 度 40 分到 126 度 34 分子午線之間，北緯 4 度 40 分，到 21 度 10 分的緯度圈內。……其島嶼數量有 3141 個，其中有 1668 個命名，其餘 1473 個屬於無名的島嶼，在這些島嶼中沒有新南群島中最大的島嶼太平島，其他無名島的位置，也沒有涉及到新南群

〔註 54〕　〔日〕《各國領土發見及帰屬関係雑件／南支那海諸礁島帰屬関係第一卷》之《6 地図返送ノ件 1》，JCAHR: B02031157900; B02031158600。

島區域。」〔註55〕「1918年國勢調查」與1903年記載相同，亦沒有涉及南沙群島區域。

《美國沿岸水路志》是由美國商務省沿岸測量局編纂，其中第二卷為「菲律賓群島」，第81頁記載巴拉望海峽為「寬三十五乃至四十哩，水深極深，在巴拉望西岸，有廣漠的沙洲及橫亙在中國海上廣大的危險區域」。「海峽西部點線附近橫著的海圖上所示的危險島嶼位 Half Moon（半月礁）、Investigator（永暑礁）、Carnatic（紅石暗沙）及 Seahorse 又稱為 routh shoal（海馬灘）」，並沒有標注歸屬地。

「菲島地名並地勢詞典」中巴拉望島的位置和境界是「北緯8度22分至7度25分及東經117度9分至119度43分」，「美國領土的國際境界西線，與布利盧延角（Cape Buliluyan）至北緯十度相距二十五至三十哩的海岸相平行，然後正北方距離大陸的卡布里角（Cape Cabuli）四十六至百零五哩」，這足以說明菲律賓西部領土邊界與南沙群島的界限是涇渭分明的。

日本駐菲律賓島使館人員還以保護臺灣漁民為藉口，訪問美國駐菲律賓沿岸測量局長，從該局長口中得出「菲律賓群島的境界線，已經有巴黎條約所明確規定，現在沒有變更」。局長還以一份用紅線來標明菲律賓境界的公用地圖，這條紅線就是巴黎條約所規定的，並稱「在地圖當中新南群島及其附近沒有變化」〔註56〕，來說明南沙群島不在菲律賓境內。

在訪稅務關長時，除了確定前述巴黎條約規定的菲律賓界限之外，還藉口臺灣漁船偷捕之話題，詢問「如果臺灣漁民來新南群島進行漁獵的話，菲律賓政府是否有權干涉？」關長答覆說：「新南群島不在菲律賓島的境界內，與菲律賓群島也沒有關係，菲律賓當局當然不能干涉。」〔註57〕

從上述日本檔案記載來看，當時的菲律賓方面明確南沙群島不屬於「菲律賓境界」，不知道黎蝸藤在其《南海百年紛爭史》中「從地理看，南沙是菲律賓群島的一部分」〔註58〕之語從何而來。

〔註55〕〔日〕《各國領土發見及歸屬關係雜件／南支那海諸礁島歸屬關係第一卷》之《6地圖返送ノ件1》，JCAHR: B02031157900; B02031158600。
〔註56〕〔日〕《各國領土發見及歸屬關係雜件／南支那海諸礁島歸屬關係第一卷》之《6地圖返送ノ件1》，JCAHR: B02031157900; B02031158600。
〔註57〕〔日〕《各國領土發見及歸屬關係雜件／南支那海諸礁島歸屬關係第一卷》之《6地圖返送ノ件1》，JCAHR: B02031157900; B02031158600。
〔註58〕黎蝸藤，《南海百年紛爭史》，五南圖書出版社，2017年，第59頁。

（二）向各國駐在使節進行相關調查

通過大量調查，日本已經基本確認南沙群島不屬於菲律賓境內，為保證納入領土沒有更多異議，於 1927 年 9 月 29 日由外務大臣田中義一向駐美國松平大使、英國的松井大使、在西班牙的太田公使、在荷蘭的廣田公使、在馬尼拉的豐田總領事、在河內的黑澤總領、在新加坡的佐騰總領事及巴達維亞的黑熊總領事等發出《南中國海諸島礁所屬相關調查之件》，請求就南沙群島所屬進行調查：

> 南中國海中北緯 7 度到 12 度、東經 110 度到 118 度區域內散在著多個小島礁，是除極少數中國漁夫每年正月為捕魚而來的無人島嶼。拉薩磷礦株式會社 1918 年 12 月為尋找磷礦石，派遣了探險船，偶然發現無人島上富藏磷礦石和鳥糞資源。公司又於 1920 年 12 月進行第二次探險確認，期間 1920 年 6 月時，公司並將其中一個島嶼起名為「長島」，並建立了該公司的事務所機關及各種建築物，取名為「拉薩磷礦株式會社長島出張所」作為永久性的設備，同時派人到其他各島礁進行磷礦的取樣，其後又向雙子島進行作業，至今一直持續佔領。該區域內只有美國海軍測量船在附近碇泊一次，其他國船隻等沒有進行停靠，故屬於無主之地。鑒於拉薩磷礦株式會社從 1920 年以後持續公開佔領這些島嶼進行磷礦開採，請配合調查這些島礁屬於何國領有的確證。〔註 59〕

西班牙特命全權公使太田為吉最早給外務省回覆：「英國倫敦 georgephilipSON，Ltd 所發行的 The Chambers of Atlas1925 版本中，明確記載 Spratley I（長沙島）及 Amboina I（安波那）為英領，其他島嶼拉薩磷礦公司宣稱向這些島嶼派出探險船。鑒於 1918 年的英國海圖已經標注有名稱及所在，其存在是以前就被周知，而且本館大森書記官早年在香港在勤中，散在南中國海北部的 paracel 西沙群島（在這些礁島嶼上除了中國漁民基本沒有人來，所以稱為無人島），英國確切承認為中國所領有。我認為確認本件所說諸島礁沒有國家承認是中國所領有是一種方法，以上意見供參考。」〔註 60〕

〔註 59〕〔日〕《各國領土發見及帰屬関係雑件／南支那海諸礁島帰屬関係第一卷》之《7 地図返送ノ件 2》，JCAHR: B02031157900; B02031158700。

〔註 60〕〔日〕《各國領土發見及帰屬関係雑件／南支那海諸礁島帰屬関係第一卷》之《7 地図返送ノ件 2》，JCAHR: B02031157900; B02031158700。

太田為吉為日本政府提出吞併南沙一種方式就是「沒有國家承認是中國所領有」。他明知英國承認西沙群島為中國所屬，還是將西沙說成是「無人島」。在日本公開的檔案文書中均將南海諸島的各島嶼稱為「無人島」，其用意就是為其侵佔作理論上的宣傳。「無人島」不是「無主地」，只是覬覦侵佔的藉口。

1927 年 12 月 8 日，駐河內的總領事黑澤二郎回信給外務大臣田中義一：「為確定印度支那政府進行踏查的事實及確認島嶼的所屬問題，與總督府外務部長進行了內部交流。據他所言，印度支那方面與該島嶼沒有任何的關係，對其所屬問題也不甚瞭解，但位於海南島南部的西沙群島曾經屬於安南國王所領有，根據這樣的歷史關係，曾數次對西沙群島進行調查，為保證航行到該群島附近的船隻安全，還企圖設置燈塔，但工事建築極為困難，暴風雨季島上看守人的飲用水及食料等的供給也是問題，因此還沒能實現。該群島的歸屬問題曾經遭到中國方面的抗議，但並沒有承認該群島為中國所領有的根據。法國方面保證航海上的安全，時常派遣巡邏船，但法國佔領西沙群島和南中國海的島礁問題完全沒有關係。」〔註61〕

香港方面，總領事村上嘉淵沒有具體的進行回答，只是將《地學雜誌》（明治 40 年 10 月第 226 號）關於《東沙島的沿革》一文傳回外務省。

駐美國特命全權大使松平恒雄於 1928 年 1 月 28 日給外務大臣田中義一回信稱：「根據 1916 年 8 月 29 日制定的合眾國法律，作為美國領土的菲律賓，依照 1899 年 4 月 11 日締結的美西和平條約第 3 條及關聯的 1900 年 11 月 7 日締結的美西條約讓渡給美國的『菲律賓群島』。1899 年和平條約第 3 條規定的地域中沒有包括新南群島。1900 年締結的美西條約，是西班牙將前記和平條約第 3 條規定線以外存在的菲律賓所屬全部島嶼的一切權限讓給美國。既然是美國取得西班牙所屬『菲律賓群島』名下所有全部島嶼，所謂的新南群島是否屬於美國領土就要調查它是否屬於西班牙所領有的諸島嶼中。另外對於所謂新南群島是不是美國領土這件事情，不要讓美國方面對新南群島感興趣，所以對當地圖書館等進行詳細的調查，到目前沒為止還沒有找到合適的根據。對西班牙方領有的相關的調查，由於該國資料缺乏，所以應在西班牙方面進行

〔註61〕 〔日〕《各國領土發見及歸屬關係雜件／南支那海諸礁島歸屬關係第一卷》之《8 昭和 2 年 11 月 1 日から昭和 3 年 3 月 8 日》，JCAHR：B02031157900；B02031158800。

最為方便。」〔註62〕

　　1928年1月31日，在廣東的日本總領事森田寬藏給外務大臣田中義一回信稱：「本件所稱諸島礁，我們不能只想像地理上不屬於中國領土。我認為中國漁夫所說的出海打魚，既可以從菲律賓諸島出發，也可以是從印度支那方面出發。如果詢問當地中國漁民（指菲律賓、印度支那），在當地缺乏記錄及調查，難以得到確切的證明。如果中國方面知道上記諸島礁的存在及其所屬不明的事實，敏感的中國人即使是在不確定根據的情況下，也會主張其主權，同時認為日本株式會社在該島的事業經營侵犯了中國的領土主權，該公司採礦權力沒有從中國獲得，也難以保證其不在報紙等進行宣傳，使問題更加複雜，故本件所稱諸島礁的身份所屬，最好不問中國方面是上策。」〔註63〕

　　1928年3月2日，在中國特命全權公使芳澤謙吉也給外務大臣田中一義回信，提出本件所說事情難於公開向中國方面來進行諮詢，必須採用其他方法找到與本件相關的具有權威性的文獻等進行調查研究。通過調查《國朝柔遠記》及最新翻譯的《中國江海險要圖》獲得以下結果：

　　　　國朝柔遠記（光緒六年編同二十二年重版）附編二的沿海圖，
　　海南島以南沒有記載，另外在本文記事中沒有言及所說的島嶼。

　　　　新譯中國江海險要圖志（譯自1894年英國海軍興圖局發行的中
　　國海指南 China Sea Directory 光緒末年發行）補編卷之一中，本件島
　　礁中東部的 Bombeysh. Royalcapt. sh. Half moonsh 及西南部的
　　leaddReefs. WestLondon Reefs.（相當於貴信所附海圖中的 London
　　reefs）等島嶼的名稱記載，但沒有說明是屬於何國。〔註64〕

　　他最後說：「非常遺憾，上邊所做的調查，還不能成為本書所提島嶼領有國的確切的證據，可以調查的權威性文獻和地圖等，除了上記之外，還有海國見聞錄、海道圖說、粵海漁業圖、China，sea pilot（Off Io Ialpubl IC at Ion）、

〔註62〕　〔日〕《各國領土發見及帰屬関係雑件／南支那海諸礁島帰屬関係第一卷》之
　　　　　《8 昭和2年11月1日から昭和3年3月8日》，JCAHR: B02031157900; B020
　　　　　31158800。

〔註63〕　〔日〕《各國領土發見及帰屬関係雑件／南支那海諸礁島帰屬関係第一卷》之
　　　　　《8 昭和2年11月1日から昭和3年3月8日》，JCAHR: B02031157900; B020
　　　　　31158800。

〔註64〕　〔日〕《各國領土發見及帰屬関係雑件／南支那海諸礁島帰屬関係第一卷》之
　　　　　《8 昭和2年11月1日から昭和3年3月8日》，JCAHR: B02031157900; B0
　　　　　2031158800。

海國圖志、瀛寰志略等各種資料,在全部調查完畢後再進行彙報。」〔註65〕

通過以上分析看出森田寬藏的回覆耐人尋味,其完全知曉中國漁民對南沙群島漁獵經營的事實,並明白中國政府所具有的主權權力,故最後提出的策略是「不問中國」。芳澤謙吉也認為日本不能向中國方面詢問,其找到當年張人駿拿給日本證明東沙島屬於中國的《國朝柔遠記》《江海險要圖說》,也不能確定其所屬,並稱繼續查閱古籍進行調查。但黎蝸藤卻在《南海百年紛爭史》中將其篡改成:「日本在考慮南海時候沒有詢問中國,其原因在一九三三年的一份報告中提到,那就是在東沙島爭議中被中國拿來證明東沙島屬中國的兩部書籍——《國朝柔遠記》《江海險要圖說》中都沒有提及南沙。因此,認為中國和南沙毫無關係。」〔註66〕可見黎蝸藤之著作沒有查閱原始資料,更是帶著傾向性來寫作,故其著作不符合歷史實情,更不公正客觀,已經失去作為史著的作用。

小結

綜上所述,日本近代對南沙群島採取的策略是先期由海軍方面積極推動有預謀的探險,再以「無人島」發現磷礦為契機,由拉薩磷礦株式會社為殖民開拓者,達到佔據開拓島嶼獲取領土主權的目的。外務省也積極配合,通過查閱菲律賓領土相關資料來確定南沙群島不在其境界內,又通過各國駐在大使館的調查南沙群所屬相關資料來為正式吞併殖民作準備。日本方面自己承認「拉薩會社兩次派遣調查隊之際,曾向海軍方面請求推薦適合於調查監督責任人選,結果派遣預備役海軍中佐囑託監督前往(第一次探險小蒼卯之助中佐;二次探險副島村八中佐)。照規軍預備役軍人出國之先,須得海軍大臣之承認,由此便知該調查是由日本政府承認並暗中支持。第一次探險出發之際,探險隊員曾拜訪海軍省高級副官小林躋造大佐、軍令部鈴木參謀,交暗外務省之指荻原通商局長、杉村書記官、武者小路事務官等,而乃請求當局之援助及諒解也」,〔註67〕更進一步證實其侵略開拓南沙是由海軍方面主

〔註65〕〔日〕《各國領土發見及歸屬關係雜件／南支那海諸礁島歸屬關係第一卷》之《8 昭和 2 年 11 月 1 日から昭和 3 年 3 月 8 日》,JCAHR: B02031157900; B02031158800。

〔註66〕黎蝸藤,《南海百年紛爭史》,五南圖書出版社,2017 年,第 59 頁。

〔註67〕《日本經營我南沙群島(民國 36 年 5 月 1 日國防部第 2 廳)》,國家發展委員會檔案管理局典藏:國軍檔案國防部史政局資料卷,74627/40。

使。但由於史書文獻多有記載中國漁民經常來島進行捕魚的事實，外務省擔心提出主權主張遭到中國方面的反對，與海軍積極主動形成相反的消極態度。另外，由於 1929 年世界性的經濟危機，日本政府財務趨於緊張，拉薩株式會社停止了一切採集的工作，覬覦南沙群島的日本暫時擱置了殖民吞併南沙群島的行為。

第五章　近代法國覬覦海南島及粵桂滇三省勢力範圍的攫取

　　南海諸島位於中國海南島東面和南面海域，由於地緣接近，中國漁民很早就從海南島出發，到西沙及南沙等地捕魚。而與這些島嶼相近的越南在歷史上是中國的藩屬國。十九世紀中葉以後，法國開始侵略蠶食越南。1885 年，中法戰爭結束，清政府與法國簽訂《中法新約》，放棄了對越南的宗主權。1894～1895 年的中日甲午戰爭不僅改變了交戰兩國各自的命運，同時也是近代遠東國際關係史的一個重要轉折點。法國趁三國干涉還遼之機，最大限度地謀取自己的利益。1897 年 2 月，法國外交部令其駐華公使傑拉德與中國政府談判，爭取將海南島割讓給法國，作為迫使日本還遼事件的補償。德國公使「海靜」得到這一消息後認為這是可以利用的「棍棒」，於是決定迫使中國人屈從傑拉德的要求，在法德公使的脅迫下，清政府於 3 月 5 日公開發表了「海南島不割讓他國」照會，法國雖然沒有達到割讓之目的，但意味著海南島成為法國的勢力範圍。這是列強迫使中國政府發表的第一個不割讓聲明，開創了各國列強把中國領土劃分為其勢力範圍的惡例。隨後法國強行租借了廣州灣，這樣地緣接近的南海諸島也成為法國勢力範圍。「九一八事變」後日本侵佔全中國態勢形成後，為確保法屬印度支那的利益，法國很快以「九小島」問題提出對西沙的主權索求並出兵佔領了中國的西沙群島。

一、法國覬覦海南島及粵桂滇三省勢力範圍的攫取

中法簽訂「中越界約」後，法國未停止對中國的侵略，與英國在東南亞的殖民競爭，使其將地緣上接近的海南島作為下一個目標。

十九世紀末期，在中國南海北岸直至印度支那半島的廣大地區，英、法殖民利益爭奪激烈，英國佔有相對的優越形勢，力圖在遠東從經濟上和戰略上孤立法國，把法國的印度支那領地封鎖在一個從緬甸到廣東的環形英國勢力範圍之內，並經過泰國努力向湄公河上游和中國雲南推進。

關於中國的條款規定，英法在雲南和四川「利益均霑」。中國的大西南地區擁有廣闊的土地和豐富的物產資源，佔有連接經濟比較發達的長江下游各省的優越地理條件，還具有能和英國的殖民地緬甸和印度、法國的殖民地越老柬三國連成一片的重要戰略地位，這使英法加緊對此區域的侵略。

早在 1896 年 1 月《英法協定》簽訂以前，法國便以劃界為名，侵佔了中國大片領土，並攫取了兩廣和雲南在商業、開礦以及建築鐵路的許多特權。在條約締結以後，法國對中國西南地區的侵略和爭奪更加瘋狂。

英國 1897 年 2 月 4 日與中國訂立《續議緬甸條約附款》，其專條有如下內容：「今彼此言明，將廣西梧州府、廣東三水縣、城江根墟開為通商口岸，作為領事官駐劄處所，輪船由香港至三水、梧州，由廣州至三水、梧州往來，由海關各酌定一路，先期示知，並將江門、甘竹灘、肇慶府、及德慶州城外四處，同日開為停泊上下客商貨物之口，按照長江停泊口岸章程一律辦理。現在議定，以上所定中、緬條約附款及專條各節，應於畫押後四個月之內開辦施行……」〔註1〕，顯然，英國借助此條約權利，可以實現從香港向廣東西部擴張的效果。

由於西江全程流經和法屬印度支那越南接壤的廣西省，中英貿易協定將有可能打通其至廣州和南海的全部運輸，這本來是法國希望吸引到印度支那去的。這個協定將在 1897 年 7 月 1 日生效，會給法國遠東殖民地的貿易擴張帶來打擊。為了挫敗英國的環形勢力範圍在東南經過廣東和海南島封閉起來包圍印度支那的企圖，一舉扭轉法國在博弈中的劣勢，在南海方向，時任印度支那總督的保羅·杜梅在向北京尋求補償，提出：「由於（海南島）其島嶼屬性及其地下的寶藏，距東京東南 100 海里的海南地區從兩方面受到我們的注

〔註1〕王鐵崖，《中外舊約章彙編》（第一冊），北京：生活·讀書·新知三聯書店，1957 年，第 690 頁。

意，一方面為了在相對價值上能夠媲美中國最近讓與相關外國的租借地，另一方面為了確保從東京到中國的海路暢通。」〔註2〕

英國出於維護自身在南中國的巨大利益不受法國威脅的目的而對此提出反對，「英國在洞悉法國的意圖之後，通過英國外交部向清政府總理衙門提出抗議」〔註3〕，「英國暗地裏讓中國朝廷明白，這塊地方對於我們來說太大了，英國外交部決不允許出現一個距離香港 24 小時的法國的錫蘭」〔註4〕。清廷也並沒有妥協，法方最終只得作罷。然法國並未善罷甘休，轉而強烈要求中國政府做出聲明，保證不會將海南島及其對面的海岸讓與其對手，聲稱「中國和法國在南海的共同利益讓我們有同樣的責任務必在這個地區保持領土的現狀以避免所有的威脅。」〔註5〕

為了掌握海南島及附近水域的水文地理地貌等，1896 年，法屬印度支那聯邦總督保羅·杜梅和法國駐穗領事於雅樂委託法國地理協會成員、著名探險家馬德羅爾赴海南島進行勘測。〔註6〕馬德羅爾從海口出發，沿逆時針方向主要對海南沿海地區的土地物產、地形地貌、地質礦藏、水文氣象、動植物資源、地方疫病乃至人文語言等方面進行了細緻的調查和勘測，並進行了詳盡而專業的記錄。

其在 1898 年出版於巴黎的《海南島研究》一書中做過預估：「中日 1895 年條約割讓了中國的臺灣島，讓海南成為天朝最後的海外領地，中國領土最令人垂涎的地點之一。日本成為第一個瞭解這個島的重要性的國家，並且從 1896 年起它就試圖用遼東交換海南。這個政治事件，在法國當時人們不明白其全部的後果，幸好沒有任何下文，法國在中國南部的擴張沒有感到受制。……海南的戰略重要性，其在東京灣和中國海的位置，鄰近雷州半島和富有的廣東省，基於這些原因，此島應該會在未來引起法國人的興趣並且讓它進入人們可以稱之為『法國可能的勢力範圍』」。〔註7〕

〔註2〕Alfred Bonningue, La France à Kouang-Tchéou-Wan, p8-9.

〔註3〕郭麗娜：《論廣州灣在法屬印度支那聯邦中的「邊緣化」地位》，《史林》2016 年第 1 期。

〔註4〕Alfred Bonningue, La France à Kouang -Tchéou-Wan, p9.

〔註5〕J. Silvestre, La France à Kouang-tchéou-ouan, Annales des Sciences Politiques, (T.17), 1902.

〔註6〕郭麗娜：《論廣州灣在法屬印度支那聯邦中的「邊緣化」地位》，《史林》2016 年第 1 期。

〔註7〕Claudius Madrolle, tude sur l'le d'Hai -nan, Paris: Société de Géographie, 1898, p3-4.

　　1900 年馬德羅爾還出版了《海南及鄰近的大陸海岸》一書，在此書的扉頁印刷著「服務於在中國的法國勢力範圍的研究（Pour server à l'étude de la zoned'influence Fran aise en Chine）」。該書由殖民主義的狂熱鼓吹者德‧馬爾格里伯爵作序，序言中認為海南島在法國東南亞的殖民地的安全和發展所具有的多種優勢，「海南，是印度支那之眼」，海南和對面的大陸地區以及它毗鄰的海岸，這些地區進入法國的勢力範圍是必不可少的。「人們絕沒有想到在我們的印度支那附近存在著一個中國的大島，英國人和德國人（甚至日本人）都對其虎視眈眈。我要談談我剛剛走遍的海南島。海南島其卓越的戰略地位可謂是東京灣的鑰匙，若其被其他強國佔領則會對我們的印度支那帝國構成嚴重威脅。為此政府部門尤其是我們的同胞不要忽視東京灣、海南的海峽以及直至西江口的海洋圍繞的這些土地，我認為鼓勵法國人關注東京灣鄰近的這些地區是非常有益的。」〔註8〕

　　馬德羅爾還發表了數篇相關論文和資料，如 1897 年 1 月，他在河內出版的《法屬印度支那畫報增刊》發表了這次考察所攝照片及所繪地圖；1897 年 1 月 15 日他在巴黎《科學總志》發表文章《海南及其外國影響》；1897 年 7 月 1 日，他在《外交與殖民問題》雜誌發表文章《海南，中國的殖民，從經濟和外交的觀點看該島》。另外他還在 1898 年出版了一本專門研究海南人文語言的專著《海南島及雷州半島的人民及其語言》。1900 年在巴黎出版了海南的彩色地圖。1907 年再度踏足海南，對其東部地區及中部山區進行「探險」。

　　《地理協會簡報》（Bulletin dela Société de Géographie）報導稱「為此馬杜勒（馬德羅爾）先生宣布他通過協會安排了一筆款子來創建一個特別獎，即所謂『華南及海南島獎』，將在 1900 年授予通過其工作或探索揭示廣東省的南部所包括的地區（從西江右岸直至東京，從廣西直到南中國海）的法國人。概括起來說就是馬杜勒先生打算將這個計劃發展成以其為首的一系列卷帙，其整體將構成關於海南及其周圍的完整的研究，這些地方事實上是我們在印度支那領地的穩定和繁榮的首要利益。我們曾經相當迅速和差不多沒有困難地（例如，在征服阿爾及利亞所付出的代價上）佔領一片遼闊的領土，但千萬不能躺在不費力的成就上睡大覺，這和一支軍隊一樣，在其戰略行動上，要將先遣部隊和前進基地推遠，殖民地也一樣（否則就會被突然襲擊、包圍、與宗主國分離），應該受到穩固的基地的保護，這些基地得到當地資源

〔註 8〕Claudius Madrolle, Hai-nan et la C te Continentale Voisine (Préface), pV-X.

的充分供應以便在它們的行動範圍內自主行動。海南是印度支那的這種前進基地之一，如同廣州是朝向西江灣的輻射中心，而川山群島（lesles Saint-Jean）是守護香港的衛兵且其水道通向廣州。可能考慮成為這些附屬地區的主人與我們在雲南的擴張並不衝突，但在佔領這些遙遠地區之前，應該先取得出口港，能夠從政治和貿易上支配後方國家的港口，穩固地在沿海地帶建立起來，從東京一直到廣州附近。此外，不應該認為，因為英國人和德國人目前專注於中國的北方，他們就對這個遼闊帝國的南方地區不感興趣，而且還應當重視另外一個強大國家的野心——美國，如果它以在菲律賓的殖民地為支撐，那麼它在海南的介入可能已經發生。因此，中華帝國最後的殘餘島嶼的擁有權仍然是懸而未決的。這是最嚴峻的問題之一，我們的當權者對其給予的關心應當甚於對他們通常擅長處理的國內困難的關心，而且所有善良的法國人應該感激馬杜勒先生四年以來多次呼籲同胞們注意海南，並且指出其對於我們的殖民地利益的重要性。有非常充分的理由應當感謝和祝賀他已經著手在一部全面和長篇的著作中濃縮了其無畏和細緻的探索以及自從他返回就不斷地致力於其中的造詣精深的研究的成果。如果有一天，海南，變成法蘭西的，確保了我們的亞洲帝國的穩固，如果我們在『摘星的進程』中因此攀登了幾個梯級，人們將不會忘記這位年輕的探險家的名字，他曾經第一個說出：法蘭西，你應該到那裏去！」〔註9〕

　　馬德羅爾對海南島的地理考察極為專業，在研究的深度和廣度上，甚至超過了當時的中國學者，可見，十九世紀末法國殖民者已經對海南島的真實情況有了全面深入的瞭解。

　　1896年6月5日，法國一家公司與清政府簽訂了修築《龍州至鎮南關鐵路合同》，使「龍州、越南各路相接」，用鐵路把廣西和越南連接起來，這樣法屬印度支那就與中國大陸直接聯繫起來，而海南島處於廣西與廣州灣的下部，是構成法國西南勢力範圍的一個支點，故法國政府於1897年3月3日向清政府發出照會，提出「法國因欲堅固與中國友誼鄰邦之情，極盼中國國家永不將海南島讓予任何他國，不論久暫，作為停船薹煤之所」，〔註10〕要求清政府不能將海南島割讓給他國。總理衙門於3月15日回覆法方照會：「查瓊州屬於中國，中國國家有自主之權，何能讓予他國？所稱該地暫租外國一節，亦實無此

〔註 9〕Claudius Madrolle, Hai-nan et la Cte Continentale Voisine (Préface), pV-X.
〔註10〕王鐵崖編，《中外舊約章彙編》（第一冊），第 697〜698 頁。

事。用特備文照會貴大臣，即請查照可也。須至照會者。」〔註11〕

獲得清政府承諾不割讓海南島後，法國外交部加快和清政府的談判進程，達成一系列協議，企圖迅速取得在印度支那東西兩側對英國的優勢。

該項中法協議令在中國擁有利益的英國大商人感到強烈震驚。英國政府積極反對，因此，海南島最終未落入法人之手，英法之間的相互制衡，也是孱弱的中國在其間靈活外交的成果。英國外交家杜弗林勳爵（Lord Dufferin）在倫敦召開的一次會議上發表如下講話：「印度的貿易額最多絕不會超過 50 億。這個交易額怎麼能和遲早有一天貿易量將達到約 250 億的天朝相比？」〔註12〕英國人一直確信，對於歐洲貿易來說深入南部中國存在重大利益，一份專業的英國報紙《中國郵報》（China Mail）在標題為《東京的政治自殺》的文章中曾這樣表示：「如果法國已經懂得利用其從天朝獲得的特許權，如果它努力把它的鐵路推進到廣西，英國在這個省，在廣東和雲南的優勢將會受到嚴重威脅，因為廣西通向地下礦藏十分可觀的雲南，也通向四川的富饒領土。直到西江航道開放，我們的好處是法國繼續其在東京的自殺性政治和經濟方式，由於紅河水道貨運，不在乎放棄西江航道給其帶來的損失。」〔註13〕至於向中國強索租借地方面，面對英國的外交壓力，法國最終不得不退讓：「無論原因究竟是什麼，總之北京向我們提供官方保證，海南島和雷州在任何情況下都不會讓與一個外國列強。……基於這些文件的信用和保羅‧杜梅先生迫切的意見，法蘭西共和國政府在得不到海南島時，選擇了廣州灣。」〔註14〕

1897 年 6 月 13 日，清政府與法國簽訂了《滇越界約》〔註15〕，商定中國與越南陸上邊界及設立中越第一、第二、第三、第四段界牌。

6 月 18 日，清政府又與法國簽訂了《商務專條及鐵路合同等事照會》，法國又取得從同登至龍州鐵路築竣之後，可接造南寧、百色的權利；同時重申法國「在廣東、廣西、雲南南邊三省界內礦務」的開採特權，要求清政府自「越南交界起百色河一帶或紅河上游一帶修建鐵路，已達省城，應由中國漸

〔註11〕王鐵崖編，《中外舊約章彙編》（第一冊），第 697～698 頁。
〔註12〕J. Silvestre, 'La France à Kouang-tchéou-ouan', Annales des Sciences Politiques, (T.17), 1902.
〔註13〕J. Silvestre, 'La France à Kouang-tchéou-ouan', Annales des Sciences Politiques, (T.17), 1902.
〔註14〕Alfred Bonningue, La France à Kouang-Tchéou-Wan, p9.
〔註15〕王鐵崖編，《中外舊約章彙編》（第一冊），第 716～720 頁。

次勘察辦理」〔註16〕。

法國用鐵路將侵略觸角伸至廣東及雲南後，於 1898 年 4 月 4 日由法國大使向總理衙門發照會，要求與越南接壤的各省不能割讓：「茲因欲堅固兩國友誼鄰邦之情，並願見中國國家領土之完整獲得維持，復因越南鄰省之現況應注意不予變動，法國國家深望中國應允，無論永暫，無論租界或以其他名義，均不講各該省地方全部或一部割讓他國。應請貴王大臣接准此文，予以照覆，以符法國國家之意也。」〔註17〕

清政府於 10 日回覆稱「查越南鄰近各省係屬中國邊疆要地關係重大，總由中國國家管理，係其自主之權，絕無讓與或租借他國之理。法國國家即請應允，用特備文照役貴大臣，並請查照轉報可也。」〔註18〕

這樣法國通過《越南鄰省不割讓來往照會》，宣布兩廣和雲南是法國的「勢力範圍」，這樣粵桂滇三省遂成為法國的勢力範圍。

法國對自己的成果也是十分滿意，巴黎政治學院教授西爾韋斯特（J. Silvestre）甚至還厚顏無恥地標榜，「依據前述的所有內容，我們有權利和義務對我們的政策得出高度讚頌的結論：它是明智、慎重、有遠見和有節制的。當其他國家貪婪地趕赴中國宴會時，法國從來沒有停止在天朝的外交斡旋，僅限於確保已經獲得的利益而且報償高昂，中國人並沒有那麼對抗，他們非常瞭解我們政策的公正和節制，只是想要和我們融洽相處，反對貪得無厭和肆無忌憚的對手。」〔註19〕他還為法國在同英國的博弈中處於下風進行開解甚至詭辯：「應當承認法國的要求是完全合理和十分適度的，只要是公正的人，就會認識到我們在中國的政策一貫是多麼正當和溫和的。針對我們對手們的進攻手段，法國僅僅採取了防禦措施。事實上，我們注意到，我們的行動始終限於確保我們的印度支那及其勢力範圍。……作為廣州灣的主人，法國控制著海南海峽和西江河口，而且能夠防止敵人在大海南島立足，因此能夠在中國封鎖我們東京的海路。……法國不需要在北面用海南來封鎖東京灣。有了中國不得將該島讓與別國的保證，海南不必成為法國的領地，擁有廣州灣就足以掌握印度支那海北大門的鑰匙，而且毋庸置疑的是，這把鑰匙在我們

〔註16〕王鐵崖編，《中外舊約章彙編》（第一冊），第 722 頁。
〔註17〕王鐵崖編，《中外舊約章彙編》（第一冊），第 743 頁。
〔註18〕王鐵崖編，《中外舊約章彙編》（第一冊），第 743 頁。
〔註19〕J. Silvestre, La France à Kouang-tchéou-ouan, Annales des Sciences Politiques, (T.17), 1902.

手中比在英國人手中要好。」〔註20〕

二、法國強租廣州灣

中日甲午戰爭後，列強在華掀起瓜分勢力範圍的狂潮。1897 年底德國強佔膠州灣，繼而俄國提出租借旅大，為法國趁機謀占類似租借地創造了有利的歷史時機。1898 年 4 月 9 日，法國駐華代辦呂班（Henry Dubail）照會總理衙門，提出三款要求，其中之一即是「因和睦之由，中國國家將廣州灣作為停船躉煤之所租與法國國家九十九年，在其地查勘後，將來彼此商訂該租界四至，租界將來另議」。懼於法國的強硬態度，次日，總理衙門以照錄法方照會的方式覆照予以允准。〔註21〕

廣州灣是指廣東高州府吳川縣南三都田頭汛以南的一個村坊及其附近的港汊海面。早在 1701 年 7 月，法國船「白瓦特（Bayard）號」由安非特里德船長帶領來到中國海面，遇颱風，停泊於廣洲灣避風，乘機登陸窺探，見地形重要，港灣優良，便探測水道，繪製地圖，返國時提交法國政府。法國早已有東侵的企圖，發現了廣州灣這個地方之後，向東侵略的野心加速膨脹。

獲得廣州灣租借權後，法國採取「先佔地後談判」的策略，迫不及待地前往接收。1898 年 4 月 12 日，法國外交部便促請海軍部盡快派兵進駐廣州灣。次日，法國遠東艦隊指揮官博蒙（Beau Mont）少將命令比道里埃爾（GigaultdelaB6dolli~re）准將赴廣州灣建立殖民機構。

4 月 22 日，在未照會地方官的情況下，比道里埃爾率領的法國遠東艦隊單方面採取行動，在雷州府遂溪縣登陸，強佔海頭汛炮臺，並於離炮臺數十丈之處建樁築橋。

6 月 6 日，總理衙門諮行兩廣總督譚鍾麟委派督辦欽防候補道潘培惜為廣州灣勘界談判代表。法國方面派博蒙少將為代表，法國駐海口副領事甘司東以翻譯身份陪同前往。由於中法兩國對「廣州灣」的理解出現偏差，致使談判並不順利。

潘培楷、譚鍾麟均堅持清政府的範圍，據理力爭，不願退讓，態度頗為強硬。法方為了實現其租地方案，拖延甚至中斷與潘培楷的正式交涉，轉而通過

〔註20〕 J. Silvestre, La France à Kouang-tchéou-ouan, Annales des Sciences Politiques, (T.17), 1902.
〔註21〕 《所請三端可允照辦由》，1898 年 4 月 10 日，「中研院」近代研究所檔案館藏，總理各國事務衙門檔案（01-10-）04-01-002。

縱兵強佔、利誘地方官民等方式不斷擴大實際佔地面積，以贏取外交上的籌碼，掌握主動權，迫使清政府讓步。

就在雙方談判再次陷入僵局而中法關係漸趨緊張之時，11 月 12 日，駐守在吳川縣屬門頭的「笛卡兒」號巡洋艦上的兩名下級軍官，在門頭執行地形測量任務之時被遂溪縣平石村眾殺死並割下首級赴縣衙請賞，史稱「平石事件」。

「平石事件」在勘界談判的關鍵時期正好授予法方口實，使清政府在外交上相當被動。法國採取強硬的措施進行軍事報復，高禮睿下令佔領的門頭炮臺的法軍炮轟「廣玉號」，甚至出兵三路攻打遂溪縣團練組織規模最為龐大的黃略村。在外交被動的前提下，11 月 16 日，中法雙方勘界代表簽訂了《廣州灣租界約》，其內容如下：

第一款　因和睦之由，中國國家將廣州灣租與法國國家，作為停船薰煤之所，定期九十九年，惟在其租界之內，訂明所租情形於中國自主之權無礙。

第二款　議定在停船薰煤之界，以守衛、備運、興旺等情，所有租界水面，均歸入租界內管轄，其未入租界者，仍歸中國管轄，開列於下：東海全島。硇州全島，該島與東海島中間水面，係中國船舶往來要道，嗣後仍由中國船舶任便往來租界之內停泊，勿得阻滯，並毋庸納鈔、徵稅等事。其租界定在遂溪縣屬南，由通明港登岸向北至新墟，沿官路作界限，直至志滿墟轉向東北，至赤坎以北福建村以南，分中為赤坎、志滿、新墟歸入租界；黃略、麻章、新埠、福建各村均歸中國管轄。復由赤坎以北福建村以南，分中出海水面，橫過調神島北邊水面，至兜離窩登岸向東，至吳川縣屬西炮臺河面，分中出海三海里為界（即中國十里），黃坡仍歸中國管轄。又由吳川縣海口外三海里水面起，沿岸邊至遂溪縣屬之南通明港，向北三海里轉入通明港內，分中登岸，沿官路為界。此約訂明並繪圖畫明界址，互相劃界分執後，兩國特派委員會勘明確，妥定界址，以免兩國爭執。

第三款　於九十九年內所租之地，全歸法國一國管轄，以免兩國爭

執。又議定，租界內華民能安分並不犯法，仍可居住照常
自便，不可迫令遷移。其華民物業，仍歸華民管業，法國
自應一律保證。若法國需用物業，照給業主公平價值。

第四款　在租界之內，法國可築炮臺，駐紮兵丁，並設保護武備各
法。又在各島及沿岸，法國應起造燈塔，設立標記、浮樁
等，以便行船，並總設整齊各善事，以利來往行船，以資
保護。

第五款　中國商輪船隻在新租界灣內，如在中國通商各口，一律優
待辦理。其租界各地灣內水面，均歸法國管轄，法國可以
立定章程，並徵收燈、船各鈔，以為修造燈樁各項工程之
費。此款專指廣州灣內水面而言，至硇東水面，已在第二
款內聲明。

第六款　遇有交犯之事，應照中、法條款互訂中、越邊界章程辦理。

第七款　中國國家允准法國自雷州府屬廣州灣地方赤坎至安鋪之處
建造鐵路、旱電線等事，應備所用地段，由法國官員給價，
請中國地方官代向中國民人照購，給與公平價值。而修造
行車需用各項材料及養修電路各費，均歸法國辦理。且按
照新定總則數目，華民可用線路、電線之益。至鐵路、旱
電線若在中國者，中國官員應有防護鐵道、車機、電線等
務之責；其在租界者，由法國自理。又議定，在安鋪鐵路、
電線所抵之處，水面岸上，均准築造房屋，停放物料。並
准法國商輪停泊上落，以便往來，而重邦交。此約應由畫
押之日起開辦施行，其現由大清國大皇帝批准及大法國民
主國大伯理璽天德批准後，即在中國京都互換，以法文為
憑。

第八款　此約在廣州灣繕立漢文四分、法文四分，共八分。大清國
欽差廣州灣勘界大臣太子少保廣西提督蘇大法國欽差廣州
灣勘界全權大臣水師提督高光緒二十五年十月十四日西曆
一千八百九十九年十一月十六號。〔註22〕

法國根據此條約獲得廣州灣為租借地，但其面積比早期的「博蒙方案」縮

〔註22〕王鐵崖編，《中外舊約章彙編》（第一冊），第 929～930 頁。

小了近千平方公里。與其他列強在中國強佔的殖民地相比，廣州灣面積其實並不算大。廣州灣「陸地面積約 518 平方公里」〔註 23〕，而其中東海島「面積 286 平方千米」〔註 24〕，陸上範圍是環海的狹長地帶。其他租借地的情況是，1901 年勘界之後，英租威海衛「總面積為 640.5 平方公里」〔註 25〕；1898 年英國強租「新界」，「總面積達 975.1 平方公里」〔註 26〕。

　　故法國對此並不滿足，「法國外交部部長阿諾托倒不一定對廣州灣感到滿意，巴黎保守共和派報刊《小報》也曾指出『廣州灣的價值多體現於道德，而非實用』。但是在阿諾托任內，英法在非洲上尼羅河地區因爭奪勢力範圍而發生嚴重衝突，阿諾托……不願東亞再起紛爭，因此支持杜美選擇廣州灣。……阿諾托的繼任者德爾卡塞（Théophile Delcassé）在遠東把廣州灣『當作遺產接受』，並決定予以『冷落』，向英國示好」〔註 27〕。法國外交家方蘇雅（Auguste Francois）這樣評價廣州灣：「異想天開的海軍上將博蒙（Beau-mont）讓我們選擇廣州灣，……沒有任何軍事和商業價值，這個海灣和一塊沒有絲毫前途的內地相接。」〔註 28〕

　　法國海軍方面認為博蒙是「在未深入港灣進行調查的情況下，單純根據地理位置判斷廣州灣十分理想，『海灣扼住海南海峽，如果納入法國勢力範圍，將成為東京灣的門閂』」〔註 29〕。然而「早在 1896 年，法國海軍軍官布戴（Boutet）已對廣州灣的水文做過詳細勘察，指出港灣主海道的入口處有一道沙壩，在當時的技術條件下不宜建設軍港，法國遠東艦隊覬覦海南榆林或山東芝罘等更具戰略價值的地點」〔註 30〕。甚至博蒙也開始「強烈要求放

〔註23〕邱炳權：《法國租借地廣州灣概述》，政協湛江市委文史資料研究委員會編：《湛江文史資料第九輯（法國租借地史料專輯）》，湛江，1990 年，第 4 頁。

〔註24〕張澤南：《中國第五島：東海島》，《海洋世界》1995 年第 10 期。

〔註25〕劉本森：《英國租占威海衛研究（1898～1930）》，上海：華東師範大學，2015 年，第 17 頁。

〔註26〕張元勳：《不應忘卻的民族恥辱——英國侵佔香港述略》，《黨史縱橫》1997 年第 7 期。

〔註27〕郭麗娜：《論廣州灣在法屬印度支那聯邦中的「邊緣化」地位》，《史林》2016 年第 1 期。

〔註28〕Auguste Francois, Le Mandarin Blanc Souvernirs d'un Consul en Extrême-Orient 1886-1904, Paris: Calmann Lévy, 1990, p.178.

〔註29〕郭麗娜：《論廣州灣在法屬印度支那聯邦中的「邊緣化」地位》，《史林》2016 年第 1 期。

〔註30〕郭麗娜：《20 世紀上半葉法國在廣州灣的鴉片走私活動》，《中山大學學報（社會科學版）》2015 年第 2 期。

棄廣州灣」〔註 31〕。

「在種種不足中，最致命的是法國海軍早對廣州灣不抱希望，勘界工作在海軍准將高禮睿（Courrejolles）的主持下草草了事，邊界問題的許多細節沒有得到落實」〔註 32〕。

廣州灣在地緣上甚至比香港更「扼奇制勝」，法國佔據廣州灣後，通過雷州、廉州及高州並海南島各處，就與法屬印度支那連成一體。

小結

綜上所述，歷史上的安南是中國的藩屬國，與中華王朝帝國並不存在著領土的爭議。法國侵略安南之後，其在遠東印度支那的利益開始與中國相關。法國獲得清政府承諾不割讓海南島後，迅速地取得在印度支那東西兩側對英國的優勢。法國又通過一系列不平等條約，使粵、桂、滇三省成為其勢力範圍，特別是法國獲得租界廣州灣後，海南島就與法屬印度支那連成一體，南海諸島就成為其防禦的外圍。這些島嶼群對法屬印度支那的海疆就有了「極大的戰略上的重要性」，他國對這些島嶼的佔領，將對法國本身「造成極其嚴重的威脅」。為了「不讓另一個強國在那裏立足」，法國千方百計尋找侵佔這些島嶼的藉口。直到二十世紀三十年代初期，不但找不到任何有力的證據，反而有許多法國的檔案和書刊資料確認西沙群島是中國領土。但隨著日本帝國主義侵華戰爭的日益擴大，法國深感西沙和南沙群島對保護其遠東利益具有的重要性，於是產生了覬覦侵佔我國西沙和南沙群島的野心。

〔註31〕郭麗娜：《論廣州灣在法屬印度支那聯邦中的「邊緣化」地位》，《史林》2016年第 1 期。
〔註32〕郭麗娜：《20 世紀上半葉法國在廣州灣的鴉片走私活動》，《中山大學學報（社會科學版）》2015 年第 2 期。

第六章　民國政府反駁法國以「七洲島」問題吞併西沙

　　法國在第二次鴉片戰爭期間開始武力侵佔越南南部（交趾支那），使越南南部六省淪為法國殖民地，1885 年利用中法戰爭強迫整個越南成為法國的殖民地。越南變為法國殖民地後，其對外圍海面中西沙群島自然地理的認知逐漸加深。西沙群島是其天然的屏障，故從十九世紀末至二十世紀初，印度支那總督府、法駐華使館開始覬覦西沙群島，並與殖民部、外交部、海軍部多次協商群島的歸屬問題，但都沒有找到充分理由。1925 年 4 月，法國派遣科學家前往西沙群島進行各種礦物的分布情況探測，法國海軍登陸永興島，威脅中國主權。1930 年 7 月，法國再次派遣軍艦前往西沙群島附近海域，詳細勘探各島大小及島嶼位置。1931 年「九一八事變」以後，日本侵佔整個中國東北很快又取得上海。由於日本人在西、南沙群島的長期存在，更為重要的是日本海軍力量的持續增長以及不斷擴張的南下行為，使法、英等國對日本海上戰略意圖充滿了憂慮。東沙、西沙及南沙都可能成為日本進攻東南亞的踏板。而此時中國政府被內政、日本侵華弄得焦頭爛額，更無暇顧及邊陲海島，地方政府對西南沙經略不力。法國便假借所謂「安南南嘉隆王明命王」曾出征西沙，主張西沙群島應歸法國所有，並否認中國清政府在 1909 年對西沙群島的主權宣示，於 1932 年 1 月突然向中國提出「七洲島問題」，企圖吞併西沙群島。

一、法國突然提出「七洲島問題」覬覦西沙群島

1859年2月18日，法國攻佔西貢。1862年6月5日，越南阮朝與法國簽訂《同法國和西班牙的友好條約》（即第一次西貢條約），越南將嘉定省、定祥省、邊和省三省和崑崙島割讓給法國，而且承諾未經法國同意不得將其領土割讓給其他國家。1874年3月15日，阮朝再次與法國簽訂《法越和平同盟條約》（第二次西貢條約），正式承認法國對安江、河仙和永隆三省的割讓，法國承認越南的獨立，不再臣服於中國，迫使阮王朝斷絕了與清王朝的朝貢關係。而後通過《天津條約》《和親條約》及《第二次順化條約》等，完成把越南變為殖民地的法律程序，最終確立了法國在越南的殖民統治。

根據《天津條約》，中法之間於1890年4月14日簽訂了《廣東越南第一國界約》，1893年12月29日簽訂了《廣東越南第二國界約》，1896年5月7日又簽訂了《邊界會巡章程》，解決了清朝與越南之間的國境問題。1887年6月26日簽訂了《國境劃定條約》，其中「粵越界約」劃定了中國與法屬印度支那邊界。

當時法國並沒有對西沙及南沙群島提出領土主張。按照法國和中國的條約，東京一百零八度三分以東諸島為中國領土。根據學者郭淵的研究，「法國最早提及西沙群島的時間為1898年，此時法駐海口領事致函法國殖民部，認為西沙群島（Paracel Islands）地理位置重要，應引起印度支那總督的注意」[註1]。也有學者認為，法國政府是從1909年李準巡視西沙後才開始真正關注西沙群島問題，並提出「法國應當可以和中國一樣主張對帕拉塞爾群島主權」[註2]。此後，法國印支殖民政府、外交部、殖民地部和海軍部一直就法國在西沙群島問題上應採取何種態度進行討論，其核心在於權衡法國在當時國際及地區局勢下爭奪西沙群島的「可行性」和「必要性」。

1912年民國政府成立後，開始應對晚清以來的領土危機。1913年，廣東省實業廳因在東沙島開辦實業，要求警察廳協助派遣警察到東沙島，以資防衛。廣東省警察廳當即選派警長一名，警員十名，伙夫兩名，進駐東沙島，開創了我國治安機構進駐南海諸島的先河。

〔註1〕《在20世紀10～20年代法國對西沙群島的認知及政策》，《暨南學報》，2017年第7期，第69頁。

〔註2〕《再談「嘉隆皇帝插旗」說的真實性》，《南京大學學報》，2018年第二期，第71頁。

　　1921 年 3 月，廣州軍政府為加強控制，正式將西沙群島劃歸廣東省崖縣管轄。基於南海諸島地理位置的重要性，民國政府加強對南海諸島管理的重要舉措就是先後宣布東沙島、西沙群島為海軍軍事區域，劃歸海軍管理。1923 年 6 月，在英國駐北京代表的提議下，開始籌劃在東沙島修建航行燈塔。1926 年 5 月，海道測量局呈請海軍部將西沙群島援例劃作海軍軍事區域：「現西沙建設事宜業已派員前往察勘，計劃進行，該地與東沙同為海南要區，擬請援照東沙成案將該島地作為海軍軍事區域，以利興工而明管轄。」〔註 3〕海軍部提呈北京政府備案，並由北京政府通告中外知悉。

　　隨著中國加強控制東沙及西沙群島，法國開始從保護印度支那權益的角度來考慮該島的重要性，擔心中國完全控制西沙後將可能封鎖印度支那沿海，故開始染指西沙群島。

　　1925 年 4 月，法屬印度支那設於芽莊的海洋研究所所長克漢姆率領一支科考隊乘坐炮艦「德拉內桑號」至西沙群島調查，探知島上蘊藏著豐富的磷礦。1926 年、1927 年，法國又接連派軍艦至西沙群島測量海域和島嶼。

　　1927 年時日本欲吞併南沙群島，曾於 9 月 29 日由外務大臣田中義一向巴達維亞的黑熊總領事發出《南中國海諸島礁所屬相關調查之件》〔註 4〕，「非正式的向法國提出了帕拉森群島以南的南海諸島的主權問題，並宣稱不能成為爭議的標的物，不承認法國對南海島嶼的佔領。基於這種情況，法國政府宣布不承認中國政府對南海諸島擁有主權，並派巡邏艦進行巡邏」。〔註 5〕

　　1929 年，法艦「麥里休士號」測量西沙群島中的中建島、北礁、東島和蓬勃礁。同時還派艦到南沙進行考察，並於 1930 年以科考為由，登上西鳥島，插上法國國旗。1931 年 3 月，「德拉內桑號」和「多變號」又巡視西沙群島。

　　1930 年 5 月，時任法屬印度支那總督在發給殖民大臣信函中引用《帕拉塞爾群島問題最近的沿革》及《印度支那的覺醒》雜誌評論，其中提出了法國處理西沙群島問題的相關策略：

　　　　關於廣東省政府主張帕拉塞爾群島主權一事，作為本月 14 日第

〔註 3〕《西沙島應援東沙成案劃作海軍軍事區域請鑒核提呈備案》，《東沙島無線電觀象臺籌建案》，「檔案管理局」藏，檔號：0013/927/5090/2。

〔註 4〕〔日〕《各國領土發見及歸屬關係雜件／南支那海諸礁島歸屬關係第一卷》之《7 地圖返送ノ件 2》，JCAHR: B02031157900; B02031158700。

〔註 5〕〔日〕《各國領土發見及歸屬關係雜件／南支那海諸礁島歸屬關係第一卷》之《7 地圖返送ノ件 2》，JCAHR: B02031157900; B02031158700。

501 號拙電的補充，本官今日榮幸地以此回答 12 月 31 日第 184 號的貴信。本官相信有必要根據此前的拙電就本問題事先向貴大臣表明總督府的見解，廣東政府的意圖何時能夠實現尚無法預測，作為貴大臣有必要盡早接到關於廣東政府意圖的通報，本官根據廣東法國領事 1930 年 2 月 20 日發的文件，獲取了通報，先將其奉上，請閱覽。廣東省政府評議會的決定，只不過是南中國政府為了宣示設定帕拉塞爾群島主權，將歷來的常態發表的自然結果，另一方面，貴省當然隨時會得到這些信息，但是，廣東政府的如此的宣示，最初而且是最重大的根據是 1909 年兩廣政府正式的佔領形式，今天廣東政府作為決議的根據提出自己的主張，無疑就是此次正式佔領行動。與此種佔領存在利害關係的國家只有法國，我們法國尚未對此發表正式的意見，但是此種佔領行動法律上的價值只是將當時帕拉塞爾群島賦予了無主物的條件。

中國人本身也從來沒有採取確信 1909 年的態度，1898 年英國船「貝羅娜」及「馬內加丸」（從船名來看一定是日本船，總督誤將其當做英國船）發生船難，殘留的貨物被中國漁民掠奪，駐紮北京的英國公使表示悲憫時，廣東總督回答說：「帕拉塞爾群島是被放棄的島嶼，既不屬於安南也不屬於中國，行政上不隸屬於海南島的哪個地區，也沒有任命什麼特別的官憲和警察。」此種曖昧的回答大概是由於廣東總督知道，在帕拉塞爾群島上，安南朝廷很久以前開始，就存在既得權。

貴大臣在第 184 號來信中，要求就此提出精確的報告，本官也希望對此進行精確的認識，1929 年 1 月 12 日，向安南理事長官府要求精細的報告，路費奧爾在同月 22 日給我回覆，隨信附上，據此可知，安南政府毫不懷疑地擁有優先權利。

日本政府對此問題不能陷入錯誤境地，1927 年，命令駐紮在河內的總領事向印度支那總督府正式要求調查除帕拉塞爾群島以外的中國海諸島的領土依據，顯然是將帕拉塞爾群島明確地作為例外來處理。當時的黑澤總領事按照外務省的訓令，宣稱此群島的依據不是和法國代表者爭議的對象。根據 1927 年印度支那海洋及漁業科長庫蘭福撰寫的報告，帕拉塞爾群島的經濟價值歷來被放大，向印度

支那總督府提出數次的租借意願目的物的磷礦石的堆積量，1920 年
日本的一個公司在並無許可的情況下，在船舶容易靠近的地方進行
了胡亂開採，但只不過得到微乎其微的利益。

　　但是，此群島卻具有重大的軍事價值，對於此點，盡可參考前
述安南理事長官的書函，在此書函中，已然明確地表達了此種觀點。
本官認為印度支那領有此群島是為了其他的利益。本來，該群島的
地理位置處在從西貢開往香港的汽船為避開該群島附近的暗礁遠遠
繞行的地方，收到的貴大臣的通報，在寶茂恩季的書函中，為了預
報颱風如果設置無線電臺站，將會對印度支那海面航行貢獻巨大。
回想 1899 年，寶麥爾總督已經讓印度支那專門技術部門研究在此島
設置燈塔事宜，那恐怕是不無益處之議，只是當時由於財政上的困
難，未能實施。

　　籍此，法國以安南的名義要求帕拉塞爾群島的主權利益的認識，
本官和貴大臣的通信意見完全相同。正如本月 14 日拙電所述，法國
政府尚未明確地放棄保護國（安南）的歷史及地理上的利權，只是
因為時機問題，至今尚未正式地對此等利權進行確認。此種遷延的
理由，第一次是在 1921 年發給殖民省的備忘錄中已然說明，另外，
在 1921 年 4 月 3 日的拙電第 135 號中也再次重複過。當時，就此問
題，法國和印度支那產生的輿論傾向不可成為新的根據，而且，當
時，我們真正的利益是避免中國人的輿論，關於印度支那的協定，
當時在南京進行商議。

　　最後的問題，在南京商議被無限期地延期，故此已然失去了其
價值，再更進一步，1921 年 8 月 22 日，當時的首相兼外相的書函
中所述的結論，在當時是適當的。本總督府的意見也是完全一致的，
問題是現在情況已經發生了變化，不能依然不變。前述的書函中，
帕拉塞爾群島附屬於海南島政府之時，該群島的人民適用於 1898 年
4 月 10 日的北京條約，其中規定，法國要求在任何情況下，該群島
不能割讓與他國，對於該群島實施的防備，法國以正式承認中國主
權為代價，由中國政府來擔當，但是，作為附屬保證卻沒有在宣言
中得到保證。

　　如此，1921 年以來，北京代理公使及其後任認為，中國南方政

府不能有何等權力，不適宜與其商議帕拉塞爾群島問題。在中國的我國外交官看到中國被分成微弱的兩個政府，當今的國民黨正如所見到那樣，依然是處在發展時期，無法相信可以向他們提出要求，直至今日想從國民政府那裏獲得保證就更困難了。故此，即使開始進行商議也必將以失敗告終。如果單獨對其實施佔領，對於我們來說，何時才可能呢？況且，由此帶來的政治上的不利局面與我們要達到的目的哪個更重大，請貴大臣權衡。但是，從本群島的軍事利益和我們的保護國那裏獲得的權利上的價值觀之，還是不能不關心本問題。

鑒於此，我們應採取的適度的態度依然是觀望，此態度的好處是直到獲得我國權利之前，可以保留我國的利益，即將來我國可以獲得現在中國不得不放棄的某種特權和利益，帕拉塞爾群島在那時可以成為對象物，或者成為我國讓步的代價物。貴大臣和外務大臣協商時，是否贊同本官的意見，如果能得到回覆將不勝感謝，本官期待著貴省及外務省的訓令或者勸告。

貴大臣可以將路拉畢茨的調查作為向外務大臣報告的附屬材料，本小冊子包含很多照片，對於理解帕拉塞爾群島的歷史和地理，是很有幫助的證據。〔註6〕

法屬印度支那總督鑒於中國即將分裂的局面，認為中國已經無力守護西沙群島，法國方面必須「保留法國的利益」。此後「法國一直堅持對西沙群島擁有主權的主張，一邊看重群島的戰略地位尋求介入的時機」〔註7〕。

1931年「九一八事變」後日本吞併整個中國染指東亞的「大東亞共榮」政策基本形成，這使法屬印度支那完全處於日本大陸擴張範圍。法國擔心防衛前沿的西沙群島將陷入日軍之手，借1931年12月4日中國準備開發西沙群島磷礦資源之機，向中國駐法大使館遞交了備忘錄，宣稱對西沙群島擁有主權。

1932年1月7日，駐法國大使館向外交部發電，呈報了法國外交部向其

〔註6〕〔日〕《8參考資料昭和8年8月9日から昭和8年8月15日》《國領土發見及帰屬関係雑件／南支那海諸礁島帰屬関係第二卷》，JCAHRB: B0203116000 00; B02031159150。

〔註7〕浦野起英著，楊翠柏等人譯，《南海諸島國際紛爭史》，南京大學出版社，2017年，第141頁。

呈送的「關於七洲島問題」的備忘錄，稱：「擬請貴國使館注意查該島嶼及附近礁石等，距安南海岸 150 英里，間有捕龜漁人居住，向屬安南國王。據 Tu-Due 週刊之 Hue Dai-Nam Nhut Thong Chi 史記卷六所記載，阮時初年設 Hoang Sa 公司，以 VinKon 村 70 人組成，每年三月乘船至七洲島漁釣，八月回國，將所得貢諸京師云云。1816 年嘉龍王（Gia Long）正式管轄該島並樹立旗幟。1835 年，明命王（Ming Mang）復遣人至該島建塔及石碑。1989 年，Bellona 及 UnojiMaru 兩船沉沒，中國漁人竊售船身破銅，住瓊州海口英領向中國政府抗議請懲罪犯，中國政府答稱七洲島非中國領土，不由中國管轄等語。1899 年因礁石危及航行，越南政府曾詳細研究樹立燈塔，但近來中國方面對於安南在該島之主權有所懷疑，並以該島為中國所轄領，因此本部請貴國使館注意安南對七洲島之先有權並查照 1816 年嘉龍（Gia Long）王正式佔據該島之事實。甚望貴國政府以最友誼之精神與法政府共同解決此項法律問題。」〔註8〕這說明日本對南沙群島的野心是促使法國政府覬覦西南沙群島重要的推力。

二、民國政府就「七洲島」是否為西沙群島所做的各種調查

外交部接到法國大使館來電後馬上就此問題進行核查，但邊境劃定之事並非其專務事務，只能從中法條約談判、條約記載及相關書籍中查找，且沒有辦法確定法國所稱之「七洲島」是否在中國界內，故於 2 月 25 日向內政部提出請求：「查法國 Guerin 所著百科字典，七洲島洋文名 Lles paracels，在東京灣入口之處，距離安南海岸 150 英里，島上向產燕窩及魚龜，中國臨近居民常往該島採捕是項物產。又查 1887 年中法越南續議界務專條第 3 款所載『廣東界務現經兩國勘探界限大臣勘定邊界之外芒街以東及東北帶所商論未定之處均歸中國管轄，至於海中各島照兩國勘界大臣所畫紅線向南接畫此線正過察古社東邊山頭既以該縣為界該縣以東海中各島歸中國該線以西海中九頭山及各小島歸越南』云云。法方所稱七洲島是否在中國管轄線之內，抑係兩國勘界大臣所畫紅線以西海中九頭山及各小島而言，本部正從事調查，為事關領土範圍，貴部如有史乘或圖籍可稽，希詳細抄示以資研究相應諮詢查照，並見復為何此諮。」〔註9〕

〔註8〕《轉呈關於七洲島問題法外部來文並請示我國意見》，《外交部南海諸島檔案彙編》（上冊），第 145～146 頁。

〔註9〕《請抄示七洲島問題之史乘或圖籍以資研究由》，《外交部南海諸島檔案彙編》（上冊），第 146 頁。

　　次日，外交部還向廣東及廣西省政府進行諮詢，其內容大致與內政部內容相同，但最後提出：「我國方面與越南政府對於該島管轄問題似有爭議之處，如果當地官廳向法方有所表示，所持理由有何根據。」〔註10〕

　　內政部於 3 月 8 日回覆外交部，將《萬國地圖》及四冊《廣東省志》交給外交部歐美司以供研究。因西沙群島應歸廣東省轄內，事涉舊安南，又與廣西省有密切的關係，外交部於 3 月 14 日再次向廣東及廣西省政府發電諮詢「七洲島」問題，要求盡快提供史料：「查丹陽鴻懋熙所著最新中華形勢一覽圖，謂該島華名即稱西沙群島，亦稱七洲洋，遠懸海南，為我國最南之疆土，似已證明該島為我國所管領，唯法方所稱法律上之解釋，查閱圖籍資料尚付闕，如貴省對於該島向來有何關係，行政方面有無何種設施，或其他事實上充分之證據，足以反證法外部節略所稱各說之無當者，相應諮請。」〔註11〕

　　從發給廣東、廣西兩省的電報內容來看，外交部已經基本確認法國所稱之「七洲島」即為中國的西沙群島，也認為該群島為中國領土，因事關領土主權，在國際法上欠缺反駁法方之確鑿證據。3 月 14 日，外交部再向參謀本部海軍部發函要求配合查明該島所屬。

　　3 月 21 日，廣東省政府向外交部答覆，稱將調查西沙群島諸事宜委託給廣州市政府，現正在進行中。3 月 23 日，參謀本部給外交部回函，提供了將西沙群島編入廣東省的「十萬分之一地圖」，並告之已經電至廣東省政府測量局搜集資料，同時通告已向總長蔣中正彙報了相關事宜。

　　3 月 29 日，海軍副部長陳紹寬給外交部回信，就調查結果及相關見解進行了報告：「查瓊崖（即海南）大島以東諸洲，其範圍在北緯 15 度 46 分至 17 度 07 分，東經 110 度 13 分至 112 度 47 分，皆係平沙不毛之地，星羅海中，按海圖上記載，謂其為灘、為堤、為礁者計十處，謂其為島者，計八處，統名曰西沙。其地在瓊崖之東，相距百四十五海里，安南海岸且在瓊崖之西，故相距較遠，計程一百八十海里，所在之海又係中國海 Chine Sea，覽圖便知其為中國領土，就交界劃線方法為之推測，查安南與廣東交界之處，係以竹山地方為址，約在北緯 21 度 30 分、東京 108 度 02 分，由此畫線向南接畫，按照一八八七年中法越南續議界各專條第一條所載，該縣經過茶古社東邊山頭，

〔註10〕《關於七洲島問題諮請查明見復由》，《外交部南海諸島檔案彙編》（上冊），第
　　　　 148 頁。
〔註11〕《為七洲島問題案事》，《外交部南海諸島檔案彙編》（上冊），第 150 頁。

海圖上無此地名雖不可按，但畫線起點必由竹山交界處，由此導海而南無論如何接畫而西沙遠在該線之東，中隔瓊崖大島絕不為之圖入也。該州各地均係珊瑚沙質，除茂林島堆積鳥糞可製肥料外，無殖民之價值，僅有瓊崖人在此採捕海產為業相沿尤是，此孤荒之地，遠距安南，從未聞有安南人在此居住安南各王憑何利益關係來此樹碑建塔，況百年以前安南係我藩屬，再此接近我國之境，私謀自由獨立管理又係必無之事。今西沙各島有八處之多，所稱樹碑建塔究竟在何島，果有其事料所係西沙以外之別地無疑。查遠距大島之東，以何國人民居住其地，即為何國之領土。瓊崖之人散處西沙海濱築廬而居，置舟而漁有悠久之歷史。前清政府因東沙為日本所佔，宣統二年夏，即西曆一九零九年廣東政府即根據此種理由，遣散日本人離島並派水師提督李準，同瓊崖地方官王仁棠等乘海軍軍艦至西沙之茂林 Wooding Island 林康 Lincoln Island 各地豎旗鳴炮，公示布告中外，此乃可追正已往之事實，而英美測量局所著之航海指南等書 The China cea pilot. Vol.Ⅲ　Page 60; The Asiatic pilot, Vol.Ⅳ　page 119，謂西沙經中國政府於西曆一九零九年附入版圖時係誤解。又宣統元年間即一九零八年關於西沙建設燈塔已保航海安全一案成為國際問題，經由海關轉據行業關係者之請求，呈請我政府建設燈塔，是國際間已認西沙屬我領土。又前年四月間，香港召集遠東觀象會議，安南觀象台臺長法人博魯迅，上海徐匯法國觀象臺主任勞積勳與會，亦共同請求我國代表在西沙建設觀象臺，國際公會對我西沙領有又為公認可據。至所指一八九八年沉沒輪船一事，本部無案可稽，料為地方官誤會地點所致，究係前清時代之事。總之西沙僅有華人久居期間，即此一端，依法律上之解釋，已屬我國領土，他國不得主張權力。再廣東省政府現正經營西沙，或另有史乘資以補充證明。」〔註12〕

海軍副部長陳紹寬的回函從中法歷史劃界的角度認為法國提出「七洲島」是中國的界線之內，安南本為中國藩屬國，不存在私謀土地之事，中國政府也早已派人巡查並編入圖籍公告於世界，明確提出「已屬我領土，他國不得主張權力」。

3月31日，廣東省政府向外交部回函，認證了海軍副部長陳紹寬的西沙主權說：「查丹陽紅戀熙所著最新中華形勢一覽圖，謂該島華名既稱西沙群島，亦

〔註12〕《復西沙群島為我國領土情形附同抄件請查照酌核辦理》，《外交部南海諸島檔案彙編》（上冊），第 155～156 頁。

稱七洲洋,遠懸海南為我國最南之疆土,事已證明該島為我國所管領。」〔註13〕

4月13日,廣東省政府向外交部提交了沈鵬飛所編《調查西沙報告書》一冊。4月15日,參謀本部向外交部通報轉送了《西沙群島報告書》及各種海圖,同時這些資料也向蔣中正報告。

4月16日,廣西省政府主席黃旭初向外交部長回函稱:「竊查桂邊界,既非近海,而桂越分線又非完全以河為界,自無島嶼界於其間,而越之東與毗連越境,復瀕海浜傳菁不無島嶼,但查閱圖書,均無反證之資料,東興又非職署所轄,既未變越爼代庖,實地查訪又無檔案界圖足資參考。」〔註14〕

廣西省政府的回覆,對查知「七洲島」所屬並無意義。於是外交部於4月16日再次向瓊崖特別區長官公署致函:「茲准海軍部復稱西沙群島計有八處,統名曰西沙,均係珊瑚沙質,僅有瓊崖人在此採捕海產為業,從未聞有安南人在此居留,所稱樹碑建塔究竟在何島,果有其事,料所指必係西沙以外之別地。又宣統元年間,即1908年關於西沙建設燈塔,以保航船安全一案,成為國際問題,經由海關轉據航業關係者之請求,呈請我政府建設燈塔。又前年4月間,香港召集遠東觀象會議,安南觀象台臺長法人勃魯迅,上海徐匯法國觀象臺主任勞積勳與會,亦共同請求我國代表在西沙建設觀象臺等因,又准參謀本部復稱西沙群島中,有林島者,已有輕便鐵道及碼頭倉庫,之屬是否本國所建築,極有研究之價值,以函致廣東測量局,詳查俾作將來之交涉之根據,並檢附西沙群島十萬分之一圖其一其二兩幅,又海圖兩幅已資參考等。因查閱圖籍七州島又名七周洋,亦稱西沙群島,在瓊崖之東,相距中國海百四十五海里,所在之海又係中國海安南海岸,在瓊崖之西,相距較遠,是該島屬於我國轄領,似可無疑,但調查不厭求詳,法方所稱法律上之解釋,本部尚缺乏事實上充分根據以資駁覆,為反證法外部節略所稱各說之無當,貴署現正經營東西沙,關於該島情況或另有史乘圖籍以證明屬我管轄之處,相應函請查明見復為荷。」〔註15〕

4月20日,外交部又向參謀本部致函索要陳天錫《西沙島成案彙編》。外交部在對《西沙群島報告書》及《西沙群島成案彙編》進行詳細查閱研究之後,認為西沙群島屬瓊崖特別行政區管轄,於5月14日再次向瓊崖特別行政區長

〔註13〕 《關於七洲島問題案》,《外交部南海諸島檔案彙編》(上冊),第156~157頁。
〔註14〕 《廣西省政府主席回函》,《外交部南海諸島檔案彙編》(上冊),第160頁。
〔註15〕 《為七洲島問題一案事》《外交部南海諸島檔案彙編》(上冊),第161頁。

官公署發函：「駐華法國公使照會稱，上月之初，廣東報紙載稱廣東政治會議決定將西沙群島積存之鳥糞招商投標開採，本公使以為此項辦法殊欠正當，因如此辦法，粵省對於西沙群島認有統治主權，而法國政府向以該島屬於安南王國。……查法國公使照會所稱，隨籍口報紙記載，對於粵省開採西沙群島鳥糞一事有所異議，而其主旨應在該島主權問題，是該島管轄問題不獲解決，我國經營該島實業之前途必遭法國軍方阻止為難，為此函請貴署查照前函所詢各節詳細見復。」〔註16〕

6 月 6 日，在廣州的瓊崖特別區長官伍朝樞致電外交部（關於西沙群島問題事）：「西沙群島確實屬於我國版圖，歷史方面刻正詳細研究至鳥糞承包商包一節，查卷第 1 次在 10 年 12 月 6 日，第 2 次在 12 年 4 月 7 日，均有省府批准何瑞年承辦該島農礦漁業，第 3 次在 18 年 7 月 13 日，由建廳批准宋錫權，第 4 次在 20 年 4 月 3 日由建廳批准，並在第 5 次本年 3 月 1 日樞未就職之前復有建廳批准中華國產田料公司蘇子江承採鳥糞，是該島農礦漁業鳥糞繼續批承已有十年之久，法忽於此時提出抗議殊無理由，應請嚴重駁詰全摘要另記。」〔註17〕

6 月 24 日，瓊崖特別區長官公署再次向外交部回函：「查西沙群島，前清晚年始為國人所注意，關於該島之圖籍，除西沙島成案彙編外，現得前廣東建設廳編輯股主任方觀所著西沙群島述要，敘述頗祥，尚足參考，至西沙鳥糞承商經過，卷存敝署，茲特檢送西沙群島述要及鳥糞承商案簡要各一份。」〔註18〕並呈上附件《西沙群島招商承墾經過》《西沙群島述要》及 18 日的一份報紙。

瓊崖特別區長官公署在上報中就「西沙群島總名及位置」、「各島令名及形式」、「地質海深水流及風向」、「各商請領開採之經過」及「批商承採鳥糞簡章之訂定」等方面進行了詳細的敘述，提出「西沙群島，共十五處東七西八，並峙海中。」中國政府曾三次對各島進行實地測定，即「崖縣委員陳明華測報之十島；何瑞年測報之十島；實業廳派測之四島」，並詳細在列出各次所測量的島名、沙灘面積、礦區面積、荒地面積等。

〔註16〕《請設法覓送西沙島成案彙編一書由》，《外交部南海諸島檔案彙編》（上冊），第 162 頁。

〔註17〕《關於西沙群島問題事》，《外交部南海諸島檔案彙編》（上冊），第 166 頁。

〔註18〕《函送西沙群島述要暨招商承墾經過各一份請查收備考由》，《外交部南海諸島檔案彙編》（上冊），第 169 頁。

　　瓊崖特別區長官公署還提出，「法政府以此毫無考證之辭向我國照會，聞我政府以西沙群島方面我國海軍曾在該處建有無線電臺燈檯等工程，當令海軍部詳查提出證明為我國領土之證據。聞海軍部門方面，以該島為中國領土，足以證明之點甚多。（一）該島在經緯度屬中國領海，地理形式，固甚明顯。（二）以歷史上言，中國清政府，曾派李準至該島，並鳴炮升旗，重申此為中國領土之表示。（三）前年香港曾有遠東氣象會議之召開，當時法屬安南氣象臺，及上海徐家匯氣象臺主任，均在會議上，向中國政府請求在該島設氣象臺，並足以證明為中國領土。至於法國政府所敘述二點，所謂安南王曾建塔立碑，其時安南尚隸中國，安南既無強佔祖國領土之可能，且現實亦無塔影碑跡，自屬附會，所謂英國曾有沉船之事，外交史上亦無案可稽。是則法政府所提該兩點，全無影響。依國際公法與慣例，凡新發現之島嶼中，居民係何國民，即可證明為屬何國。現該島嶼完全為華人居住，既足以證明屬於中國。」〔註19〕

三、民國政府向法國駁覆「七洲島」問題

　　民國政府通過大量調查最終確定法國所提出的「七洲島」即為中國的西沙群島。實際上在歷史上西沙群島有各種稱呼，除「七洲島」、「七洲洋」之外，還有「千里長沙」、「萬里長沙」、「千里石塘」、「萬里石塘」等。而「七洲洋」這樣的稱呼，清時期古籍已經有大量記載，如《皇朝文獻通考》《夢粱錄》《瀛寰志略》《各國通商始末記》《遊歷芻言》《福建通志》《同安縣志》《海道針經》《海國見聞錄》及《七洲洋放歌》等都明確記載處於航道要衝的「七洲洋」。而黃任、郭庚武等修撰的《泉州府志》記載了有關海軍副提督吳升巡視南海的情況：「自瓊崖，歷桐鼓，經七洲洋，四更沙，周遭三千里，躬自巡視，地方寧謐。」〔註20〕駐英國公使郭嵩燾所著《使西紀程》中也明確記載西沙群島為中國屬島：「光緒二年十月廿四日正行八百三十一里，在赤道北十七度四十分，計當在瓊南二三百里，船人名之曰齊納西（China Sea），尤言中國海也。……左近帕拉蘇島（按即 Paracel Islands，即西沙群島），出海參，亦產珊瑚而不甚佳，中國屬島也。」〔註21〕

〔註19〕《函送西沙群島述要暨招商承墾經過各一份請查收備考由》，《外交部南海諸島檔案彙編》（上冊），第 167～186 頁。

〔註20〕浦野起英著，楊翠柏等人譯，《南海諸島國際紛爭史》，南京大學出版社，2017年，第 161 頁。

〔註21〕史棣祖，《南海諸島自古就是我國領土》，《人民日報》，1975 年 12 月 25 日。

　　根據上述古籍記載，西洋各國所謂的「帕拉塞爾島」，中國古籍中的「七洲洋」，即為中國的西沙群島，當時實際上是廣東省的一部分。由於民國政府接到法國的照會後很倉促地尋找確定「七洲島」是否為西沙群島，故沒有利用這些古籍，但搜集到的各種資料已經足以證明所謂「七洲島」為中國的西沙群島。1932 年 7 月 26 日，民國政府向駐法國大使館發出訓令，要求對法國提出的「七洲島」問題進行駁覆：

　　　　查七洲島洋文名 Lles paracels，華文名西沙群島亦稱七洲洋，其東北有東沙島遙相對峙，為我國廣東省領海，South China Sea 二大群島之一，按諸十七年西沙群島調查委員會主席番禺沈鵬飛所編《調查西沙群島報告書》及廣東實業廳編印之《西沙島成案彙編》二書所裁，該島當東經一百一十度十三分至一百十二度四十七分，包括大小島嶼共二十餘座，大部平沙不毛之地計為灘為礁者十餘處，其為島者計八處，分東西兩群迤東者西人統名之 MAmphitrite 群島，迤西者名為 Chroissant 群島，距瓊崖（即海南島）百四十五海里，為我國最南之疆土，又查 1887 年中法越南續議界務專條第 3 款所載廣東界務現經兩國勘探界限大臣勘定邊界之外芒街以東及東北帶所商論未定之處均歸中國管轄，至於海中各島照兩國勘界大臣所畫紅線向南接畫此線正過察古社東邊山頭既以該縣為界該縣以東海中各島歸中國該線以西海中九頭山及各小島歸越南，查安南與廣東交界之處係以竹山地方為起點，約在北緯二十一度三十分，東經一百零八度零二分，安南海岸且在竹山迤西，按照上述專條所載由此遵海而南照的如何接畫，西沙遠在該線之東，中間尚隔瓊崖大島，應歸何國一覽便知。又該島各地均係珊瑚沙質衝擊而成，除林、東島堆積鳥糞可製肥料外，無殖民之價值，原來僅有瓊崖人在此採礦捕魚為業，從未聞有安南人在此居留，安南各王憑何特殊關係來此樹碑建塔。法人摭拾安南一二遺史牽強附會據為口實，殊不知百年以前安南係我藩屬，於宗主國之領土境私謀獨立佔據之行為當為事理所必無。法方所稱樹碑建塔究在何島，來文並未指明，其所謂先有權之缺乏有力證據已屬不攻自破，況自民國十年以來，商人隨墾該島而經廣東省當局批准者先後已達五次（第一次十年十二月六日第一次承墾、第二次十二年四月七日均由省署批准何瑞年承

辦、第三次十八年七月十三日協濟公司宋錫權承辦、第四次二十年年四月三日西沙群島鳥糞磷礦國產田料公司嚴景枝承辦、第五次二十一年三月一日中華國產田料公司蘇子江承辦）案牘俱在歷史可考，法方不於十餘年前提出異議，忽於此時表示懷疑殊屬異訝。查遠距大陸之島嶼按照國際公法及慣例，以切實先佔領與繼續不斷的居住其地即為何國之領土，瓊人散處西沙築廬而居，置舟而漁有悠久之歷史。前清政府因東沙案曾於宣統二年夏，即西曆一九零九年派廣東水師提督李準率艦測量以圖開發，曾耗國帑四十餘萬，並在東島林島暨旗鳴炮公示布告中外，從未聞法方有何異議。又宣統元年間關於西沙建設燈塔已保航海安全一案成為國際問題，嗣經由海關轉據行業關係者之請求，呈清我政府建設燈塔，此乃追證較遠之事實。前年四月間香港召集遠東觀象會議，安南觀象台臺長法人博魯迅，上海徐匯法國觀象臺主任勞積勳，亦皆與會曾共同請求我國代表在西沙建設觀象臺，不是特國際間早認西沙屬我國領土，即法人自身亦有同樣之表示。至所指一八九八年沉沒輪船及英領抗議一節是否屬實，本國政府無案可稽，總之遍查條約卷籍，西沙即經劃定為我國領土之一部，事實上復為華人久居之地，除條約明文具在末由置辦外撥諸國際公法先占與原則，其為我國領土諸國不得主張權利，亦屬了無疑義，合函令仰該館即使遵照向法外部嚴重駁覆為要切切此令。〔註22〕

　　民國政府收到法國關於「七洲島」問題的照會後，進行了積極的調查，雖沒有對外公布，但法國欲吞併西沙群島的消息，已經被外界所知並引起事論譁然。《申報》等報紙對此進行了大量的報導，更引起相關方面的注意。「瓊崖旅平同鄉會」於 1932 年 8 月 21 日向外交部遞交請求書：「報載法國照會我住巴黎公使，意圖霸佔西沙群島，鈞部如何辦理，懇請批示籍明真相，以安人心事，竊西沙群島位於瓊崖之東南，距崖縣僅六海里，為榆林港之門戶，將來政府如闢榆林為軍港，該島地理更為重要，且該島物產豐富，島上堆積之鳥糞，既可以取磷又可以為肥料，林木亦茂盛，就中以栲樹為最多，其子可為染料，至於海產尤特別豐富，如玳瑁螺貝海龜及各種魚類之屬，每年出產不下數百萬元，

〔註22〕《令向法外部駁覆關於西沙群島問題案》，《外交部南海諸島檔案彙編》（上冊），第 186～189 頁。

為文昌瓊東樂會萬寧陵水等縣漁戶所託命之地，誠廣東之屏蔽南方之寶庫，故該島久為日本人所垂涎，前年曾一度唆使漢奸何瑞年等，以開發西沙群島名義請粵政府立案，幸為瓊崖民眾所發覺，死力反對其事實況，現日本既佔據我東北，法國又謀我西沙群島，我人雖不進信法日有若何共同謀我之秘密諒解，然其趁火打劫，使我難於兼顧自屬無疑，為保全領土鞏固國防計，伏乞均部據理力爭以保主權。」〔註23〕

黃埔軍校第一期畢業生陳家炳聽聞西沙群島為被法國人佔領之後，特別到外交部歐美司就西沙群島向政府進行彙報：「余籍隸廣東文昌縣，對於西沙群島情形知之頗詳，報載西沙群島被法國人佔領，貴部正在辦理調查，鄙人今日特來報告一二藉供參考。余家住文昌縣以漁業為生計，每年冬月由縣乘帆船前往島上捕魚，遇風順一天半即可抵達，冬月前往次年夏季返縣，如此年以為常，鄉人經營漁業者甚多，近年來因日本人、朝鮮人來島侵擾漁業，我國帆船常被驅逐，因之我國漁業近年大為衰落，今年舊曆三月間，余家人由島歸，云見有法人往至島上並升旗於島上。余家人親見確是法國旗幟式為紅白藍三色，鄉人並有持旗歸者，現旗存文昌縣文教市同豐號內可以取看。」〔註24〕

陳家炳的說法證實法國已登陸西沙群島。歐美司的朱邦辦告訴陳家炳西沙群島被法國人佔領之事外交部正在竭力調查，以所傳地點與地圖上經緯度不符是以尚未確定，我國稱西沙島為 Paracel Islands，據意大利秘書來談該島名為 Tizard，不知貴鄉究竟呼島何名？陳家炳回答說，「吾鄉土音呼西沙為 Tizard，所以外人亦有呼 Tizard 者。」〔註25〕這證明西方航海記載中的南海諸島中許多島名都是中國地方土音的標注。

8月2日，外交部又收到徐蚪來信，稱水師提督李準率領艦隊前赴該島，「將日本人所建廠房鐵道等估價13萬兩白銀購回，同時拔發7萬白銀，派員到西沙群島整理，並在荒島上取回大龜殼陳列於廣州之息鞭亭。查閱宣統元年檔案，可據為鐵證。」〔註26〕

〔註23〕　《呈為據報載法國照會我駐巴黎公使意圖霸佔西沙群島鈞部如何辦理乞請指示以明真相》，《外交部南海諸島檔案彙編》（上冊），第189～190頁。

〔註24〕　《朱幫辦會晤陳家炳談話記錄》，《外交部南海諸島檔案彙編》（上冊），第191頁。

〔註25〕　《朱幫辦會晤陳家炳談話記錄》，《外交部南海諸島檔案彙編》（上冊），第191頁。

〔註26〕　《函述清季日占東沙島及清廷整理西沙群島事》，《外交部南海諸島檔案彙編》（上冊），第192頁。

四、民國政府全力確保西沙群島主權

1933 年 7 月時，法國又佔領了南沙九小島。這給民國政府爭取西沙群島的鬥爭帶來了更加複雜的局面。廣東省方面積極關注法、日的動靜，於 8 月 7 日致電外交部，彙報了法國佔領南沙九小島的事情：「本年舊曆二、三月間法國安南總督七邦率艦三艘來黃山馬島一帶，給法國旗多面於該島漁船升懸抵抗日本漁船騷擾並在黃山馬島上樹法國旗。」〔註 27〕

8 月 16 日，外交部又向海軍局發函要求查閱李準呈報查看西沙情形，同時各處尋找西沙群島全圖。海軍部並沒有找到外交部要求之資料，只找到「民國十五年八月二十四日國務院公函海軍部」，內容是國務公文議決「外交部與日本公使交涉，轉飭日本人不得在西沙茂林島經營一案」〔註 28〕。

民國政府當時已經秘密籌劃派艦前往西沙視察。8 月 23 日，廣東省政府致電外交部就派遣進度進行查問：「密派艦巡視西沙群島一事，究竟由海軍部派艦前往，抑由第一集團軍總司令部派艦前往，希即電覆以憑轉行辦理為荷。」〔註 29〕

派艦巡航西沙屬軍事秘密事務，8 月 28 日，甘介候〔註 30〕致電外交部告知：「已經分行第一集團軍總司令部及廣東省政府查照辦理，俟派定軍艦並由起碇日期，侯當隨往視察並將啟程日期電呈。」〔註 31〕

1933 年 9 月 1 日，國防委員會第六十七次會議就海軍巡視西沙群島進行了最後的議決：「關於九小島軍事委員會提有意見供作本會研究，大意謂九小島上雖居有中國漁民，但在軍事政治及其他事實上並無任何建設，目前不妨報

〔註 27〕 《電復調查西沙一帶情況》，《外交部南海諸島檔案彙編》（上冊），第 193 頁。
〔註 28〕 《據查李準查勘西沙群島報告本部調閱舊卷並無此案請查》，《外交部南海諸島檔案彙編》（上冊），第 194 頁。
〔註 29〕 《關於西沙群島事》，《外交部南海諸島檔案彙編》（上冊），第 196 頁。
〔註 30〕 甘介候（1896～1984），江蘇寶山人。畢業於清華大學。後赴美國留學，先入威斯康辛大學，繼入哈佛大學，畢業後獲哲學博士學位。1926 年回國。1927 年任武漢國民政府外交部秘書，未幾升任秘書長，一度代理外交部部長；同年 11 月，任江漢關監督兼特派湖北交涉員。1928 年後，任第一方面軍外交處處長。廣東國民政府成立後赴粵，任第四集團軍外交處處長。1932 年 1 月，任南京國民政府外交部常務次長；同月辭職，其後任外交部駐廣東、廣西特派員，1936 年 5 月辭職。1938 年 6 月，被選為第一屆國民參政會參政員。1940 年 12 月，被選為第二屆國民參政會參政員。
〔註 31〕 《關於派艦前往西沙群島巡視事》，《外交部南海諸島檔案彙編》（上冊），第 197 頁。

靜觀態度，如果以漁民為理由向法國交涉，恐日本亦將援例認為西沙群島上有日本漁民或將因之佔領西沙島為日本領土，最好有海軍部派遣艦隊駛往該島駐防及進行建設事宜。議決由行政院電令廣東省政府派人往西沙島建築氣象臺燈塔並設置警察。」〔註32〕

　　此次會議為南沙定下「靜觀」的策略，全力爭取西沙是民國政府在南海的主要任務。9月2日，甘介侯給外交部回電稱：「密準第一集團軍總司令部復稱關於派艦駛巡西沙一事，現查海風尚大航行困難，擬於十月間前往巡視，屆時當將起碇日期先期函告。」

　　民國政府在定下全力確保西沙群島的政策之後，還沒有得到法國方面的答覆。7月26號，中方向法國提出抗議之後，法國方面一直都沒有答覆。8月1日，大使館再次向法國外交部發電，並於8月2日、8月23日派員前往法國外交部當面質詢，法國外交部方面稱現在正在調查。9月27日法方才正式回文稱：

　　　　貴使館聲稱西沙群島（Iles Paraceis）為貴國廣東省海疆之一部分，並承認該島距離瓊崖百四十五海里。查貴國出席一九三零年海牙國際公法編纂會議代表，即同意採納三海里原則以劃領海，則該島不能因為貴國領土。

　　　　貴館更以一八八七年中法越南續議界務專條第三款所載為引證。惟該款意在劃清芒街區域之中越界線，西沙群島遠離芒街二百海里，超出該專條之履行範圍，當無以證明。貴國在該島之主權，東經105度43分之線，即茶古之線，如不認作局部界限，而可延長直至西沙群島適用，則不但越南多數島嶼成為貴國領土，即越南本陸之大部亦然，實屬不可能之事。

　　　　貴館又稱，瓊人散居西沙，築廬而居，置舟而漁，有悠久之歷史。瓊人聚散無定，究竟何時何年來人島居漁，亦無憑證，在國際公法及慣例方面，不生任何效力，貴國無從博得該領土及主權。

　　　　1909年貴國政府曾行公告中外佔領該島，顯示1909年前貴國並無該島之領權，而1816年安南嘉隆王正式管理該島之舉，確載史卷。

〔註32〕《國防委員會第六十七次會議記錄》，《外交部南海諸島檔案彙編》（上冊），第197～198頁。

貴館又據遠東觀象臺會議,提議在島樹塔案事實,證明該島主權。敝國與會代表之唯一業務,為在科學方面盡力,政治問題無權過問,在敝國政府法律證據充分之下,當亦難引以為證。〔註33〕

中國駐法大使館方面認為,法國歷次來文所持唯一的證據就是安南歷史上曾經記載嘉隆王於 1816 年正式佔領西沙群島,比中國 1909 年佔領西沙群島要早。如果能打破此點,則法國的理由自不成立,所以請外交部門搜集中國歷史、各省志及地圖,證明中國在 1816 年前已經確切的管理西沙群島,則安南之占無效;再依據國際公法佔領應有實效權,安南在該群島從來沒有實行實際的管轄權,自然也就不能成為其正式的佔有。

外交部於 1934 年 4 月 30 日再次電令駐法大使館就法方提出的觀點提出反駁。此時法國已經公開宣稱佔領南沙九小島,外交部除了強調前述反駁法方的內容外,還借用法方在強調九小島時出現的失誤,力爭西沙群島的主權:「去年占南海九小島時,駐華法使館秘書博德 Baudet 承法使韋禮敦 Wilden 之命,於一九三三年八月五日附同略圖來文,解釋略稱『中國地理及地圖內對於法占之九小島從未提及或列入中國書籍,僅認西沙群島 Pauacels 之最南島 Triton 為中國之最南領土,中華民國分省地圖載明西沙群島內之 Triton 島為中國極南之地,又洪懋熙最新世界形勢一覽圖內亦有中國疆界南至西沙群島之 Triton,至現在法占之九小島與西沙群島,相距三百海里顯然非西沙群島可知』云云,細核法方來文雖否認九小島為中國領土,但至少已承認中國之最南領土為西沙群島之最南島 Triton。」〔註34〕

法國外交部於 6 月 7 日回覆民國外交部,堅持自己的主張,並就失誤進行了說明:「法國駐華使館,為指明法方所佔之九小島,與該島無涉援用中國地圖,純為說明九小島之不屬於中國,無可爭執而已,不得認法方即承認西沙群島為中國領土。」〔註35〕

民國外交部的此種做法並沒有否認中國擁有南沙的主權,只是在重重危機下力保西沙主權的一種方式,但法國沒有在西沙問題上妥協,反而與日本一

〔註33〕《抄錄關於西沙群島問題法外部覆文》,《外交部南海諸島檔案彙編》(上冊),第 201~201 頁。
〔註34〕《外交部民國二十三年四月三十日令駐法使館文抄件》,《外交部南海諸島檔案彙編》(上冊),第 450~451 頁。
〔註35〕《附件七:法國致我國駐法大使館函》,《外交部南海諸島檔案彙編》(上冊),第 453 頁。

樣藉此在南沙問題上完全放棄了與中國的交涉。

「七洲島」問題出現以後，民國政府決定繼續在西沙進行氣象臺的修建，卻遭到法國反對。當時日本侵佔大半個中國，民族危機嚴重，日本意欲倡導東亞門羅主義，干涉中國外交，駐法國大使顧維鈞不願此時再與法國產生衝突，向外交部致電提出：「現法海軍對我建設觀象臺頗為詫異，渠（指法外長）意該島主權問題在交涉期，中國不宜有積極行動，否則法方亦積極進行維持主權，勢必立見衝突有礙兩國友誼。」〔註36〕。

實際上中國方面早在 1925 年就通過閣議在西沙修建氣象臺。當時是東沙臺成立 21 年，香港召集遠東氣象會議，法國政府派出徐匯天文臺代表參加會議，並參與由中國代表提出的速建西沙觀象臺案。上海徐家匯天文臺、海防天文臺究竟與法國政府有無關係或者私人經營，民國政府並不很清楚，為此民國政府分別致函廣東省政府、廣東省建設廳、瓊崖綏靖委員公署、國立中山大學，分別搜集相關資料。

海軍部門查到「上海徐家匯天文臺，由天主教會 JesuitSociety 建設，系科學機關，對於觀測氣象之事，與上海法租界、公共租界及我海關會恰辦理，除受法國政府保護外，尚無其他關係。至海防天文臺，設於法國所轄境地，向受法國政府之資給，完全係法國政府機關，前年香港遠東氣象之會，該臺代表人，自繫法國政府官吏。」〔註37〕廣東省建設廳，中山大學分別搜集到《西沙島成案彙編》各一冊。海軍部方面收集到遠東氣象會議英文記錄及專圖一份。

在各種調查研究的基礎上，民國政府在 1934 年 12 月 20 日由外交部長向法國大使提出再次在西沙群島建設氣象臺之事：「關於西沙群島主權問題，貴國政府前曾有所爭議，深為遺憾，關於此案，中國駐法使館與貴國外交部間，曾有數度之照會往還。現在中國政府為航海安全起見，擬在該島建一氣象臺，一切計劃業已議妥，建築材料亦已將次運往。由中國政府在該島建築氣象臺，於遠東氣象會議時固為貴國代表所提議，現在中國政府實行建築，貴國政府當無異言也。」〔註38〕

〔註36〕《駐法大使館致外交部電》，《外交部南海諸島檔案彙編》（上冊），第 457 頁。
〔註37〕《復徐家匯及海防兩天文臺與法國政府之關係》，《外交部南海諸島檔案彙編》（上冊），第 242 頁。
〔註38〕《徐次長會晤法韋使談話記錄》，《外交部南海諸島檔案彙編》（上冊），第 266 頁。

對此，法國大使稱：「對該島主權，法國政府仍應保留待商，至於建築氣象臺，現中國既已籌備就緒，自當電呈本國政府，詳為說明。」〔註39〕

1934 年 12 月 21 日，中國水陸地圖審查委員會在二十五次會議上審定了我國南海各島礁的中英文地名。在 1935 年 1 月編印的第一期會刊上，詳細地列出了南海 132 個島礁沙洲的名稱，其中西沙群島 28 個，南沙群島 96 個。該委員會於 1935 年 4 月出版了《中國南海島嶼圖》，確定了我國南海最南端的疆域線至北緯 4 度，曾母暗沙標在我國疆域線內。

此後法國沒有就西沙問題有所回覆，直至 1936 年 12 月 10 日正式回覆中國駐法大使館，但文中沒有提及西沙建築氣象臺一事。中國政府決定趁機派人赴西沙群島進行調查。法國政府通過駐法大使顧維鈞表示西沙群島主權爭議尚未解決之時中國方面做法欠妥，並表達「希望在巴黎或南京即開直接談判，俾將該案原則友好解決，如難成功則不得不提議付之仲裁。」〔註40〕

1937 年 4 月 10 日，外交部召集海軍部及中央研究院院長召開西沙群島會議，商議由中國科學界向法國科學界致意，請其疏通法國當局，為保障海上安全，同意我國在西沙先行建築氣象臺。但中研院院長表示反對，因為領土問題不在科學範圍之內，應請先由兩國政府設法解決，最後會議並沒有形成統一的方案。

4 月 19 日，法國駐中國大使再次向中國提出友好協商解決西沙群島爭端，但民國政府認為西沙群島屬於中國毫無疑議，於 5 月 26 日再次指令駐法大使向法國提出交涉，提供了西沙群島新的證據：嘉隆帝在西沙群島插旗之事在越南史料中沒有記載，只是無羈傳說；大南一統志中，只記錄了黃沙島，但是否屬西沙群島應有疑問；大南一統志中所記載的古廟，當是中國漁民所建；越南出版的地圖直到 1936 年還沒有畫上西沙群島。此外，法國在 1909 年以來多次承認西沙不屬越南：

第一、1909 年法國對中國宣誓西沙主權無動於衷；

第二、1920 年法國海軍司令 Remy 答覆日本行業公司時保證西沙非法國所有；

第三、越南海軍電詢法國海軍關於西沙主權一事，法國海軍回

〔註39〕《徐次長會晤法韋使談話記錄》，《外交部南海諸島檔案彙編》（上冊），第 266 頁。

〔註40〕《關於西沙群島案事》，《外交部南海諸島檔案彙編》（上冊），第 280 頁。

覆僅知中國 1909 年主張主權；

　　第四、代理越南總督認為除非有新消息西沙應視為中國所有；

　　第五、越都 Pasgnier 說西沙群島可留待向中國交換利益；

　　第六、法上議院議員 Bergeon 說安南與西沙現已絕無關係；

　　第七、越南總督 Doumer 說中國應該阻止他國佔有該群島。

〔註 41〕

　　民國政府向法國提供了非常有說服力的證據，但隨著中日全面戰爭的爆發，日本人開始入侵西沙，西沙問題更為複雜化。

五、民國政府再次巡航西沙群島藏碑確定主權

　　在中國提出西沙群島主權有利的證據之後，法國方面並沒有明確的表態，只是於 1937 年 4 月 28 日回覆稱：「關於西沙群島一案，在未解決以前，兩國政府不予採取任何欲為斷定此項爭執結果之處置。」〔註 42〕

　　當時駐法國大使顧維鈞向外交部來電，提出「瓊州地方當局擬派人赴西沙群島進行調查，以備進行開發，該島主權尚未最後解決，這樣做欠妥」〔註 43〕。外交部認為顧維鈞言之有理，便向廣東省政府進行查詢。廣東省政府回電告知計劃冬季前往。外交部向廣東省方面轉達：「西沙群島主權問題正由該部進行據理力爭，如果此時派隊調查，誠恐益滋糾紛，似非所宜。本部擬俟與法方交涉之相當程度，再行諮詢貴省政府實行探查計劃，則較妥善。」〔註 44〕

　　當民國外交部打算繼續與法國就西沙群島進行交涉時，卻接到日本已佔領西沙群島的報告。4 月 26 日，瓊崖「第一五二師」陳師長電報報告稱：「現據文昌煙墩墟漁船船戶與西沙群島逃回報稱，現在該島附近有日本兵艦及漁船數艘，似有在該島開闢飛機場，但該島遠在海外，無從細查。」〔註 45〕外交部馬上向海軍部及軍事委員會報告情況，並請設法詳查具報。

　　5 月 22 日，外交部向海軍部通報了瓊東縣第 3 區漁民張世光的報告：「前往西沙群島以南之幾個海島捕魚，見該數島現被日人佔據，每島搭架守望樓一

〔註 41〕　《駁斥法國佔有西沙群島》，《外交部南海諸島檔案彙編》（上冊），第 346～347頁。

〔註 42〕　《西沙群島事》，《外交部南海諸島檔案彙編》（上冊），第 351 頁。

〔註 43〕　《西沙群島事》，《外交部南海諸島檔案彙編》（上冊），第 351 頁。

〔註 44〕　《西沙群島事》，《外交部南海諸島檔案彙編》（上冊），第 351 頁。

〔註 45〕　《外交部密公函海軍部》，《東西沙群島開發案》，海軍總部檔藏，檔號：944/5090。

座,並有士敏土造碑一柱,上書海軍停息處,昭和十一年字樣,且常有日本兵艦來往停泊其間,我漁船經過,即開炮及以機關槍射擊等語。」〔註46〕再次要求海軍部設法查明。同時,外交部還向軍事委員會致公函,彙報外交部已經向海軍部方面發函要求設法查明日本佔領西沙群島的詳細情況,並提出「在事實未完全明瞭以前,適應暫緩披露為宜」〔註47〕。

軍事委員會馬上向行政院報告了日本佔領西沙群島的情況:「據廣東第九區行政督察專員黃強電陳漁民張世光前往西沙群島以南幾個海島捕魚,見該數島被日本人佔據,每個島建有守望樓一座,常有戰艦往來停泊,我漁船經過即開炮以及機槍射擊。」〔註48〕1937 年 5 月,行政院向廣東省政府發出指令,要求就日本人佔領西沙群島一事進行詳細調查。

實際上,在民國時期早就由國防會議議定由廣東省派警察若干前往西沙群島進行駐守並建立燈塔以明確主權,只是當時廣東省尚未統一,沒有辦法完成此項決議。1936 年廣東綏靖公署成立後,是年 11 月,廣東省建設廳轉發廣東省政府訓令,由建設廳與綏靖公署協議西沙群島的各項設備及管理以固國防:「應先設燈塔兩座以利航行,設短波無線電臺一座以通消息,派警經費,亦須先行確定,並派定輪船或電船常年來往西沙三亞,以資運輸,其他員警住室、食物儲存室、醫務室、淡水池、蒸汽機等亦當籌備完善。」〔註49〕

綏靖公署也通過建設廳向廣東省政府準報,定於本年春夏之交時再行探查西沙群島。由於外交部考慮到駐法大使顧維鈞的諫言,如在對法交涉期間派員進行調查恐生紛擾,故暫時擱置下來。

自接到日本人佔領西沙群島炮擊中國漁民之事後,廣東省綏靖主任公署一方面飭令瓊崖及瓊東兩縣縣長就近秘密調查,一方面籌劃巡視西沙群島。「奉鈞府本年 5 月 27 日建秘字第 5244 號及同月 31 日建秘字第 3486 號訓令以奉行政院令,飭由本署嚴密調查具復,同時奉廣東綏靖委員公署本年 6 月 2 日參字第六三六號密令以調查組第 4 組赴瓊之便,特飭該組長云振中主持該

〔註46〕《請查日本佔據西沙群島並在數島上建屋駐軍之詳情》,《外交部南海諸島檔案彙編》(上冊),第 352 頁。

〔註47〕《外交部致軍事委員會辦公廳函》,《外交部南海諸島檔案彙編》(上冊),第 352 頁。

〔註48〕《行政院魏秘書長函海軍部》,《東西沙群島開發案》,海軍總部檔藏,檔號:944/5090。

〔註49〕《關於日人佔據西沙群島炮擊我國漁民案》,《外交部南海諸島檔案彙編》(上冊),第 365 頁。

項秘查事宜。」〔註50〕廣東綏靖主任公署秘密命令以特派調查組第四組組長云振中來海南負責主持此項秘密調查事宜。

云振中組長於 6 月抵達海南。廣東綏靖主任公署派瓊山縣政府建設局局長余謙會同云組長及陸軍第一五二師副旅長葉賡常、本區保安副司令王毅等，於 6 月 20 日乘「海周艦」由海口啟程，前往西沙群島進行秘密巡查，6 月 24日巡查完畢返回海口。

秘密調查巡視西沙群島後，綏靖主任公署專員黃強向外交部長發函進行了報告：

> 職經 6 月 19 日會同廣東綏靖主任公署高級參謀云振中、參謀郭友亨、股長鄭賀文、陸軍 152 師副旅長葉賡常、參謀詹關英、獨立第九旅團、第 9 區保安司令部副司令王毅等人，乘海周艦於本月 20 日晨 4 點，從海口起航，下午 5 點到達萬安縣前大洲島停泊六時。一行人等全部登岸該島，該島係兩座高山中，連沙灘形成，形狀如豬腰，島上沒有居民，只有漁民搭建的草僚數間沙灘上，並有兩座小廟。島之東西均可寄錨，亦為國防之要塞也。日本以大洲島列為瓊崖海港之一，其重要可見。22 日下午四點由大洲島起錨向西南五十三度線直航。23 日上午十一時到西沙群島中之林島、石島，停泊與兩島之東北，即登陸調查，查的林島樹木甚茂，鳥糞甚多，僅有小廟一間，漁民棚僚兩間，三合土水池一口，蒸汽爐一座，以前所建鐵橋碼頭工廠及輕便鐵路皆以無存。查之石島亦有小樹及鳥糞，但兩個島並無日本人居住。覆查之林島漁民王家欽，據云，日本漁船每月常來西沙群島三四次，放魚炮捕魚，開槍奪漁民所得而去，並云法國戰艦亦常至其地。又云西沙群島之東南有海島，土名黃山馬島，距離林島水程約兩日，島上有淡水，有椰子樹百株，為中國漁民手植。該島於民國二十五年十一月被日本漁人所佔據，建有燈塔及房屋二十餘間，並立有石碑。……據海周艦長梁恒云該島係數九小島之一，本屬我國漁民根據地，後被法國佔領，而漁民所報為日本人佔據想係誤傳。職等在林島立石三方，石島立石一方（石碑錄記另詳）。六月二十三日上午五時四十五分由林島起航赴玲洲島。

〔註50〕《外交部密公函海軍部》，《東西沙群島開發案》，海軍總部檔藏，檔號：944/5090。

上午八時到達玲洲島即登岸調查一切，查得該島岩石為細小圓形石子結合而成，木樹為楓桐樹與林島無疑，但其樹木較林島為小，有鳥糞雜於沙石中，有漁民捕海龜甚多，並無日本人蹤跡，乃立石碑三方於該島之北端。午後十二時半向西北航行，下午三時到北島即登岸調查，查得北島漁民王家倫等捕得海龜百餘隻。該島無林木，僅有細小楓桐樹，高約二尺，亦無鳥糞，並無日本人蹤跡，乃立石碑六方於島上。下午八時半，起錨向北航行，經瓊崖之東，便六月二十四日下午七時半返回海口。職查西沙群島位於經線一百十一度至一百十三度，緯線十六度到十七度間，為航行香港西貢南陽間之孔道，對於國防上實為重要，且流水甚微，錨位甚穩，無風浪之時，足資軍艦之寄泊，況與瓊南之榔琊灣榆林港僅百餘海里，船艦往來朝發夕至，聯絡尚為便捷。雖然西沙各島均係淺灘，潮落水深及踵，舢板不能靠岸，既無港灣以泊船隻，復無高山以避風浪等缺點，但尚假人之建設以彌補其缺點，則可成為國防軍事上之要塞也。〔註51〕

由廣東省綏靖主任公署負責「海周艦」執行的此次西沙群島秘密巡航，不僅實地視察各島嶼，而且還在各主要島嶼埋下石碑作為主權標誌。根據其記錄的《西沙群島立碑記錄表》，當時埋藏的石碑如下：

（1）石島藏石碑一方於石島（對正林島）岸上老樹側即石島之南部距離岸邊五十英尺入土深一尺該石碑刻「視察紀念大中華民國元年立」等字。

（2）林島北便岸邊（對正石島）由藏石地點以羅盤測石島之右邊為 N280E 測石島之右邊則屬 N250E。

（3）在林島中央大路邊水井之西北距離井邊五尺處藏石碑一方刻「視察紀念大中華民國十年立」等字。

（4）在林島之西南孤魂廟仔（廟寬九尺高六尺）之後背相距廟牆六尺藏石碑一方刻「視察紀念大中華民國十年立」等字。

（5）在玲洲島之北端石上距岩邊大石邊七十五尺距離大石東邊六十二尺藏石一方刻「視察紀念大中華民國十年立」等字。

（6）在玲洲島北端路中心樹下藏一方刻「視察紀念大中華民國

〔註51〕 《第九區行政都察專員黃強 26.07.31 抄附西沙群島對立石碑記錄表乙紙》，《東西沙群島開發案》，海軍總部檔藏，檔號：944/5090。

元年立」蓋垢八寸。

　　（7）在玲洲島之東北端草棚後大石上距離草棚三十七尺藏石碑一方刻「視察紀念大清光緒二十八年立」等字。

　　（8）在北島東南小路口藏石碑一方刻「視察紀念大清光緒二十八年立」等字。

　　（9）在北島東南端南便岸邊角屋左角藏石碑一方刻「視察紀念大中華民國元年立」等字。

　　（10）在北島之南便岸邊屋前空地藏石碑一方刻「視察紀念大中華民國元年立」等字。

　　（11）在北島之南便岸邊草屋後藏石碑一方刻「視察紀念大中華民國元年立」等字。

　　（12）在北島之東南角對正中島處藏石碑一方刻「視察紀念大中華民國元年立」等字。

　　（13）在北島之北岸邊藏石碑一方刻「視察紀念大清光緒二十八年立」等字。〔註52〕

　　從「立碑記錄」來看，巡查組在「北島」上立石碑六方，在「玲洲島」上立石碑三方，在「林島」上立石碑三方，加上「石島」石碑一方共計13方。這些石碑並不採用公開國標立碑方式，而是地下藏石方式，顯示出民國在中日全面戰爭、國家存亡之際，為宣示西沙群島主權不得已而為之的處境。

　　廣東第九區行政督察公署黃強專員在給外交部長信函中最後語重心長地提出：「目睹該島形勢之危迫，願綢繆於未雨」〔註53〕。8月20日，外交部歐美司向黃強回函，表揚其對西沙群島敘述的詳盡，但也明確告知不能採納其意見：「該群島主權問題自應由部繼續向法交涉以期早日解決，至於黃山島據梁艦長說明係屬九小島之一，查九小島早經法國佔有，從與西沙群島無涉。」〔註54〕

　　在是否馬上進行西沙群島建設的問題上，外交部似乎與其他相關部門意見相左。國民政府軍事委員會於8月31日向外交部提交了《關於西沙群島現

〔註52〕《第九區行政都察專員黃強 26.07.31 抄附西沙群島對立石碑記錄表乙紙》，《東西沙群島開發案》，海軍總部檔藏，檔號：944/5090。

〔註53〕《關於日人佔據西沙群島炮擊我國漁民案》，《外交部南海諸島檔案彙編》（上冊），第367頁。

〔註54〕《西沙群島事》，《外交部南海諸島檔案彙編》（上冊），第369頁。

況及加強建設管理》〔註55〕的意見書。廣東省政府也於 9 月 2 日向外交部秘密諮詢派員調查西沙群島事宜。9 月 15 日，廣東省政府主席吳鐵城還給國民政府軍事委員會發信函，就抗日時期應如何處置西沙群島案請求指示：「西沙群島系列國防上重要海島，本府尚未准外交部，諮許實行探查計劃，當此抗戰時局，對於該島究竟如何處置方臻妥當。」〔註56〕

外交部於 9 月 6 日回函軍事委員會稱：「查閱關於西沙群島主權問題，自二十一年以來，迭經本部與法方往返交涉，法方一再延宕，迄無結果。在目前情形之下，本部意見，以為在交涉尚未達到相當程度之前，對於該群島任何積極之設施，結果恐益滋糾紛。至此次日本人炮擊我漁民一事，根據原呈，係在黃山島發生。黃山島為九小島之一，似與西沙群島無涉。」

外交部門基於西沙主權沒有最後確定，擔心此時進行西沙開發與建設，會與法國產生糾紛，而且日本炮擊漁民是發生在南沙九小島，與西沙群島無涉。9 月 28 日，外交部再次致函軍事委員會，強調：「因國策關係，現實似應不易有所動作」〔註57〕。

此時期日本開始佔領武漢、廣州，由於其軍事力量的不足和國際政治上的空前孤立，被迫轉入對華的持久戰爭。由於海南島的特殊地位，日本軍方急於佔領這一地區。民國政府感到情勢急迫，於 1938 年 6 月 21 日由外交部向駐法大使館發電，要求其查明如日本要佔領海南島，法國政府態度如何。而法國方面隨即於 7 月末日讓越南軍隊出兵佔領了西沙群島。

法屬越南軍隊佔領西沙群島似乎是民國政府沒有意料到的。7 月 6 日，外交部向駐法大使館發電報二次，要求其查復越南軍隊是否佔領西沙群島，並就越軍佔領西沙群島提出抗議：「近聞越南武裝隊伍已佔領西沙群島，查該群島主權向屬中國，法國政府對該群島之主張中國從未承認，上述消息如果確實，中國政府不得不提出抗議，並保留一切權利。」〔註58〕

法國派越軍佔領西沙群島實際上醞釀已久，據駐法國大使顧維鈞給外交

〔註55〕《關於西沙群島現況及加強建設管理》，《外交部南海諸島檔案彙編》（上冊），第 369～373 頁。

〔註56〕《密（時值抗戰時局究應如何處置西沙群島案）》，《外交部南海諸島檔案彙編》（上冊），第 382 頁。

〔註57〕《西沙島事》，《外交部南海諸島檔案彙編》（上冊），第 383 頁。

〔註58〕《越軍佔領西沙群島我將提出抗議》，《外交部南海諸島檔案彙編》（上冊），第 386 頁。

部電報中報告稱，法前殖民部長穆岱曾言：「中日戰事發動後，曾與法國外部商定派越南保安隊駐西沙群島以阻日本窺視而遙制日本侵佔海南島之動機，此舉純為保護越南安全及假道越南之海航線與中法雙方所持立場毫無影響，該群島主權根本問題仍等將來依照法律解決，如我能允許於海南島設商用機場更足遏滅該島之野心。」〔註59〕

法國不但利用越南軍隊來佔領西沙，還聲稱西沙群島屬於「越南」，並向民國外交部提出要在西沙修建燈塔，甚至辯稱越軍佔領西沙群島是在阻止日侵佔海南島。

中國駐巴黎大使顧維鈞馬上會晤法國外交部長，向其諮詢越南軍隊佔據西沙群島的情況。才得知實際上法國於1937年就已經派遣越南軍警佔領了西沙群島，並於是年10月開始在西沙修建塔觀象臺。法國外交部長還強詞奪理地強調在去年9月的時候就曾就此事通知了中國政府。他還聲稱此案將來應需交涉解決，此時中國政府可在聲明立場保留一切權利。

日本也向法國提出抗議，抗議的理由是西沙群島係屬中國。最後顧維鈞提出「該島主權之屬華我素堅持，現在日人同樣主張甚至向法抗議意在窺伺，目前我方究應當嚴重抗議，抑僅重申我國立場，正式聲明保留一切權利，以待日後繼續交涉解決。」〔註60〕

同日，顧維鈞大使還向外交部發出第三封電報，彙報日本外交部向法國抗議情況：「謂中日戰事初起時，法方曾謂口方在此中法爭議中之島嶼不取任何行動，今法先行為犯上項默契，尤以該島屬於日海封鎖區域內，故日方深以為遺憾。」〔註61〕

7月8日，河內總領事館致電外交部，議請密約法國共同經營西沙群島，提出日本人佔領海南島，恫嚇法國人，越南方面也人心惶惶，此次越南佔領西沙群島，無非是對日本人做法表示堅決的反對。法國不能放棄越南，但以法國目前的實力，雖然佔領西沙群島，卻沒有能力窺視海南島，所以提出：「在我國多事之秋，對此除空口抗議外實無他法，與其抗議無效徒傷感情，毋寧密約

〔註59〕《法方越軍佔領西沙群島在阻日侵佔海南島》，《外交部南海諸島檔案彙編》（上冊），第386頁。

〔註60〕《對法占西沙群島我究應持何立場》，《外交部南海諸島檔案彙編》（上冊），第395頁。

〔註61〕《日外次向駐日法大使面交抗議書》，《外交部南海諸島檔案彙編》（上冊），第395頁。

共同經營，以此間便利運輸交換條件為愈。」〔註62〕

外交部於7月9日致電駐法大使館，要求其對西沙群島事暫勿做任何表示。

7月30日，外交部再次致電法國大使，要求其以節略向法聲明我擁有西沙群島主權：「法政府既承認已派警察至西沙島，我方自應有相當表示，但只需用節略聲明中國政府向認為該群島主權屬於中國，現中國政府保留一切權利。」〔註63〕法國方面通過駐法大使館向中國表示，佔領西沙是為了保證其在印度支那的權力，不願與日本就西沙島問題有所交涉，表示願意以友誼來解決西沙島問題，稱：「該島僅中法兩國有關係，第三者無權過問。」〔註64〕

小結

綜上所述，法國以「七洲島」問題提出西沙群島問題，最根本的出發點是擔心西沙落入日本之手。法國向中國提出「七洲島」問題後，於1932年6月16日由法國駐廣東領事向日本駐廣東領事須磨彌吉郎提出在歷史上西沙群島應屬安南王國，中國在該群島沒有任何設置。1933年3月，日本退出國際聯盟，侵佔整個中國態勢已經顯現，對法國控制的印度支那邊境地區構成威脅，法國對整個南海諸島的態度發生巨大轉變，不僅在西沙有主權要求，還出兵佔據南沙九小島。國民政府在外敵入侵內外交困的情況下，開始就西沙問題與法國進行交涉。整個交涉過程顯示，民國政府對南海諸島的認知十分匱乏。當法國政府以「七洲島」問題提出要求西沙群島的主權之時，民國政府內部似乎事前沒有任何知曉，各部門對西沙及南沙群島的情況沒有基本的瞭解，在事件爆發之時才各處搜集相關資料。這些都說明當時的民國政府在內憂外患之時沒有基本的海疆意識，也缺乏對南海諸島在地緣上作用的認識。但法國提出「七洲島」問題以後，民國政府還是竭盡全力保衛西沙群島的主權，並在西沙幾個重要島嶼埋藏石碑來確保中國對西沙的主權，這一點在歷史上是值得肯定的。但由於中日全面戰爭後，日本也企圖吞併西沙群島，民國政府已經無力再經營

〔註62〕《議請密約法國共同經營西沙群島》，《外交部南海諸島檔案彙編》（上冊），第396頁。

〔註63〕《以節略向法聲明我擁有西沙群島主權及注意法方行動及日本對法之表示》，《外交部南海諸島檔案彙編》（上冊），第398頁。

〔註64〕《法方表示將以友誼解決西沙群島問題日方無權過問》，《外交部南海諸島檔案彙編》（上冊），第398頁。

西沙群島，致使法國派出越南軍警佔據西沙群島。中法間雖達成日後以友誼解決主權，但後續已無交涉，造成戰後中國政府接收西沙之時，法國政府提出西沙主權應當屬於「安南王國」，成為越南侵佔西南沙群島的歷史依據，實令人遺憾。

第七章　法占南沙「九小島」及民國政府的「靜觀」政策

　　南沙群島在地緣上扼太平洋至印度洋海上交通要衝，為東亞通往南亞、中東、非洲、歐洲必經的國際重要航道，獨特的地理位置決定了它重要的戰略價值。法國在第二次鴉片戰爭期間，開始武力侵佔越南南部（交址支那），使越南南部六省淪為法國的殖民地，1885 年，利用中法戰爭強迫整個越南成為法國的殖民地。南沙、西沙等地處南海航道的要衝，是法國維持保護印度支那殖民地外圍的天然屏障。法國對南海諸島的主權要求是隨著日本侵佔中國，威脅到中國與印度支那邊境地區，採取防範措施而產生的。1931 年「九一八事變」之後，日軍很快侵佔整個東北地區，並成立偽滿洲國，此後陸續在華北地區及上海等地製造事端、挑起戰爭，而民國政府採取「攘外必先安內」的妥協政策，將主要精力用於消滅共產黨，使日本南進趨勢明顯，開始對法國控制的印度支那邊境地區構成威脅。西南沙群島為印度支那的海上前沿，既是天然屏障也是戰略要衝。法國為了維持其對印度支那的控制，開始逐步推行實際佔領西、南沙群島的戰略。1931 年 12 月，法國假借所謂「安南南嘉隆王明命王」曾出征西沙，主張西沙群島應當歸法國所有，並否認中國清政府在 1909 年對西沙群島的主權宣示。1933 年 3 月，日本退出國際聯盟，此舉促使法國對南沙群島的態度發生了巨大的變化。4 月初，法國派出四艘巡洋艦組成艦隊巡航南沙群島多個島礁，並在這此島嶼上埋下石碑或水泥標誌物，並於 7 月 21 日正式對外宣布擁有南沙「九小島」主權。

一、法國佔領中國南沙「九小島」

　　近代日人覬覦吞併南沙群島的行動在時間上要早於法國殖民者。法國殖

民南越後，西、南沙對法國的重要性日益顯現出來。「法屬交趾支那」介於日屬臺灣、美屬菲律賓、荷屬婆羅洲、英屬馬來半島之間，此數國皆有與法為敵之可能性，尤以日本、英國為憂。西貢軍港偏在南方，對於東岸海上之軍事行動有諸多不便，故西沙、南沙諸島作為「交趾支那」海岸的外圍，成為其天然屏障，構成法國戰略防線的重要一環。因此，佔據西沙群島，向南沙諸島滲透，成為法國在「交趾支那」戰略防衛的當務之急。

日本拉薩磷礦株式會社在南沙開採磷礦時期，該公司及其他人也曾非正式向外務省、海軍部提出將該地併入日本領土的要求。為此，外務省曾做過大量的調查，但基於各種關係，無法決定臺灣以南的中國海中島嶼的所屬。日本公司雖對上述島礁進行殖民開拓掠奪，但這些島礁終未被日本劃入「版圖」。1929 年，資本主義世界的經濟危機也影響到日本，是年 4 月，拉薩在南沙偷採的人員全部撤回。

法國趁機全力加強對西沙群島的侵略。在 1925 年 3 月 23 日的一份內部文件中，法屬交趾支那總督認為應當把南沙置於越南巴里省之下。〔註 1〕但1927 年 12 月，日本駐河內領事黑澤二郎曾向印度支那政府詢問南沙的法律地位，當時其總督府外務部長的回覆卻是：「印度支那方面與該島嶼沒有任何的關係，對其所屬問題也不甚瞭解，但位於海南島南部的西沙群島曾經屬於安南國王所領有，根據這樣的歷史關係，曾數次對西沙群島進行調查，為保證航行到該群島附近的船隻安全，還企圖設置燈塔，但工事建築極為困難，暴風雨季島上看守人的飲用水及食料等的供給也是問題，因此還沒能實現。該群島的歸屬問題曾經遭到中國方面的抗議，但並沒有承認該群島為中國所領有的根據。法國方面保證航海上的安全，時常派遣巡邏船，但法國佔領西沙群島和南中國海的島礁問題完全沒有關係。」〔註 2〕這表明此時期法國只強調西沙群島的主權，似乎還沒有覬覦南沙的想法。

從 1927 年底到 1928 年底之間法屬交趾支那總督遞交法國殖民省殖民地管理部的報告及與法國亞太總部的通信中可以看出，法國此時還沒有顧及到南沙群島的主權問題，並主張「邏輯上他們更應該屬印度尼西亞群島而不是印度支那半島的一部分。這些島嶼無論從政治上還是從地理上和安南海岸

〔註 1〕黎蝸藤，《南海百年紛爭史》，第 76 頁。

〔註 2〕〔日〕《各國領土發見及帰屬関係雑件／南支那海諸礁島帰屬関係第一卷》之《8 昭和 2 年 11 月 1 日から昭和 3 年 3 月 8 日》，JCAHR: B02031157900; B0 2031158800。

線無關。」〔註3〕

　　1927 年時，法國戰艦「德拉內桑號」曾往南沙群島進行考察。黎蝸藤在《南海百年紛爭史》中提出法國此次南沙考察「並沒有遭到中國的抗議。通過這些研究，法國基本形成南沙是無主地的結論，有報告認為如果認定南沙群島是無主地，應該採用符合國際法的舉動，才能宣誓法國的主權」〔註4〕。筆者認為這是作者有意之行文。1927 年時，日本拉薩磷礦株式會社還在南沙各島嶼上進行採礦作業，如果此時法國船到南沙考查，應當有所記載，但日本檔案中並沒有查到相關記載。另外稱「沒有遭到中國的抗議」就可得出是「無主地」結論的說法也是著者之刻意。

　　日本人在南沙的採礦活動引起了法國的關注，「法外交部就此事與海軍部、殖民部、印支總督反覆協商，決定派印支海軍以適當形式調查南沙群島」〔註5〕。1929 年拉薩磷礦公司退出南沙群島，為法國採取實際行動提供了契機。

　　1930 年 4 月 13 日，法國派炮艦「馬立休士」號到南威島進行非法「測量」，「隨船前往的法屬印度支那海洋學研究院教授休戚（Chevey）對該島的地質及自然資源進行了勘測和記錄，該艦艦長海軍大尉多拉妥羅（Delattre）命屬下測繪該島之地圖和水路圖形，鳴炮插旗，以示佔領，並記錄攝影」〔註6〕；「在法國一份內部地圖上，法國要佔有的區域為東經 111～117 度北緯 7～11 度的區域」〔註7〕。但法國當時並未對外宣布此次南沙探險，卻引起了英國的注意。

　　4 月 30 日，英國駐西貢總領事在給外交部的電文中報告：「法國所宣稱兼併的斯普拉特利島或暴風之島，似乎就是英國在一八七七年所兼併的島嶼。當地政府宣稱他們接受的是法國外交部的命令。」〔註8〕文中所說的 1877 年所

〔註3〕黎蝸藤，《南海百年紛爭史》，第 76 頁。

〔註4〕黎蝸藤，《南海百年紛爭史》，第 77 頁。

〔註5〕莫尼克·舍米耶-讓德羅，《西沙、南沙群島的主權》，馬丁努斯奈霍夫出版社，2000 年版，第 224 頁。轉引自郭淵，《南海九小島事件與中法日之間的交涉》，世界歷史，2015 年第 3 期。

〔註6〕《在二十世紀所佔領之一島》（法文報），中華人民共和國外交部檔案館，檔案編號：105-00460-04。轉引自郭淵，《南海九小島事件與中法日之間的交涉》，世界歷史，2015 年第 3 期。

〔註7〕黎蝸藤，《南海百年紛爭史》，第 77 頁。

〔註8〕Geoffrey Marston, Abandonment of territorial claims: the case of Bouvet and Spratly Islands, British year book of international law, Vol.57, 337-356.轉引自黎蝸藤，《南海百年紛爭史》，第 77 頁。

兼併島嶼是指「英國婆羅州政府向商人批出斯普拉斯特島（南威島）和安波沙洲開發權一事。一八七七年九月，一個美國人 Graham 與兩個英國人 Simpson 和 James，向英國殖民地沙巴的納閩區（Labuan）當局提出申請，要求在南沙斯普拉特利島和安波沙洲豎立英國國旗並開採磷礦。代理納閩首長兼代理婆羅州總督 W.H.Tereacher 簽署文件確認了這個申請，並指出這個申請已經被英國外交部大臣批准，但如果十年內沒有開發或者連續五年沒有開發的話，這個許可權將會被取消。同時，Treacher 還建議，由於這兩個島嶼並不在納閩的地界，申請者需要再到婆羅洲總督辦公室去登記。三個人照做，於是一八七七年英國在《香港及海峽殖民地憲報》中刊登出對這兩個島嶼的管轄和經營權事項。自始，這兩個島嶼就作為英國的領地記錄在英國的檔案中。」〔註9〕

1888 年，另一間磷礦開採公司「中央婆羅洲公司」也提出了對這兩個島嶼的開發權。「於是一八八九年波羅洲殖民政府派出一艘英國船到這兩個島嶼進行考察，發現一八七七年申請在此開採磷礦的那幾名商人並沒有在這裡開採磷礦，於是原來頒發給他們的許可證就失效。在英國殖民地和外交部的同意下，婆羅洲政府把這兩個島嶼的開採許可證頒給中央婆羅洲公司，關於之後的事情如何發展並沒有詳細的記錄，但似乎該公司也沒有實際開發。」〔註10〕

如果按此說法，最早對法國探險南沙群島提出異議的是英國。「西貢總領事館同日稍晚的電文再次解釋，法國實際宣稱的是整個北緯七到十一度之間，東經一一一到一一七度之間的所有島嶼。英國迅速整理了歷史答案，評估了該群島的重要性。五月二十一日，英國以歷史檔案為依據，向法國提出了交涉，因為該島嶼早已是英國的一部分，也從來沒有被英國放棄屬英國的領土。法國大感意外，因為法國對此事一無所知，在研究了英國人的證據後，法國提出了反駁，因為沒有證據顯示當時的申請人曾經在島上升起英國國旗，該島嶼也沒有隸屬於特定的行政區，因此不認為是有效佔領的證據。」〔註11〕

〔註 9〕 Geoffrey Marston, Abandonment ofterritorial claims: the case of Bouvet and Spratly Islands, British year book of international law, Vol.57, 337-356. 轉引自黎蝸藤，《南海百年紛爭史》，第 77 頁。

〔註 10〕 Geoffrey Marston, Abandonment ofterritorial claims: the case of Bouvet and Spratly Islands, British year book of international law, Vol.57, 337-356. 轉引自黎蝸藤，《南海百年紛爭史》，第 78 頁。

〔註 11〕 Geoffrey Marston, Abandonment ofterritorial claims: the case of Bouvet and Spratly Islands, British year book of international law, Vol.57, 337-356. 轉引自黎蝸藤，《南海百年紛爭史》，第 79 頁。

　　如果按黎蝸藤在《南海百年紛爭史》中的說法，南沙群島中的「南威島」及「安波沙洲」早在 1877 年時就已經為英國所領有，故法國在 1930 年侵佔南沙時只與英國進行交涉，而且還約定不公開處理這個問題，故「一九三０年九月二十三日法國通過新聞稿方式向各方通報這一事件，並宣稱法國佔領了南沙群島而英國在公開場合併沒有對此進行抗議。」〔註12〕

　　筆者有一點疑惑，如果法國在 1930 年就以新聞稿的方式對外通告佔據了南沙群島，那麼中國及日本都沒有任何反映，這似乎不太可能。而黎蝸藤將 1933 年法國再次非法進入南沙說成是「為了堵住英國人的口」的說法，筆者也不以為然。筆者認為日本在中國勢力向南大舉擴張，使法國意識到法屬印度支那殖民地的壓力，這應當是首要原因。

　　1931 年日本發動「九一八事變」，進攻中國東北。1932 年日軍進攻上海。日本對中國控制面積的增大，使法國人考慮到佔領西沙群島，加強法屬印支防禦縱深的必要性。1932 年 6 月 15 日，印度支那總督簽署頒布 SC-152 號議定書，決定將帕拉塞爾群島（西沙群島）置於承天省管轄，設立留駐官管理。而南沙群島處於法屬殖民地通往豪州的要衝，佔領南沙群島才能與西沙共同形成法屬殖民地外圍。

　　1933 年 3 月，日本退出國際聯盟，此舉使法國對南沙群島的態度發生了巨變。4 月初，法國巡洋艦「阿斯特羅巴爾號」（Astrolabe）、「警報號」（Alerte）和測量艦「德拉內桑號」（De Lanessan）組成艦隊，再次赴南沙群島。4 月 6 日，艦隊到達南威島，7～12 日，艦隊先佔領安波沙洲，隨後駛向東北，到達鄭和群礁，登陸太平島，向北登陸雙子島、南鑰島、中業島等島嶼，揚起法國旗，並在這此島嶼埋下石碑或水泥標誌物，示其佔領。

　　法國在探險南沙這些島嶼時，各島都遇到有中國人居住。「一九三０年時斯帕拉島上，即有三人。一九三三年更報告，『當時西南島上，既有居民七人。其中孩童兩人。帝都島上，計有居民五人。斯帕拉島上既有居民四人，較一九三０年且增一人。羅灣島上有華人所留之神座茅屋水井等。伊都亞巴島則雖不見人跡，而發現有中國字牌……』一些中國人還對法國的行動表示了反抗，比如等法國人撤離後，砍斷法國的旗杆等。」〔註13〕這也證明了小倉卯之助在其

〔註12〕Geoffrey Marston, Abandonment of territorial claims: the case of Bouvet and Spratly Islands, British year book of international law, Vol.57, 337-356.轉引自黎蝸藤，《南海百年紛爭史》，第 79 頁。

〔註13〕黎蝸藤，《南海百年紛爭史》，第 93 頁。

著作《暴風雨之島》中所記載屬實，說明中國漁民在南沙各群島挖掘了井戶、建有小屋、築有廟宇，並在各島之間從事漁業作業及生活。

　　1933 年 7 月 15 日，法國在媒體上先公開了「阿斯特羅巴爾號」、「警報號」兩艦船員的照片和佔領諸島的照片，為佔據南沙群島作「宣告」。7 月 25 日，法國政府公開發布公報，宣稱獲得南沙群島的「主權」，並列出了其中六個島嶼的名稱：

　　　　一、北緯 8° 9'、東經 110° 55'分之斯普拉特利島（西鳥島／南威島）及附近島礁。（1933 年 4 月 7 日佔領）

　　　　二、北緯 7° 52'、東經 112° 55'分安伯音島（丸島／安波沙洲）及附近島礁。（1933 年 4 月 7 日佔領）

　　　　三、北緯 10° 22'、東經 114° 21'之伊查巴島（長島／太平島）及附近島礁。（1933 年 4 月 10 日佔領）

　　　　四、北緯 11° 29'、東經 114° 21'分之北二子島及南二子島（北小島／南小島）及附近島礁。（1933 年 4 月 10 日佔領）

　　　　五、北緯 10° 42'、東經 110° 25'分之羅埃塔島（中小島／南鑰島）及附近島嶼。（1933 年 4 月 11 日佔領）

　　　　六、北緯 11° 7'、東經 114° 16'之三角島（中業島）及附近島礁。（1933 年 4 月 12 日佔領）〔註14〕

二、民國政府就「九小島」問題的處置

　　此時，法國正以「七洲島問題」為由企圖吞併西沙群島，民國政府竭力搜集各種史料與法國交涉。後法國又佔領了南沙九小島，給民國爭取西沙群島的鬥爭帶來了更加複雜的局面。外交部門在接到法國佔領南海九小島的消息後，馬上於 7 月 17 日向駐馬尼拉總領事館發出電報，詢問這些島嶼是否為中國西沙群島：「報載法國將菲島與越南間之九小島佔據，該島在菲律賓領海外約二百海里，有中國漁民居住其上等語，究竟該小群島位於何處？是否即西沙群島及島上現在有無中國人居住。」〔註15〕同時外交部還向海軍部及中國駐法大使館發電進行查詢，以便對法展開交涉。

〔註14〕轉引自：《南海諸島國際紛爭史》（浦野起英著，楊翠柏等人譯），南京大學出版社，2017 年，第 143～144 頁。

〔註15〕《法國佔領南海九小島由》，《外交部南海諸島檔案彙編》（上冊），第 27 頁。

　　海軍部長陳紹寬於 7 月 19 日向外交部回電，就外交部所諮詢法國佔領九小島的具體情況進行了答覆：「查東京一一五度北緯十度之地點係在菲島與安南之間並無九小島，其在菲島與安南之間迤北所稱九島即係西沙群島 IIes Paracels 與瓊州島相聚密邇各有經緯度之位置海圖中位置分組其稱謂月形組者 Crescent Group 有四島曰羅伯特島 Robert Island 曰福陶爾島 Pattle Lsland 曰錢財島 Money Island 曰都蘭莽島 Drummond Island 稱為海神組者 Amphitrite Group 有三島曰樹島 Tree Island 曰茂林島 Woody Island 曰石島 Rocky Island，其在該組之東者有一島曰林康島 Lincoln Island 其在該組之西南者有一島曰土萊塘島 Triton Island 共計九島嶼，各有專名瓊崖之人散居各島捕魚為業，委係我國領土。」〔註16〕海軍部同時將西沙群島中被稱為「九島」的九個島嶼的經緯度及島嶼名稱一併報告給外交部。

　　實際上海軍部將法國所宣布佔據的「九小島」混淆成西沙群島中的九個島嶼，顯示出其對西南沙群島地理知識的匱乏，也說明當時民國政府對南海各島群認識的混亂。

　　外交部雖從海軍部答覆中得知法國所佔之島嶼在經緯度上並不屬西沙群島，但海軍部的答覆令外交部更為惶恐，於是外交部於 7 月 24 日向廣東省政府發出諮詢電報。

　　法國政府於 7 月 25 日正式宣布所佔的「九小島」屬於法國領土。但民國外交部門在此時還沒有弄清楚法國所宣稱的「九小島」是屬於西沙附屬島嶼還是其他島嶼，於是於 7 月 27 日再次向駐法大使館發電，要求速詳查明確定法國佔領的島嶼「確否所稱九小島其名稱、位置經緯度數如何，並是否即係西沙群島」〔註17〕。

　　民國政府雖然不確定法占九小島是否屬於西沙群島還是其他島嶼，還是於同日發表了聲明：「菲律賓與安南間珊瑚島，僅有我漁人居留島上，在國際確認為中國領土，頃得法方官報，竟正式宣言佔領，何所依據而出此，法政府亦未宣布其理由，外部除電駐法使館探詢真情外，現由外交海軍兩部積極籌謀應對辦法，對法政府此種行動，將提嚴重抗議。」〔註18〕

〔註16〕《復報載法占各島係西沙九島附抄各島距離經緯度請查照》，《外交部南海諸島檔案彙編》（上冊），第 28～29 頁。
〔註17〕《法占九小島事》，《外交部南海諸島檔案彙編》（上冊），第 31 頁。
〔註18〕《外部準備提抗議》，《申報》，1933 年 7 月 27 日第三版。

7月29日，當時駐馬尼拉大使鄺光林致電外交部，告知法國所佔之九小島並非西沙群島：「法國所佔中國海小島距離菲律賓 PALAWAN 島西二百海里，在我國海南島東南五百三十海里，西沙群島之南約三百五十海里，位於北緯十度十二分及東經一百十五度之間，有海南人前往捕魚海產。」〔註19〕

31日，北平圖書館袁同禮也向外交部發電，並提供了英國陸軍部最近印製的地圖，來證實海軍部所言法國人所佔島嶼為西沙群島是錯誤的：「英國陸軍部近印馬來群島地圖，在各小島名稱上，足以證明珊瑚九島為中國領土，位在西沙群島之東南相距七、八百公里。」〔註20〕同日，中國駐巴黎大使館給外交部回電告之法國所佔島嶼並非西沙群島。

結合7月25日法國發布的公告和多方消息，民國外交部終於知道法國所宣稱佔據的「九小島」並非西沙群島，而且不是九座島嶼而是七座島嶼。

中央社7月31日發布公告糾正了「九小島」即西沙群島的錯誤說法，但對法占島嶼數字並未做更正，《申報》轉載報導：「法國在中國海所佔之九小島，總名 Tizardbank，距斐律賓 Palawan 島西二百海里，在我國海南島東南五百三十海里，西沙群島之南約三百五十海里，處北緯十度十二度及東經一百十五度之間，該處時有海南人前往採捕海產物，前傳九小島即係西沙群島，不確。」〔註21〕

需要特別提出，黎蝸藤在《南海百年紛爭史》中就此史實有意簡單地引用《英文北平時事日報》記者王公達於3月31日寫給外交部的信件其中稱南沙「不是西沙群島，更不是中國領土」，而忽視了上述其他檔案，也是別有用心。

基於這些島嶼有中國漁民捕魚並稱涉及日法爭議，駐法國大使顧維鈞還是建議派軍艦前往實地考察：「法國佔據小島共計七座位於安南小呂宋間，本月二十四日法外部照會駐法日大使聲明保留答覆權，又謂東京消息該島數座前經日商佔據經營肥料，並於一千九百十八年請求日政府正式佔領未成，惟抵此間官場說明法佔領專為便利測量及樹立浮標並以日政府雖經請求佔領未允之，故該島法國各另電其緯度查明電覆再南北洋群島凡屬版圖海軍部必有海

〔註19〕《關於法占中國海占島事》，《外交部南海諸島檔案彙編》（上冊），第32～33頁。

〔註20〕《關於珊瑚九島事檢送馬來群島查收備考》，《外交部南海諸島檔案彙編》（上冊），第35頁。

〔註21〕《申報》（上海版），1933年8月1日，第13版。

圖可查，事關領土能否派軍艦實地查考請酌核辦？」〔註22〕

　　民國政府此時最擔心的是西沙群島被日本所佔領，於是外交部於8月2日向海軍部發出電報，要求海軍部火速派艦隊前往西沙群島進行巡察，以防被日本佔據：「距臺北三十一日電訊，因法國政府以簡單之聲明得以決定所佔九島之屬籍，日本政府亦將以同樣手段佔據於臺灣關係最深之西沙群島等語。查西沙群島其東北有東沙島遙相對峙，為我國廣東省臨海二大群島之一，其位置在東京一百十度至一百十二度及北緯十五度到十六度之間。貴部去年三月二十九日來函諮確定引證為我國領土，且有該島悠久之歷史，不得任何人佔據。茲據報載日方圖占事實可慮，不得不事先防範，即希貴部火速派艦前往駐守以免萬一。」〔註23〕

　　同日，外交部也致電廣東省政府，告知已商海軍部派艦隊駐守西沙群島，並希望廣東省政府給予協助，同時告知外交部將先向法大使提出聲明：「在未經確實查明前對於法國之宣告保留其權力」〔註24〕。

　　此時外交部門雖然已經確定法國所佔島嶼並非西沙群島，但究竟這些島嶼屬地關係如何，似乎依然不明確。臺灣總督府在此時亦加入其中，提出：「法國所宣言先占之島，與臺灣關係最深之西沙群島或有不同，然若如法國以簡單之聲明，決定屬籍，日本亦將以同樣之手段，取得西沙群島。據臺灣總督府之書類，該地之屬籍，雖不明了，然從事業關係觀之，當然屬諸平田氏，該氏係以武力佔領此海賊巢之島者。」〔註25〕

　　日本以臺灣總督府的名義不僅正式提出要佔領西沙群島，還以平田氏對南沙一些島嶼的開發為由，向法占「九小島」提出主權權力要求。

　　民國外交部門似乎對臺灣總督府的介入沒有預期，對日本偷偷開發南沙群島更是一無所知。但事涉西沙群島，所以外交部決定分兩方面同時進行，一面就法占島嶼相關關係詳細調查該島隸籍問題，同時向法國大使館發出照會，請將法國佔領各島名稱及其經緯度查復，並聲明在未經查明前，中國政府對於

<hr />

〔註22〕《關於法占中國海小島事》，《外交部南海諸島檔案彙編》（上冊），第35～36頁。

〔註23〕《密（為防日方佔領西沙群島為我國應帶派艦駐防）》，《外交部南海諸島檔案彙編》（上冊），第37頁。

〔註24〕《密（協助海軍部派艦駐防西沙群島）》，《外交部南海諸島檔案彙編》（上冊），第38頁。

〔註25〕《法占九小島節略》，《外交部南海諸島檔案彙編》（上冊），第44頁。

法國所佔該島宣言，保留其權力。而對於西沙群島，則請海軍方面派艦隊前去，嚴密進行巡視，以防日本以同樣方式武力侵佔，並調查法方宣戰各島嶼之實際的情況。

外交部還草擬了給法國的照會：「法國政府，現將安南與菲律賓間中國海內之九小島，堅旗佔領；並正式宣告該小島自後將屬法國領土。中國政府對於此舉甚為重視，擬請貴公使將各島名稱、地位、及其經緯度分數，查明見復。中國政府在未經確實查明前，對於法國政府上訴之宣言，保留其權力。」〔註26〕

法國宣布佔據南沙「九小島」後月餘，國民外交部門還沒有搞清楚法國所佔島嶼的具體情況，還要向法國公使要求所佔島嶼的具體信息，外交部發言人甚至稱向法國抗議的前提是法國所佔島嶼為「西沙群島」，更可笑的是時任國防委員的張其昀竟然說「南海除西沙外再無他島」，對此北平時事日報社的王公達評價「這真是我國學術界的奇恥大辱，武力不如人，財力不如人，洞察力也不如人」〔註27〕，這說明當時民國政府對南海諸島的瞭解非常淺薄，其對海疆的重視更無從可談。

8月4日，海軍部也向外交部發出電報，提出法國佔領各島是中國領土：「經貴部根據各方報告，認為係名 TIZARD BANK 島，按照中國海指南，所在該島內有海南漁民久在該島營業，該書如此刊行，各國從無異議，海外之島係屬何國，所有以居住該島之人為憑，瓊崖地方政府更當有其他歷史，資以證明，仍請繼續交涉，冀避免損失。至西沙群島，係屬我國領土，且有悠久之歷史，自非他國所得佔領，今日日本政府既有採用法占菲律賓安南間各島嶼手段，占取該島之消息，我國自應早為防範。尚請貴部以外交方法，預行設法制止，俾此事不致實現。如日本蠻不講理，則該國及臺灣均屬島嶼，我國亦可採取同樣手段占取該國各島。」〔註28〕

外交部接到海軍部的電報後，將早已擬好的照會於同日發給法國駐中國大使館，要求其提供被佔據島嶼的名稱、地理位置及其經緯度等。

8月5日，中國駐巴黎大使館電告南京外交部，據法國外交部稱，所佔據

〔註26〕《外交部擬致法韋使照會（密）》，《外交部南海諸島檔案彙編》（上冊），第45頁。
〔註27〕《英文北平時事日報社王公達至羅部長函》，《外交部南海諸島檔案彙編》（上冊），第49頁。
〔註28〕《密（防範日本意圖佔領西沙群島）》，《外交部南海諸島檔案彙編》（上冊），第49～50頁。

的九島在安南和菲律賓之間，係航線之要道，其附近非常的險峻，經常有船隻在此遇險，故佔領以便建設防險措施，並說明這些島嶼與西沙群島毫不相干，同時也告知我國誤將「七洲島」認為西沙群島，實質上七洲島在南五百海里處。

由於法國同時要求西沙和南沙九小島的主權，且日本也參與其中，故民國政府更加難以確定法國的真實想法。8月5日，廣東省政府向外交部致電報告法國政府佔領南沙的真正意圖可能是要佔領西沙，而日本方面也似乎突然借題造謠，意欲佔領西沙。申時社也於8月7日向外交部報告了日方在法占「九小島」後軍部與日外務省意見相左：「日外省主向法聲明保留日本權力，軍部則倡主權，日本向法提抗議，認外省為軟弱外交頗不滿。」〔註29〕

8月7日，中國駐法大使館向外交部回電，提供了法國海軍部繪製的精緻地圖及各島經緯度位置。8月10日，法國駐中大使也將法國所佔島嶼具體的名稱及經緯度報送給民國外交部。歷經月數，民國外交部終於確定法國所佔島嶼的詳細情況。根據法國提供的情報，這些島嶼具體名稱和經緯度位置如下表：

法稱所佔島嶼名稱	所佔島嶼現名	經緯度
斯巴拉脫來 Spratly	南威島	北緯八度三十九分、東經一百十一度五十五分
開唐巴亞 Caye d'Amboise	安波沙洲	北緯七度五十二分、東經一百十二度五十五分
伊脫亞巴 Itu Aba	太平島	北緯十度二十二分、東經一百一十四度二十一分
雙島 Deus-Iles	雙子島	北緯十一度二十九分東、東經一百一十四度二十一分
羅愛脫 Loaita	南鑰島	北緯十度四十二分、東經一百一十四度二十五分
西德歐 Thitu	中業島	北緯十一度七分、東經一百一十四度十六分

外交部在獲悉法國佔據的7個島礁詳情後，馬上於8月11日向廣東省政府發出電報，請廣東省政府調查有無其他有力證據來證明這些島嶼係我國領土，同時查問與西沙群島中「東島」西文名稱相同的島嶼是否是西沙群島中之某個島嶼之別稱。

〔註29〕《關於法占九小島事》，《外交部南海諸島檔案彙編》（上冊），第60頁。

當民國政府還在調查法占「九小島」地理位置，求證這些島嶼所屬關係之時，日本外務省於 8 月 3 日發表正式聲明，表示要就這些島嶼與法國進行交涉。8 月 19 日，日本政府正式向法國提出抗議，敘述了日本人在該島嶼經營經過情形，闡述該島應歸日本人之理由，要求各國尊重日本在該島的主權及利益，還對法國未經諮詢其意見就宣告佔領表示遺憾。對此法國方面沒有進行答覆。

而此時菲律賓也加入這一島嶼的爭議之中。8 月 22 日，菲律賓前議員根據《巴黎條約》領海界限，認為法屬島嶼應為菲律賓所有，要求政府進行交涉。當時菲律賓為美國殖民地，但美國政府並沒有認可該議員的說法，美國駐菲律賓海岸測量局局長稱：「根據 1898 年美西戰後巴黎合約該項小島已在菲律賓群島規定海岸線之外，並非菲島領土」〔註30〕。這是近代菲律賓第一次對南沙群島主權提出意見。

三、民間力爭南沙主權

1933 年 2 月 24 日，國聯大會以 42 票贊成，日本 1 票反對，通過了 19 國委員會關於接受《李頓調查團報告書》決議，重申不承認偽滿洲國。日本於 3 月 28 日以抗議該報告書為由，宣布退出國際聯盟，致使國聯的調查報告書實際上成了一紙空文。事實證明，國聯的活動和《李頓調查團報告書》，未能制止日本對中國東北的侵略，日本的侵華戰爭迅速擴大，並很快進一步升級為全面侵華戰爭。

法國佔據南沙「九小島」事件爆發以後，《中央日報》《申報》《大公報》《益世報》等大報在 7 月 17 日就給予報導。國內各地各界民眾聽聞此消息後，反應強烈，世論譁然，以九小島有中國人長久居住之事實，紛紛要求政府採取積極行動捍衛權益、對法提出抗議。7 月 25 日，「漢口黨務整理委員會」致電外交部，提出法國此舉「有損我領海主權更足影響全部海防」〔註31〕，要求政府嚴正抗議以保領海主權。

報界更是起到媒介宣傳推動的功能。7 月 28 日，《申報》報導了「西南政務委員會」討論法占九小島問題的議決：「將九小島在粵版圖之位置形勢、經

〔註30〕 《電陳斐（菲律賓）政府現注意法占九小島情形》，《外交部南海諸島檔案彙編》（上冊），第 91 頁。

〔註31〕 《為法國占我西沙九島事請查明抗議以保海權》，《外交部南海諸島檔案彙編》（上冊），第 30～31 頁。

緯度證據等，詳電國府請據理向法提出嚴重抗議；該案文件的搜集與安置九小島漁民，由粵政府和兩廣特派員籌議，並向駐粵法領事提出抗議。」〔註32〕

　　此後全國各地多個機關、團體或個人紛紛向外交部發電，要求政府保護九小島主權，向法提出嚴重抗議和交涉。在漢口黨務整理委員會後，緊接著又有第十九路總指揮部向外交部發出電報，提出：「東北創痛之後，法人又效，尤佔領我西沙群島，蒿目時艱，心痛何極。我兄負國家外交重責，定能不屈不撓，力爭主權，為國家稍存體面，並以杜絕列強瓜分中國之危機。」〔註33〕

　　民國外交後援會也於7月30日致電外交部，提出法國「乃趁我之危，不惜遠隔萬里重陽之暴力，步武野心國家之所為。此種非法暴行，是直接提倡世界武力侵略，國聯盟約云乎哉。……自九一八後人心渙散，訓至今日，外侮紛來，甚望徹然大悟，當局諸公，尤應責無旁貸，嚴發抗議。」〔註34〕

　　自1933年7月法占九小島事件發生後，全國各地黨部要求政府維護南沙群島主權的抗議如雪片般飛來，根據《外交部南海諸島檔案彙編》記載，當時提出抗議的機關個人如下表：

提出機關或個人	提議名稱	提出時間
瓊崖旅京同鄉會代表團	為法國佔領瓊屬珊瑚九島詳陳事實懇請轉飭嚴重交涉	1933 年 8 月 2 日
瓊崖旅京同鄉會代表團	請願書及代表王家齊面陳五點	8 月 5 日
蕭山縣執委會	電請從嚴交涉法占九小島事	8 月 17 日
河南黨務執委會	關於法占九小島一案事	8 月 18 日
上海法租界納稅華人會	關於法艦佔據粵省瓊南九島事	8 月 18 日
上海市總工會代電	為法占我粵南九小島事請嚴重交涉	8 月 19 日
浙江省吳興縣商會	關於法國佔據九小島一案	8 月 19 日
軍委會南昌行營	關於法占九島事	8 月 19 日
寧夏黨務特派員辦事處	關於法占九小島事	8 月 21 日

〔註32〕《西南政會討論法占九小島案搜集九島隸粵版圖之證據》，《申報》1933 年 7 月 29 日，第 3 版。

〔註33〕《為法占九小島事函送宋海南島志一書乞查收備考》，《外交部南海諸島檔案彙編》（上冊），第 33 頁。

〔註34〕《關於法占中國海小島事》，《外交部南海諸島檔案彙編》（上冊），第 34 頁。

上海市商會	電請力爭法占粵海九小島事	8 月 23 日
中華海員特別黨部上海區黨部籌備處	法占九小島事	8 月 23 日
寧波商會	為法國占我華南九小島事	8 月 24 日
中華海員特別黨部上海區第一區分部	關於法占九島事	8 月 25 日
雲南寧洱縣黨務執委會	關於法占九島案事	8 月 29 日
汕頭市執委會	關於法占九小島事	8 月 29 日
雲南省簡舊縣黨務執委會	關於法占九島事	8 月 30 日
雲南省昆明市執行委員會		9 月 4 日
浙江省瑞安縣執行委員會		9 月 4 日
鄞縣民船船員工會		9 月 4 日
浙江黃嚴縣執委會		9 月 5 日
紹興縣商會教育會律師會中醫公會婦女會		9 月 5 日
江西省執行委員會		
浙江省瑞安縣執行委員會		
中華海員特別黨部上海區第一區分部		
上海市第三四六區繰絲業產業工會		9 月 8 日
青海省黨務特派員李天民等		
汕頭市執行委員會		
山東省惠民縣黨部		
甘肅省皋蘭縣農會	關於法占九小島案事	9 月 15 日
廣東吳川縣黨部	關於法占九小島及日本企圖攫取九小島事	9 月 17 日
江西省南昌市執行委員會		9 月 20 日
湖南省湘潭市執行委員會		9 月 20 日
廣東紫金縣黨部執行委員會	關於法占九小島事	9 月 21 日
湖南會同縣黨務宣傳處	關於法占九小島事	9 月 21 日
甘肅省皋蘭縣農會首陽學會明星學社枝陽學會北辰學會女師附小學生自治會棲雲學會洮屋學會		9 月 23 日
湖南安仁縣執行委員會	關於法占九小島一案	9 月 23 日
浙江省紹興縣柯橋鎮商會		
中國國民黨寧夏常務特派員辦事處		
中國國民黨貴州省黨務指導委員會		

中國國民黨廣東省儋縣執監委員會	關於法占九島事	9 月 24 日
雲南省昆明、楚雄縣、貢縣、羅次縣建水縣黨務指導委員會		9 月 26 日
湖南省安鄉縣執行委員會	關於法占九小島事	10 月 3 日
文昌縣參議會	關於法占九小島一案事	10 月 5 日
湖南省衡山縣執行委員會	關於法占九小島事	10 月 16 日
貴州省桐梓縣黨務指導委員辦事處		10 月 16 日
中山縣二區執監委員會	關於法占海南九小島事	10 月 16 日
貴州第十區黨務特派員辦事處	關於法占九小島事	10 月 23 日
國民黨貴德縣黨務特派員辦事處	關於法占九小島案	10 月 28 日

此表根據《外交部南海諸島檔案彙編》（上冊）第二部分西沙群島第一章法占九小島之
內容整理而成。

　　從上表分析來看，當時整個民國各地方黨部基本都向政府及外交部門提
出請求，要求就法占南沙九小島事件向法國進行抗議。

　　與政府相對應，面對中國領土不斷淪喪的嚴重局勢，民國知識階層在中法
南海九小島事件發生後，迅速作出反應，幾乎壓倒性出現了積極的「固邊圍而
保主權」意識，在守土保疆方面達成廣泛共識。他們紛紛撰文，不僅從近代西
方倡導的國際公法角度批駁法日有關九小島主權聲索的主張，還積極從法理、
歷史角度試圖論證中國享有其主權的合法性。當時國內的報紙、期刊相繼湧現
出大量介紹、評論事件經過的短訊、通訊稿與學術論文。這些報刊文章從地理
學、歷史學、國際關係、國際法等不同學科角度展現了當時民國知識分子對九
小島事件的認識與見解，為社會提供瞭解南海問題的客觀的報導。根據學者王
勝在《民國知識階層的海疆危機訴說與應對之策——基於 30 年代初報刊關於
九小島事件報導的考察》中的統計，僅在事件發生的 1933 年，即有二十多篇
的報刊文章書報導九小島事件。〔註35〕相關文章如下表：

序號	作者	題目名稱	期刊名稱	期刊號
1	——	法占九小島	《生活》	第 8 卷第 31 期
2	——	法占九小島	《生活週刊》	第 8 卷第 31 期

〔註35〕 王勝，《民國知識階層的海疆危機訴說與應對之策——基於 30 年代初報刊關
　　　　於九小島事件報導的考察》，《雲南師範大學學報（哲學社會科學版）》，2015
　　　　年 7 月第 47 卷第 4 期，第 63～64 頁。

3	樹榮	法佔領九小島問題	《先導半月刊》	第 1 卷第 ll 期
4	國綱	法國佔領九小島事件	《東方雜誌》	第 13 卷第 16 號
5	徐公肅	法國佔領九小島事件	《外交評論》	第 2 卷第 9 期
6	——	法佔領我國九小島	《中央週刊》	第 270 期
7	——	法占南海九小島	《南洋情報》	第 2 卷第 5 期
8	顧秉麟	成為問題的南海九小島	《社會半月刊》	第 5 卷第 6 期
9		法占九小島確係我領土	《華僑半月刊》	第 29 期
10	胡默宣	法國佔領瓊南九小島	《國家與社會》	第 29~30 期
11	天南	九小島實況	《十日談》	第 7 期
12	德川	九小島概況與中日法問題	《晨光》	第 2 卷第 14 期
13	漢平	法占九島後的回應	《大學雜誌》	第 1 卷第 3 期
14	藜	法占九島	《前途》	第 1 卷第 9 期
15		法占九島與我國	《江西教育育旬刊》	第 6 卷 8~9 期
16	吳芷芳	法占九島之法律問題	《法學雜誌》	第 7 卷第 i 期
17	芙	介紹法占九島之形勢及記載於國人	《國民外交雜誌》	第 2 卷第 5 期
18	苗迪青	南海群島地理的考察	《外交月報》	第 3 卷第 5 期
19	凌純聲	法占南海諸小島之地理	《方志月刊》	4 月
20	陸俊	西沙群島及法占南洋九島事	《外交部公報》	第 6 卷第 3 期
21	中夫	南海九島放棄論	《中華週報》	第 90 期
22	梁作民	論法占南海九島	《華僑半月刊》	第 29 期

此表轉引自王勝，《民國知識階層的海疆危機訴說與應對之策——基於 30 年代初報刊關於九小島事件報導的考察》第 63~64 頁。

　　根據上表分析來看，當時撰寫文章的作者都有一定的社會影響力，甚至身處政府要職，如陸俊、徐公肅和知名學者凌純聲等，另外，《外交部公報》《國民外交雜誌》《東方雜誌》等報紙雜誌，亦是在社會上很有影響力的刊物。

　　學者郭淵在其論文《從南海九小島事件看民國學者對南沙主權之論證》中就南海九小島事件發生後學術界對南沙主權的論證進行了具體的分析，特別提出的是吳芷芳的《法占九島之法律問題》、王英生的《從國際法上辟日人主張華南九島先占權的謬說》、子濤的《法占海南九島案之法理談》等文章，及中國學者翻譯的日本法學家橫田喜三郎（Kisaburo Yokota）的《無人島先占論》等文章，從國際法角度論證南沙屬於中國的法理依據。「吳芷芳、子濤兩

文為專論,其中吳文法理性較強。吳芷芳認為一國取得土地方式有五種方法:征服、割讓、增添、時效、先占。征服,為以武力取得土地之方式;割讓,為一國土地依據條約,轉移與他國;增添,以自然或人力而取得土地,如一國領海內,因海水衝擊,而有新島嶼或三角洲的發現,以使其領土擴大;時效,長時期佔領他國之土地,於是取得該土地的主權。此論亦是當時學術界之共識。」〔註36〕

　　西沙、南沙群島很早以來就是海南漁民生息之地。中國漁民為各島嶼命名,利用「更路部」記載的知識穿行於各島之間,生活漁獵在這些島嶼上,他們還在各島開挖水井,建造房屋及中國的廟宇。英國《中國海指南》中記載:「海南島漁民以捕取海參、介殼為活,各島都有其足跡,亦有久居岩礁者,海南每歲有小船駛往島上,攜米糧及其他必需品,與漁民交換參貝。」南沙雙子島亦「常為海南漁民所蒞止,捕取海參及貝殼等」〔註37〕。在法國佔領九小島之前,海南漁民早已在這裡生產和生活,故這些島嶼不是「無主土地」。

四、民國政府無奈採取「靜觀」策略

　　法方宣布佔有南沙九小島後,中方實質上未與法方展開深入的交涉,甚至當法方將九小島列入法屬越南版圖之際,民國政府也未能提出嚴重抗議或交涉。與國內各界強烈的主權捍衛要求相比,國民政府的行動落後於形勢的發展。實際上,1933 年 9 月 1 日國防委員會第六十七次會議就海軍巡視西沙群島進行了最後議決:「關於九小島軍事委員會提有意見供作本會研究,大意謂九小島上雖居有中國漁民,但在軍事政治及其他事實上並無任何建設,目前不妨報靜觀態度,如果以漁民為理由向法國交涉,恐日本亦將援例認為西沙群島上有日本漁民或將因之佔領西沙島為日本領土,最好有海軍部派遣艦隊駛往該島駐防及進行建設事宜。議決由行政院電令廣東省政府派人往西沙島建築氣象臺燈塔並設置警察。」〔註38〕但此次會議也為南沙定下「靜觀」的策略,全力爭取西沙是民國政府當時的主要任務。

〔註36〕郭洲,《從南海九小島事件看民國學者對南沙主權之論證》,《北方法學》,2016年第 1 期,第 96 頁。

〔註37〕郭洲,《從南海九小島事件看民國學者對南沙主權之論證》,《北方法學》,2016年第 1 期,第 98 頁。

〔註38〕《國防委員會第六十七次會議記錄》,《外交產南海諸島檔案彙編》,第 197～198 頁。

學者郭淵認為民國政府採取此種方針的原因有三點:「一是 20 世紀 30 年代中法外交、經濟關係不斷發展,而中國處於弱勢一方,在使級升格、改訂新約等方面有求於法國,這使當局者不會為該事件走得太遠。1933 年 8 月 6～14 日,法公使韋禮敦(Henry Auguste Wilden)來南京訪問,雙方會談內容是否涉及九小島問題不得而知。然而恰在此時,海軍部宣布取消原派艦前往南沙調查的計劃,政府此後再未發出強烈聲音,對法交涉態度急轉直下。二是國民黨在外患頻發之際,卻將共產黨領導的抗日武裝視為心腹之患。海軍部飛遣 6 艦艇馳往福建『圍剿』紅軍,海軍部政務次長陳季良督戰,致使本該徹查九小島事件的軍艦前來參戰。三是就南海局勢而論,此時中法西沙主權之爭呈膠著狀態,法國編造各種歷史和法理依據侵蝕西沙主權,西沙問題顯得比九小島問題更為迫切,這在一定程度上轉移了政府對九小島問題的注意力。」〔註 39〕

郭淵分析的十分有道理,但究竟當時民國政府決策層是怎樣最後決定採取「靜觀」政策,筆者竊認為參謀本部處長朱偉呈交的「意見書」起了至關重要的作用。此份意見書由委員長蔣介石下發給軍事委員會,並由國防委員會轉抄外交部。其意見書全名為「法國宣告領有之海南九島及於各國軍事上之影響與吾國應取之處置之意見」,內容如下:

第一海南九島在地理上之關係

一、海南九島之位置。海南九島即英國海圖所載之提閘板群島 Tizaid Bank,而為法國所宣告領有者也,距瓊州(海南島)之榆林港約五百八十海里,其位置在北緯七度五十二分至十一度四十二分,東經一百十一度五十五分至一百十四度二十五分之間,「附記」西沙群島英海圖名巴拉塞爾群島 Palace Islands 距瓊州榆林港約一百八十海里,其位置在北緯十五度四十六分至十七度七分,東經一百十一度十四分至一百十二度四十七分之間,是以西沙群島與海南九島,其中心點之距離約四百海里之遙,然其與鄰近兩端之相距則僅有二百海里。

二、海南九島與臨近關係地方之距離

1. 東距菲律賓之巴拉汪島(Palawan Island)約二百海里。

〔註 39〕郭淵,《南海九小島事件與中法日之間的交涉》,《世界歷史》,2015 年第 3 期,第 91 頁。

2. 東北距美國馬尼拉（Manila）軍港約四百二十海里。

3. 東北距奄美大島約一千四百海里。

4. 北距臺灣島之最南端約八百海里。

5. 北距澎湖列島之馬公軍港約八百五十海里。

6. 北距英國香港軍港約七百五十海里。

7. 西北距西沙群島約四百海里。

8. 西北距瓊州（海南島）之榆林港約五百八十海里。

9. 西距法領交趾支那（安南）之西貢軍港約四百六十海里。

10. 西南距英國新加坡軍港約八百四十海里。

第二海南九島在軍事上之關係

一、與法國軍事上之關係。法屬交趾支那在日屬臺灣美屬菲律賓荷屬婆羅洲英屬馬來半島之間，此數國者皆有與法為敵之可能性，尤以日英為然，而西貢軍港偏在南方，對於東岸海上之軍事行動不便殊多，今海南九島屹立於日美法英屬地所包圍之海中，為交趾支那之全海岸之屏障，其地位與歐戰時德屬蟹里格蘭島相同，法如於此施以水陸防禦附以潛艇飛機，戰時逾其外方設置哨戒線，則無論自臺灣海峽來者（日本），或自巴斯海峽來者（日美），或是新加坡印度洋等處來者（英），苟海南九島未失勢均，不能深入。

二、與中國軍事上之關係。東沙島為西沙群島東方之尖兵，用於遏制巴斯海峽阻止日美之西來。海南九島則為西沙群島南方之尖兵，用於阻止英法及歐洲各國之北上。吾中國海軍在今日情形之下，所有沿海一切島嶼如舟山群島、瓊州島、西沙群島等，胥無法可守，遑論海南九島乎。然若干時日之後，設吾中國海軍能達至相當程度，則關於吾國存亡之太平洋戰爭，必出全力參加，置軍港與大鵬灣，致前進地於西沙群島，所謂東方尖兵之東沙島及南方尖兵之海南九島，亦成為犄角之軍事要地，何則當此之時，海南九島苟屬於我，則新加坡或西貢或馬尼拉之敵軍行動自不能逃吾監視之眼，在在可於以飛潛之襲擊加以雷擊之功用，如是則臺灣海峽以北中國海之海上交通可保，若屬於法縱西沙群島不失，則敵之活動自由之範圍大，而我之捕捉機會較癃，而我海軍之作戰因以加難。

三、與英國軍事上之關係。英法設使為敵，戰爭之重心在於歐，

西固海南九島法之佔有與否，對於英法戰爭之價值甚微，惟英國有事於極東置身於美日戰爭之內，則法之善意中立抑惡意中立，關於英國之海上軍事行動其影響殊巨，何則英國海軍自其本國軍港經直布羅陀馬爾他亞丁西錫崙以至新加坡聯珠而下按驛以至而新加坡，又足容其全海軍而有餘，以之對日本方面或中國沿岸以作戰，本極香港之不虞中斷，唯法果惡意中立則難秘其行動耳。

　　四、與美國軍事上之關係。馬尼拉之安危以現今美日之海軍實力推算之影響與美國對日本海上作戰勝敗之處其巨，甚至美國海上作戰之勝敗繫焉今也法海南九島假使完成相當設施之後，法如偏袒日本則馬尼拉將不數日而失何則馬尼拉之防禦力遠不如歐戰之初比利時國境之三要塞也，法如偏袒美國則馬尼拉容或能支持至十日以上，由此以推馬尼拉果失美國艦隊失其東道之主（馬尼拉已失關姆島嶼亦難保）勢必自珠港一氣遠涉三千三百餘海里出諸攻勢力攻擊，夫今日主力艦之作戰能力圈不能出二千海里以外，今欲涉三千三百餘海里之遙，在渺茫無涯之境索除顯險不定之敵將有陷於進退維谷之律虞者矣，日本因以得馬尼拉戰暫無敵軍反客為主之憂，且也因戰爭目的在於中國必藉地得以攻取防禦之策略以逸待勞以隱制顯以整治亂將自橫須賀經小笠原群島馬力拿群島迦羅里尼群島椰普島及菲律賓以張監視之線而置主力艦隊於中央以便左右逢源投以馬尼拉能保至十四日以上，美國艦隊自真珠港至馬尼拉以其航程與艦速計之，除途中遇阻日本主力艦隊外（遇則決戰），必可到達而反客為主之形成，爾後作戰之自由甚大，此法國占海南九島左右袒之影響也。

　　五、與日本軍事上之關係。海南九島屹立於馬尼拉西沙群島西貢新加坡及婆羅洲之海中前已言之矣，然亦可為臺灣澎湖島之前進地，對於上述各地有控扼與監視之可能，此日本之所以力說為其最先發現者也，所以法如占海南九島彼亦占西沙之半公示宣言者也，何則彼以西沙群島東沙島臺灣及澎湖群島之連鎖，而臺灣海峽與巴士海峽宛如加之以閂香港與廣州灣悉在局所之內我不得出客不得入日本則為所欲為而作戰利矣，尤以對於菲律賓或交趾支那或馬來半島等處有所行動之時增加助力不少。

第三對於法占海南九島應取之處置

一、海南九島在歷史上有為中國領土之可能性。今之地理學者謂中國國疆之最南端為西沙群島之特立屯島（Triton Island），然一、考吾國向南發展之歷史，該海南九島似我應屬吾國領有。查趙陀之封於南越其國土已展至今日交趾支那安南至北部，馬授之征交趾更展至於其中部。唐之沒安南都護更奄有其全部。迨至明下南陽所有今日之呂宋（菲律賓）婆羅州以至馬來半島之西莫不稱降，降及清初亦復囊括交趾之那（安南）全部，是則在其間之海南九島因自然之發展為吾中國人之居住者勢所必然。海南九島僅為珊瑚質之小島，按一九二三年英國著名航海指南第三卷第九七頁所載，提閩板群島有中國漁民以捕魚參介殼為生久居不去，海南島沙船每年運米及其他需要品於十二月或一月間由海南島出發前往供給各漁民而易其海參等，迨至發西南信風之時始行歸航等語，足見提閩板群島即海南九島吾中國人民之生息於斯土者已久，然有無政治上交通上及事業上之設施以及曾否對外有所聲明則不得其詳。

二、對於法占海南九島以暫時持冷靜態度為有力。海南九島有中國漁民之居住固持之謂吾領土之理由，然並無政治上或軍事上或建設上之措施，暫守冷靜以保留漁業權利為辭，似亦於國體無傷。自軍事言之，今日海軍情形既如彼陸上作戰方針，又如此海南九島有不加益無不加損，縱他年海軍發達，有西沙及東沙兩群島在，應足為南門之鎖鑰。今不如委骨於地，任日法兩犬相爭，法若因是轉入英美之懷，集歐美以伐日而我利矣，此單純就軍事言之者也。自外交言之，若吾堅認海南九島，以利爭，爭而不得，日本必曰海南九島為無國籍之土地，西沙群島亦然，且西沙吾有實業上之建設，今法可占海南九島，吾何不能佔有西沙島乎。如是不但交涉愈感棘手，而軍事上大害生焉，何則南中國海日本之連鎖以成，中國之祜羈絆益甚。

三、迅速建設西沙群島以杜口實。西沙群島為吾領土證據既多世咸承認，日人垂涎已久，未杜其口實，免其強佔起見，似宜進一步實行政治上，（設官）及交通上（航海標識）之設備，並口海軍部或第八路總指揮部先行派艦駐防，此則輕而易舉，至於軍事設備俟

至必要時再籌。〔註40〕

朱偉的「意見書」從海南九島地理上及與各相鄰地方距離關係，分析了這些島嶼與法、英、美、日的關係，還特別說明海南九島「為西沙群島南方之尖兵，用於阻止英法及歐洲各國之北上」。但鑑於「吾中國海軍在今日情形之下，所有沿海一切島嶼如舟山群島、瓊州島、西沙群島等，胥無法可守，遑論海南九島乎」，如果日本佔領南沙群島，則中國門戶盡被封鎖，如果法國人佔領南沙，則日本勢力不能深入。「今不如委骨於地任日法兩大犬相爭」，借助法國與英美聯合對抗日本反而對中國有利。如果此時力爭「九小島」，不但不可能實現目標，反而讓日本得到口實而佔領西沙群島，對中國反而不利。鑑於當時中國的時局，對於法占海南九島以暫時持冷靜態度，專心守衛西沙島。

朱偉的「意見書」由蔣介石親自下發給軍事委員會並抄送外交部，說明這是最高領導人的意見，故在 9 月 1 日國防委員會第六十七次會議就海軍巡視西沙群島進行了最後的議決的同時，就南沙問題做出「靜觀」政策。

筆者竊以為民國政府是在日本南進態勢明顯，整個中國大陸都可能被日本侵佔之時，為全力保衛西沙群島，不得已對法國侵佔南沙「九小島」採取了「靜觀」的政策，但日本卻將中國某些人的個別的提議，作為日本侵佔南沙的依據，也是今天作為歷史研究者應當澄清的。

日本學者浦野起央在其著作《南海諸島國際紛爭史》中引用了二個檔案，即是法國佔領南海九小島之後，當時在福建剛剛組織反蔣抗日「中華共和國人民革命政府」的李濟深曾與日本方面進行交涉：「8 月 12 日，李濟深向日本軍部首腦傳達以下信息：目前中、法兩國在南海九小島歸屬問題上產生糾紛，望日本能盡仲裁之勞保全中國領土。針對法國的肆意妄為，望能發揮日本海軍的威力，以示亞洲人對亞洲人的支持，如是則能表明日本對四億中國人的公正態度，也能讓中國人理解日本一直宣傳的白色人種是侵略者的觀占並能轉變中國人對日本的態度。」〔註41〕

筆者找到此份文件的原始檔案，不知道是翻譯者的失誤，還是浦野引用時的有意所為，其引用前部內容基本一致，後半部有很大的差異甚至錯誤：「8 月

〔註40〕《密（轉呈參謀本部處長朱偉呈研究法戰九島在軍事上之關係及辦法意見書）》，《外交部南海諸島檔案彙編》，外交總研究設計委員會編印，1995 年，第 99～105 頁。

〔註41〕浦野起央著，楊翠柏等譯，《南海諸島國際紛爭史》，南京大學出版社，2017年，第 145 頁。

12 日,李濟深向日本軍部首腦傳達以下信息:目前中、法兩國在南海九小島歸屬問題上產生糾紛,望日本能盡仲裁之勞保全中國領土。針對法國的肆意妄為,望能發揮日本海軍的威力,以示亞洲人對亞洲人的支持,如是則能表明日本對四億中國人的公正態度,也能讓中國人理解日本不像白色人宣傳的那種是侵略國,滿洲國是真正的獨立國,不是第二個朝鮮,中國人民對日本的態度就能轉變,在新政府成立之初,也能走向日中親善的道路。」〔註42〕

　　根據所附檔案記載,李濟深是通過吳道南向日本在廣東的中原武官提出希望日本支持中國政府的南中國海主權主張,其所言「望能發揮日本海軍的威力」或許含有提出要求日本出兵的意思,但不是正式的官方請求。故筆者以為,李濟深的行為最多只能代表其個人,不能上升為政府的行為。而日本方面對此並不重視,更不能成為日本佔領南沙群島的藉口。

　　《日本外文書》的記載也證明日本無意接受其建議:「16 日午後,中原海軍武官拜訪本官談及和知路軍武裝官李濟深在香港秘密接觸,李濟深表示如此時日本方面能夠宣傳支持中國在南中國海上的領土主張,有助於消除日本侵略中國的惡名,且有助於中國西南方面轉變對日本的態度,日本方面對此暫不予以考慮,本官的意見傾向此事應予以研究,暫不能輕舉妄動,且於中國方面接觸,中國方面的主張只是說該群島是中國漁民定期捕撈的基地,並季節性地在此暫居,除此並無法理上的證據。」〔註43〕故浦野先生所言的「中國政府曾要求日本政府派軍出面,但日本政府沒有答應」〔註44〕的說法不能成立。

　　民國政府此時已經意識到日本必不滿足佔據中國東北,勢必南下未來甚至可能佔領海南島。蔣介石曾給陳濟棠密電要求其嚴密監視日法的活動:「關於最近南中國海島嶼所屬問題,日法兩國間為平紛爭,對該島嶼(南沙九小島)以承認法國先占權作為交換條件,來換取日本將來領有海南島的兩國間密約,為此必須嚴密監視。」〔註45〕故筆者竊以為民國政府在法國佔領南沙後採取

〔註42〕《各國領土發見及帰屬関係雜件／南支那海諸礁島帰屬関係第二卷》《8 參考資料昭和 8 年 8 月 9 日から昭和 8 年 8 月 15 日》,B02031159150; B02031160000。
〔註43〕《日本外交文書》昭和前期 II 第 2 部第 2 卷,嚴南堂書店(発売),2007,第936 頁。
〔註44〕浦野起央著,楊翠柏等譯,《南海諸島國際紛爭史》,南京大學出版社,2017年,第 145 頁。
〔註45〕《各國領土發見及帰屬関係雜件／南支那海諸礁島帰屬関係第二卷》《10 參考資料昭和 8 年 9 月 3 日から昭和 10 年 9 月 5 日》,JCAHR: B02031159150;B02031160200。

「靜觀」政策實為日本侵華的形勢所迫。

小結

綜上所述，在法占「九小島」事件爆發後，國民政府以外交部為中心，各部門協調配合展開事件調查並醞釀交涉，但由於對南沙諸島知識缺乏，使政府一時沒有清楚法所佔「九小島」之準確地理地質及所屬島群，在外交上處於被動狀態，當時國民情緒激昂，各地提請抗議之請求書紛紛上遞給民國政府，國內各大報紙等輿論媒體也相繼進行報導和評析，表明了國人捍衛主權的決心和南沙「九小島」屬我的事實。這對於各界明瞭事件的原委，增強南海主權意識，推動政府採取行動起到了積極作用，但由於民國海軍孱弱，日本南下侵佔帶來的巨大壓力，使民國政府無奈採取了「靜觀」的態度。

第八章　日法間就「南沙群島」的博弈

　　1931 年「九一八事變」以後，日本侵略整個中國的態勢已經初步形成，隨著稱霸亞洲大陸政策的推進，日本開始對法國控制的印度支那邊境地區構成威脅，因此法國為了維護其對印度支那的控制，開始逐步推行其對戰略要衝西沙、南沙群島等地的實際佔領。1931 年 12 月 4 日，法國對中國宣稱對西沙群島擁有主權，並在 1933 年日本退出國聯之後馬上派軍艦佔領了南沙群島，於 7 月 21 日正式對外宣布。此時滿洲國剛剛成立，日本外務省和海軍省在對待法國佔領南海諸島的態度上並不同步。外務省基於外交方面的考量，主張通過溫和穩健的抗議方式來進行溝通，以國際法中「先占」原則，對法國所謂「無主地」的佔據主張提出反駁，但沒有完全主張主權屬於日本。但海軍方面並不拘泥於外務省的觀點，在最短時間內整理了相關島嶼的歷史資料，為其主權聲索準備了充足的根據，並通過拉薩磷礦株式會社法人代表小野義夫，向外務大臣內田康哉遞交「陳情書」，敘述了開發南沙各島嶼的情況，同時與臺灣總督府溝通合作，通過對新成立的「開陽興業株式會社」的援助，在 1935 年以後著手對南沙群島進行殖民佔領，將南沙群島變成日本的漁業基地。海軍方面還多次派測量船前往南沙群島附近進行測量，同時在該島進行登陸作業，設置了短波無線電臺。在海軍的秘密推動下，總督府支持平田末治設立「開陽漁業公司」，將南沙群島作為漁業根據地。外務省不能無視平田等人在南沙的長期經營行動，在法國第一次登陸太平島後，外務省與海軍省意見終於達成一致，共同對付法國。

一、法占南沙九小島後日本政界及民間的快速反應

　　法國政府最初沒有正式公開對外宣布將南沙群島併入其領土，而是先在

雜誌《IllustratIon》（1933 年 7 月 15 日）上向外透露了此消息。日本政府從此刊物上獲得消息後反應迅速，馬上在 7 月 17 日由外務省歐美局第三科提出了《南支那海諸島礁相關之件》〔註1〕，為政府向法方提出抗議提供證據。

此件第一部分就這些此島嶼與日本的關係進行分析，首先是 1918 年（大正七年）時日本人小松重利及池田金造等人發現南沙群島西北部的雙子島等五個島嶼。他們認為這些島嶼富有鳥糞及磷礦石資源，認為可以進行開發，於是就這些島嶼的歸屬問題向當時的外務省提出調查申請。為了將這些島嶼編入日本版圖，是年 10 月 7 日，橋本圭三郎向內田外務大臣提出將這些島嶼編入日本版圖的請求。其次是敘述了拉薩磷礦株式會社對南沙群島中的「南雙子島、北雙子島、西青道、三角島、長島、中小島、南小島、西鳥島、丸島、飛鳥島」等島嶼的發現、開發和利用過程。第三是敘述了昭和三年鈴木圭二等六人向田中外務大臣發出要求日本迅速佔領這些島嶼獲得主權的陳情書事宜。

文件的第二部分分析了這些島嶼與法屬印度支那、中國、西班牙、美國及菲律賓等諸外國之間的關係。文件特別提出「在中國具有相當權威性的文件《國潮柔遠記》（光緒六年編同 22 年重版）後編之二的沿海島嶼圖中，海南島以南之區域沒有記載，其本文中也沒有言及新南群島，另外具有同樣權威性的新編《中國江海險要圖志》中就新南群島中東部及西南部的若干島嶼有所記載，但並沒有標明其屬於何國，所以目前沒有發現這些島嶼和中國有著確定的根據。」〔註2〕另外從美國和菲律賓的條約關係看，也沒有涉及到對新南群島的主張，同時菲律賓所公開發表的法令、水路志、國勢調查等也沒有發現其對新南群島的任何記載。

此份文件的提出，表明外務省已經在最短時間內整理了相關島嶼的歷史資料，為其主權聲索準備了充足的根據。

18 日，日本駐法國大使長崗給內田外務大臣發電，報告了法國佔領南沙九小島的理由：「本件所涉及的島礁，適合水上飛機及潛艇的避難所，從來日、英、美、法、荷都沒有對上述島礁確立過主權，如果哪個國家能夠利用該島礁

〔註1〕〔日〕《各國領土發見及帰屬関係雜件／南支那海諸礁島帰屬関係第二卷》《2 參考資料》，JCAHR: B02031159150; B02031160400。
〔註2〕〔日〕《各國領土發見及帰屬関係雜件／南支那海諸礁島帰屬関係第二卷》《2 參考資料》，JCAHR: B02031159150; B02031160400。

行使監視支那中國海的監視權,那麼在有事之時,法國的海上交通就極為危險,為此法國政府決定佔領上述島礁,於 1930 年派出炮艦 Maliceuse 佔領 Kempete 島,又於 1933 年 4 月時派艦 Astrolabe 及 Alerte,在 Amboyne,Itu Loaita,Thi Tu,Les Deux-Iles 等其他幾個島嶼升起國旗。」〔註3〕

同一天,日本駐法國大使館澤田參事官拜訪了法國亞細亞局局長,向其正式問詢此事,局長答稱:「記事中將所涉及的島礁單純寫成軍事上的目的這一點來說是不正確的,該島礁不僅是用於軍事根據地來使用的,法國鑒於以前各國的船隻特別是印度支那的漁船在上述島礁附近屢屢遭難,1930 年以後法國遠東艦隊為了保證航路的安全,在島上設立航標建物,預定航標建設之後向各國政府予以通報,但 IllustratIon 雜誌先行發表令人感到遺憾。」〔註4〕

從佔領南沙的原因來看,法國最早對南沙提出主權是在十九世紀三十年代日本侵略中國的背景下,主要是擔心一旦日本佔據這些島嶼,法屬印度支那將被日本包圍,其海上活動將處於日本的監視及威脅中。

日本就法國佔據南沙「九小島」進行積極的調查,向內閣送達了《IllustratIon》雜誌〔註5〕同時也搜集關注著中國政府的態度。檔案記載 7 月 20 日南京政府提出南中國海的島嶼屬於中國的主張時,下午外各省即以「外省第廿四號」進行了記載:「根據南京新聞報紙報導所記載,國民政府外交部最近就法國外交部主張菲律賓與法屬印度支那之間的九個島嶼擁有佔有權的主張相對,中國對這些群島擁有主權,它是西沙的一部分。本事件非常重大,海軍部正在積極協調,就真相進行調查,同時電令駐法公使顧維鈞就法國的態度進行提問。」〔註6〕

作為日本新聞媒體先鋒的《朝日新聞》於 7 月 21 日以《南支那海群島作為新領土宣言──法國政府正式確認》〔註7〕為題,報導了法國佔領南沙「九小島」的消息。而同一天,「拉薩磷礦開發株式會社」法人代表小野義夫向外

〔註3〕 〔日〕《日本外交文書》(昭和時期Ⅱ第二部第二卷),平成 16 年,第 927 頁。
〔註4〕 〔日〕《日本外交文書》(昭和時期Ⅱ第二部第二卷),第 928 頁。
〔註5〕 〔日〕《各國領土發見及帰屬関係雜件/南支那海諸礁島帰屬関係第二卷》《3 雜誌「Illustration」1》《4 雜誌「Illustration」2》,JCAHR: B02031159150; B0 2031160500; B02031160600。
〔註6〕 〔日〕《各國領土發見及帰屬関係雜件/南支那海諸礁島帰屬関係第二卷》《2 參考資料》,JCAHR: B02031159150; B02031160400。
〔註7〕 〔日〕《各國領土發見及帰屬関係雜件/南支那海諸礁島帰屬関係第二卷》《2 參考資料》,JCAHR: B02031159150; B02031160400。

務大臣內田康哉遞交了《關於南中國海散在島嶼相關之陳情書》。

「陳情書」提出：「根據本月 21 日大阪《朝日新聞》報導，法國政府派軍艦佔領了南海西貢與菲律賓間的九個島嶼即南雙子島、北雙子島及長島等地豎起國旗，上述各島嶼是本會社自大正七年以來多次派遣探險船進行調查，探明儲藏有大量鳥糞磷礦資源，並在大正十年以後已先占獲得所有權，並期待將其併入帝國領土。本公司還以殖民佔有為目的，進行了資源開發，並派遣人員在島內進行經營（昭和四年時因故暫時停止經營）。會社經營情況於大正十年七月上報給外務省亞洲局村井事務官。大正十四年七月十七日，也向貴官報送此文章。大正十五年十二月三日，向貴局歐洲局第二科山形科長遞交了公文。本公司在該群島投有巨額資金，築有建築九棟，並建有棧橋等設施，現埋藏及在庫的磷礦有十萬噸，金額巨大。如事實真如報刊所載，本公司將蒙受巨大損失，國家也將失去領土，望您能洞查此事進行調查瞭解採取切實措施。對該群島探險及殖民經營的相關資料，目前保存在本公司，有必要時可上呈外務省。」〔註8〕

外務省檔案記載「陳情書」的日期是 1933 年 7 月 21 日，與《朝日新聞》發表「法占南沙九小島」的日期相同，但卻引用了《朝日新聞》的內容作為依據，筆者以為這不是偶然巧合，而是日本各方在知道法國佔據「九小島」後通力協調的結果，也反映出日本政府高度重視的態勢。

緊接著日本利用媒體宣傳機構，大量報導「法占九小島」及這些島嶼與日本的關係。浦野起央在《南海諸島國際紛爭史》中將之稱為「7 月 28 日一輪一連串的報導，把被法國人佔領的島嶼稱為『帕拉申群島』、『平田群島』等，做出了與事實不相符的報導，但也看得出來，法國人的舉動帶給日本巨大的衝擊」〔註9〕。實際上日本媒體是從 27 日開始密集的報導，誠如浦野先生所言，有些「與事實不相符」。下表為當時各報刊的報導情況：

時　　間	報紙名稱	標題內容
7 月 27 日	東京朝日新聞	列強海上軍力發展到南支——法公開發表佔領群島
7 月 27 日	東京日日新報	在調查的基礎上闡明我態度——外務省就法占南中國九小島發表聲明書

〔註8〕〔日〕《各國領土發見及帰屬関係雑件／南支那海諸礁島帰屬関係第二卷》《2 參考資料》，JCAHR: B02031159150; B02031160400。

〔註9〕浦野起央著，楊翠柏等譯，《南海諸島國際紛爭史》，第 144 頁。

7月28日	時事新聞	法國南洋新佔領土——我邦人廿年前先占起名為平田群島
7月28日	報知新聞	南支那海諸島由日本人發現
7月28日	東京日日新報	法國所佔有島嶼違反國際慣例
7月29日	東京日日新報	很多證據證明埋有百數同胞骨骸（西沙群島島主平田君登場）
7月29日	讀賣新聞	數百萬元投入現在應採取設施——發現西沙的平田氏上京
7月29日	時事新聞	帝國對法國領有群島提出抗議
7月29日	東京朝日新聞	南京政府發表：要求直接返還西沙群島
7月29日	東京朝日新聞	很多證據證明在該島埋藏同胞數百人遺骨
7月29日	報知新聞	因此事而出現的平田氏提出法國據何發現該群島
7月29日	報知新聞	很多的證據使將被挖死骸難以閉上眼睛
7月30日	時事新聞	拉薩島磷礦的恒騰工學博士證明平田氏在數年前曾到過該島
7月30日	東京朝日新聞	平田群島權力者登場——前東方時論社長東澤正氏的主張
7月30日	時事新聞	充分確認為日本的領土——臺灣總督府的意向
7月31日	知報新聞	法國領有宣言沒有任何的根據——我外務當局發表
7月31日	讀賣新聞	法國佔領島嶼軍事上無力——長岡大使的報告
7月31日	東京朝日新聞	法問題的南洋諸島法國先戰聲明政府公報發表
8月1日	讀賣新聞	西沙群島橫槍的陳情——東、上野二氏赴海軍省
8月1日	時事新聞	先占權問題的島嶼認識完全錯誤——東氏向海軍省具陳
	時事新聞	為保全權利平田氏進行訴訟
		法國佔領南支那海諸島違反國際慣例

此表根據《各國領土發見及歸屬関係雜件／南支那海諸礁島歸屬関係第二卷》之中內容整理而成。

　　以上報導錯態百出，表明日本政府急於在輿論上佔據主導地位，向國內外及日本民眾宣傳法占之島嶼與日本的關係，為日本進一步爭取這些島嶼的主權做理論上的準備。如 7 月 31 日《知報新聞》報導：「法國領有宣言，沒有任何的根據」，「這些島嶼，作為水上飛機和潛艇避難所非常的合適。對於這些島嶼從來日本、英國、美國、荷蘭等都沒有明確確立其主權，也沒有任何一個國家由這些島嶼對支那海實行監視權。在長島 1924 年以後留有日本

人磷礦開採的痕跡,也有中國人居住的事實。在南北雙子島海南島等地都有中國人居住,因此從歷史上來看,法國政府此次的佔領實際上的根據非常薄弱」〔註10〕。

從上述報導來看,當時日本並沒有迴避南沙群島有「中國人居住」的事實,更將此作為法占根據的「薄弱點」。另外,多份檔案還證明從21日開始,日本駐法國的長崗大使、駐中國的日高總領事從各方收集資料,來瞭解法國佔領南沙九小島之目的及中國政府的反映。

7月29號,駐法的長崗大使向外務大臣報告:「法國佔領這些島嶼可能要在這裡設置水路測量航標,同時也有可能建立海軍根據地。」〔註11〕

8月3日,日高總領事向外務大臣報告中方的態度:「蔣介石有相當堅固的決心與日本相互提攜,汪精衛也持同樣的理念,宋子文等一流的政治家更會從中進行周旋。……而對中國方面,這次法國所佔領的島嶼,就如同丟失的鍋墊。中國方面的地圖,西沙群島是其領域境界之內,問題島嶼只是在五百千米以南滿潮被水淹沒作為航路的標識。」〔註12〕

同日,秩父水泥株式公司的米山兆一也給外務省發信告知東京誠美堂發行的農學博士木田芳三郎所著《肥料製造學》〔註13〕(大正14年7月15日)第八十頁記載了這些島嶼屬於日本的事實。另外,有報紙提議日本應向法國提出抗議,其主要根據是「拉薩磷礦」曾在這些島嶼上有企業經營;這些島礁附近航行的船舶、漁網及其漁夫的大部分都是日本國籍,並從國際法的視角來闡述日本擁有這些島嶼的相關依據。

日本外務省還就東沙島及西沙群島的所屬進行了匯總研究,同時讓日本駐菲律賓馬尼拉領事木村及駐河內代理手冢就法屬印度支那及菲律賓方面的相關消息進行調查。

駐河內代理手冢還特別向外務省提出了1921年由法國駐河內總督府第一

〔註10〕 〔日〕《各國領土發見及帰屬関係雑件/南支那海諸礁島帰屬関係第二卷》《2 參考資料》,JCAHR: B02031159150; B02031160400。

〔註11〕 〔日〕《各國領土發見及帰屬関係雑件/南支那海諸礁島帰屬関係第二卷》《5 參考資料》,JCAHR: B02031159150; B02031160700。

〔註12〕 〔日〕《各國領土發見及帰屬関係雑件/南支那海諸礁島帰屬関係第二卷》《5 參考資料》,JCAHR: B02031159150; B02031160700。

〔註13〕 〔日〕《各國領土發見及帰屬関係雑件/南支那海諸礁島帰屬関係第二卷》《5 參考資料》,JCAHR: B02031159150; B02031160700。

課長提出的機密文件《西沙群島相關備忘錄》《西沙群島最近的沿革》等以資參考。〔註14〕另外，還提供了李濟深通過吳道南向日本方面求助的消息等。

法國佔據南沙群島後，日本以最短時間內整理了相關島嶼的歷史資料，通過各主要媒體將消息公開，並快速匯總了各國對法國佔據南沙群島的態度。非常值得玩味的是日本將南沙群島有「中國人居住」的事實，作為法佔根據的「薄弱點」，提出南沙對於中國像「丟失的鍋墊」。能否這樣認為，日高的報告使日本政府認識到以蔣介石為代表的國民黨政權不會因為日本佔領南沙群島而翻臉，因為蔣、汪之流不會「因小」而失去日本的提攜，這為日本公開主張佔據南沙群島提供了信心。

二、日本政府通過駐法大使向法國提出抗議

日本政府結合各方消息做足功課後，內閣於8月14日向駐法大使長崗發出了訓令：

一、本件相關之島嶼，我方自大政7年以來，由拉薩磷礦株式會社進行探查以後，在長島、南北雙子島兩個島嶼上進行開發。接著在昭和二年，以歐二機密閣第八九零號及同件所附屬的拉沙磷礦開發株式會社社長的申請資料，該公司自大正十一年到昭和四年春，投入巨額資金（稱投入百萬日元），常駐公司職員五至七名、醫師一名、礦工六十至一百三十人，以汽船往返十一次，向內地運送磷礦石二萬六千噸，並著手開發除此二島外的其他島嶼。昭和四年時因經濟不景氣而停止，將島上的人員全部撤回，但全部設備（棧橋、軌道、神社、倉庫、職員宿舍、礦工宿舍、火藥庫、事務所、分析室等）都留在島上，另外，長島的海岸上堆有挖掘出來的磷礦石八千噸。

二、拉薩公司於大正七年以後曾兩次派遣調查隊前往這些島嶼進行調查。海軍方面對這些調查隊負有監督的責任，並由海軍派出預備役海軍中佐任監督。預備役軍官離開本國領土時，須經海軍部長的認可和同意，因此可認為派遣調查隊的行為，是日本政府公開

〔註14〕〔日〕《各國領土發見及歸屬關係雜件／南支那海諸礁島歸屬關係第二卷》《8 參考資料昭和8年8月9日から昭和8年8月15日》，JCAHR: B02031159150; B02031160000。

認可的。另外，海軍於昭和四年時派遣測繪班，軍艦膠州號對該島及附近海域進行了測量，這些都給拉薩公司的經營提供了方便也是事實。

三、如上所述，日本政府在當時就瞭解拉薩公司的經營活動，並為他們提供了便利，但鑒於該島的地理位置，考慮當時如果宣布領有可能會引起國際糾紛，所以政府沒有做正式的主權聲明，也沒有實施正式的佔領措施，而是等待適當時機再做宣誓。這些島礁不僅擁有磷礦資源，水產豐富具有極高的經濟價值，其軍事上的價值也值得重視。如法國答應尊重我方經濟利益，今後軍事上也不會建設軍事設施，且一旦有事我國可以利用該群島，那麼我國在不承認法國擁有主權的前提下，可以將此問題擱置起來，以待以後解決。

四、目前具有重要軍事及經濟價值的島嶼全部包含在法國佔領宣告之內。法國現在援用 1913 年 1 月 28 日意大利國王對「克里克巴登」島問題的裁決，宣布實際佔領為實效佔有行為。這樣的宣告在國際法上是否有效應需確定，在此事件中我方持續使用這此島嶼，與「克」島是否具有相同性，應給予考慮。

五、您應就上述各點（本事件中島嶼的軍事價值應給予保密）向法國政府提出對法國政府的行為表示遺憾，說明我國政府的立場並懇請法國以兩國關係為重。〔註15〕

「訓令」的內容顯示，「拉薩公司」雖有在南沙群島上進行經營活動，但日本並沒有公開對外有所主張，更沒有做正式的主權聲明，也沒有實施正式的佔領。日本政府當前的政策是「不承認法國擁有主權的前提下，可以將此問題擱置起來，以待以後解決」。

8 月 15 日，外務省再次發電將同日內閣所做出的《南支那海群島關係》決議送達給長岡春一，要求其對法國政府提出嚴重抗議，不承認法國對南沙群島的佔領，並向法國方面就以下內容進行說明：

一、法國政府宣告領有的南中國海諸島，歷來為各國所踏查及測量，其海圖也明確記載，一般性地認為其為無主之地，而進行各

〔註15〕〔日〕《各國領土發見及歸屬關係雜件／南支那海諸礁島歸屬關係第二卷》《8 參考資料昭和 8 年 8 月 9 日から昭和 8 年 8 月 15 日》，JCAHR: B02031159150; B02031160000。

種開發。在日本方面，我國人也積極測量開發這這些島嶼。特別是大正 7 年以來，拉薩島磷礦株式公司以開發該島鳥糞及磷礦為目的，二次分別對十一個島嶼進行了詳細的調查。大正十年再一次進行調查。大正十二年從長島開始，在北雙子島、南雙子島投下鉅資，新建棧橋、軌道、倉庫、事務所、宿舍等，派遣五至七名職員、一名醫師、六十至一百三十名礦工開發這些島嶼。自大正十一年年到昭和四年，共運輸磷礦石二萬六千噸，直到昭和四年春天世界經濟不景氣，公司暫時停止了業務，當時人員也撤回到日本。但永久性的設施及採掘出來的磷礦石還都存在島上，待經濟恢復景氣，再開始繼續進行經營。該公司開發和經營過程中，本國政府一直給予認可並提供援助。

二、如上所言，其他國家並未對該群島的開發投入力量，只有日本國民歷經數年，投入鉅資勞動力建立了經營組織，新建了永久性居住設施，從事開發活動。本邦人對於島嶼有持續開發使用的事實證明，過去四年裏本邦人離開了群島，但那只是暫時性終止經營，並未放棄對該島的佔有和使用。

三、依照本國人在開發經營有關島嶼過程中帝國政府提供的援助，及本邦繼續使用佔有該群島的事實，本國政府擁有對該群島的權益，其他國家對此應該給予尊重，相較於本國國人對該群島繼續使用佔有的事實，法國方面對該群島只有設置了航路標識，兩者的事實可以對比參照。

第四，法國政府此次先占行動，不構成國際法的實際佔領，且法國政府沒有考慮上述的各種關係，致帝國政府的意向與不顧，宣布對該群島的佔領，對此，帝國政府深感遺憾，並認為有失妥當，此舉引起我國輿論一片譁然，對日法關係的友好產生不良的影響，日本政府提醒法國政府以兩國間的友好關係為重，妥善的處理此事。〔註 16〕

內閣的「決議」為日本政府的指導性文件。此份「決議」仍然本著前述「訓

〔註 16〕〔日〕《各國領土發見及歸屬關係雜件／南支那海諸礁島歸屬關係第二卷》《9 參考資料昭和 8 年 8 月 18 日から昭和 8 年 9 月 2 日》，JCAHR: B02031159150; B02031160100。

令」的基本主張，強調日本人對南沙群島的開發事實，但沒有明確提出主權主張，只是以國際法中「先占」原則，來對法國所謂「無主地」的佔據主張提出了反駁，並希望法國政府以日法友誼為重。

實際上南沙群島是由中國漁民發現命名的，中國漁民也早已長期生活在南沙各島礁上，根據日本人的調查記載，多個島嶼都有水井、茅屋甚至還有小廟。早期的國際法認為，單純的發現就可以對無主地產生完整的主權。在十五至十七世紀的外交實踐中，存在著大量以發現為主權取得依據的實例，僅僅根據一個航海家登陸某一塊土地並以其國家的名義予以佔有來主張權利。很多國際法學家都認為，「帶有象徵性佔有的發現」足以構成對無主地的領土主權。查爾斯‧G.芬維克（Charles G.Fenwick）曾指出：「作為發現的時代，前兩個世紀（16、17 世紀）存在著大量這樣的實例，即僅僅根據一個航海家登上一塊土地並以其國家的名義予以佔有來主張權利。」〔註17〕戴維‧H.奧特（David H.Ott）認為：「16 世紀，歐洲國家進行海外殖民的早期，一個國家的探險家們對於無主地的單純發現及象徵性的佔領在法律上被認為足以賦予發現國以權利。」〔註18〕英國國際法學家伊恩‧布朗利（Ian Brownlie）也認為：「在 15 世紀和 16 世紀，單純發現而無須進一步的行為即可取得完全的權利。」〔註19〕當然十八世紀以後，單純的「發現」在國際法上已經不再被認為是取得領土主權的方式。單純的「發現」只能賦予當事國「初步的權利」，是一種「不完全的所有權」，只有發現無主地並對其進行「有效控制」才能使當事國獲得完全的主權權利。而有效控制原則並不是一個國際法先存原則，而是隨著國際實踐演變而來的一個「判例法」原則。從其構成來看，「有效控制」原則要具備兩個條件：實施和繼續實施控制行為的意願、實際展示控制目的的行為。而「展示統治的目的的行為」必須符合四個條件，即和平的（peaceful）、實際的（actual）、充分的（sufficient）和持續的（continuous）。

另外，主權國家對無主地的有效佔領通常還受到當地自然條件的限制。如在大洋中孤立的小島、暗礁等，主權國家要實施有效佔領是非常困難的。

〔註17〕 Charles G.Fenwick, International Law, New York: Appleton-Century-Crofts, Inc., 1948, p.344.
〔註18〕 David H.Ott, Public International Law in the Modern World, London: Pitman Publishing, 1987, p.105.
〔註19〕 Ian Brownlie, Principles of International Law, Oxford: Clarendon Press, 1979, p.149.

很多國際法學家也對此進行了闡述。D.H.N.約翰遜（D.H.N.Johnson）認為：「國家通過『以對待不同情況的方式展示其領土主權』來達到維護主權的目的。這些不同的情況『依照有關地區有人居住或無人居住而不同』。」〔註20〕R.C.亨格里尼（R.C.Hingorani）認為：「對於通常無人居住的高地而且氣候不適於人類居住的領土來說，只要不存在相反的具體權利主張，基於地圖的權利主張就可以被看作行使主權的依據。在寸草不生的岩石地區，因為其不適宜長久居住，測量地圖就可以使該國家成為該無主地行使主權的主體。」〔註21〕海特（F.von der Heydte）也認為：「對於完全沒有人居住的或很少有人去的地方，單純象徵性的佔領就可以取得主權權利，這並不偏離要求有效佔領的一般原則。」〔註22〕

日本人在「發現」南沙群島之時，早有中國漁民長期生活在這些島嶼上，且已經被命名，甚至所謂西方各國對南沙各島嶼的名稱，也是來自中國漁民對南沙各島嶼土名的音譯，而且在這些島嶼上開挖的水井、建築茅屋及小廟等，都屬於有效開發的一種方式，即使是以現在的國際法來看，其「先占」國也為中國。拉薩公司在南沙這些島嶼上開發磷礦，當時日本政府並沒有公開進行支持，其在島上的經營活動與中國漁民在島嶼上的漁獵活動並無本質區別，只是通曉國際法的法國及日本都從自己的利益出發，無視積貧積弱的中國對整個南海諸島的主權。

此後日法兩國持續就此事件進行反覆交涉。8月19日，日本駐法國澤田廉三代理大使第一次聲明不承認法國先占權。9月2日、11月17日、12月9日、12月11日、12月21日，日本駐法國代理大使澤田多次約見法國財務通商局長及外交部進行交涉，甚至談及國際仲裁。日本方面一直以小松、池田二人的探險發現及拉薩磷礦公司開採殖民佔領為依據，要求法國撤回佔有宣告。法國方面以佔有宣告時沒有任何國家宣布其為主權標的物及日本私人佔有的產業不具有國際法的主體意義為依據拒絕了日本的要求。

法國方面於1933年10月23日在西貢召開西貢殖民參事會議，把以「斯

〔註20〕 D.H.N.Johnson, "Consolidation as a Root of Title in International Law", Cambridge Law Journal, Vol.13, Issue 2, 1955, p.233.

〔註21〕 R.C.Hingorani, Modern International Law, Ocean Publications, Inc., 1979, p.45.

〔註22〕 F.von der Heydte, "Discovery, Symbolic Annexation and Virtual Effectiveness in International Law", The American Journal of International Law, Vol.29, No.3, 1935, pp.462-463.

普拉特利」為代表的南沙群島劃為交趾支那「Baria」省管轄。〔註 23〕次日，日本伊滕代表領事向外務大臣進行了報告。12 月 21 日，交趾支那總督正式對外宣布此消息。至此，日法之間初期的交涉無果而終。

三、日本海軍推動侵佔開發南沙群島

日本政府初期對法國的態度十分溫和，被日本報刊稱為「魚吞水抗議」。浦野起央研究認為這是「因日本欲求法國對滿洲國友好，對法國佔領新南群島多少有些睜一隻眼閉一隻眼的態度」〔註 24〕。筆者以為這樣評價似乎過於片面。實際上對於法國佔領南沙群島，日本海軍與外務省方面的態度存在著矛盾甚至對立。

日本海軍方面認為南沙群島不僅具有經濟上的價值，軍事價值也極為重要，特別是在南進政策上，具有極高的戰略價值。法國政府在宣布其領有之後，並沒有特別的進行設施及派法國人居住，趁這個空窗期，日本應該加強實質上的經濟根據，以確保日本對南沙群島的控制更加穩固，並尋找有利時機，在與法之間進行外交調停之時，秘密地進行南沙群島的進出計劃：「在新南群島進出計劃上，把它作為漁業根據地來經營是最為合適的。」〔註 25〕

對此，外務省則以違反前述「昭和八年內閣決議」方針立場來反對海軍方面的提議及做法，即日本即使否定了法國先占，也不能完全主張屬於日本，必須顧慮法國領有宣言。如果在領土沒有確定屬於哪方前，就設立前述的各種設施，這在法國看來也屬於侵害其領土，可能會引起國際間的爭端，對日本政府極其不利，在南洋方面也會形成極其惡劣的影響，甚至造成重大的國際糾紛。〔註 26〕

「拉薩磷礦株式會社」的法人代表小野義夫於 1934 年 7 月 21 日、26 日、8 月 7 日、18 日、20 日，五次給外務大臣廣田弘毅發信陳情，因當年拉薩對南沙各島嶼的開發完全由海軍方面秘密支持，可以認定為海軍方面借小野之口，明確其對南沙群島的態度。

〔註 23〕〔日〕《各國領土發見及帰屬関係雜件／南支那海諸礁島帰屬関係第二卷》《10 參考資料昭和 8 年 9 月 3 日から昭和 10 年 9 月 5 日》，JCAHR: B0203115
9150; B02031160200。
〔註 24〕浦野起央著，楊翠柏等譯，《南海諸島國際紛爭史》，第 148 頁。
〔註 25〕〔日〕《支那事変関係國際法律問題（第五卷）8》，JCAHR: B02030679900。
〔註 26〕〔日〕《支那事変関係國際法律問題（第五卷）8》，JCAHR: B02030679900。

11 月 29 日，外務省歐美局長給小野義夫回覆，稱「目前對法國領有這些島嶼持有疑義，正處於交涉之中」〔註27〕，說明外務省與海軍省在南沙群島問題上並不同調。

但海軍方面並沒有拘泥於外務省的反對，而是聯合臺灣總督府，策動將南沙群島變成日本的漁業基地。海軍方面就「新南群島」問題提出自己的處理意見：

> 鑒於帝國政府不能滿足於單純與法國方面所約定的只尊重我方的經濟利益但是不能建設軍事設施的想法，我方也不能承認法國先占的這樣的一種態度，假使法國方面聽從我方的主張，此問題可作為懸而未決的問題，留待將來進行考慮。但此問題短時間內很難很好的解決。新南群島直接經濟上的價值很大毋庸置疑，根據馬公要港部的調查，近來把臺灣作為根據地，向南支那海、南洋群島方面進出的本邦漁船，會愈來愈多且有越來越增加的趨勢。這些船隻有很多可以寄港新南群島。另根據第五水雷戰隊司令官的報告，在新南群島如建有我們的據點，對漁船來說，可以進行補充燃料、糧食、日用品、飲料水，島上也可以進行漁獵品的製造、儲藏、販賣、漁船的修補、船員的修養、醫療、天氣的觀測預報及其他通信航空機等，對發現魚群、海賊警戒、救難等設施的設立，將來在發展上都有很多的益處。這些設施的引進和擴充也可以使磷礦石挖掘重新復活，變成對南洋航空空路的中傳地，故本群島的價值更值得重視。特別是在有事之時，在作戰上更是重要的收割地，特別是可以將該群島建設為南進的根據地，成為帝國南進政策的重要基石。在法國政府不能收回其聲明之時，我方應積極的進行前述經濟上的各種建設，漸次達成漁港，擴充各種設施，將之成為實質性的經濟根據地，來強化將來日本的主張。〔註28〕

同時，臺灣總督府方面策動因侵佔開發中國西沙群島而知名的平田末治

〔註27〕〔日〕《各國領土發見及歸屬關係雜件／南支那海諸礁島歸屬關係／新南群島關係第一卷》《2 昭和 8 年 8 月 23 日從昭和 11 年 1 月 14 日》，JCAHR：B02031161200；B02031161500。

〔註28〕〔日〕《各國領土發見及歸屬關係雜件／南支那海諸礁島歸屬關係／新南群島關係第一卷》《2 昭和 8 年 8 月 23 日從昭和 11 年 1 月 14 日》，JCAHR：B02031161200；B02031161500。

提出了《新南群島進出計劃書》，其內容如下：

一、對當業者來說，就是作為漁業根據地來進行經營，要而察之是作為進出的腹地，但只裝備防範附近海盜所應必須的武器。

海軍方面進行直接的經濟上的援助有困難，但要以何等適當的名義來對初期的進出進行支持。

二、海軍方面在進出初期時給予的支持非常重要。

（1）完成新南群島作為根據地其附近的測量。

（2）在上述時間以適當的方式設立無線電設施。

（3）實現與臺灣鳳山之間的通信。

（4）督促氣象觀測相關當局者。

（5）根據狀況給予警備用武器供給漁場調查之舊飛機。

（6）給予技術人員相關各種幫助。

三、臺灣總督府就以下事項進行援助。

（1）初期經濟上的援助。

（2）船舶交通上的特別考量。

（3）物資輸出入相關特別的考量。

（4）秘密輸入（外國）的相關保護。

（5）事業家的統領管制。

四、國際上的處理。

（1）在本國發行的圖書中改成日本名字並如同日本領土一樣進行記述。

（2）對新測量的島嶼笠立日本領標識。

（3）擇機完成編入我領土之國內手續。

（4）與外國的交涉和發表等待國際形勢擇機進行。〔註29〕

平田末治的「進出計劃書」實質上以個人的名義，對海軍省的「意見」進行細化，提出了日本吞併南沙群島的具體實施辦法及國際上的處理方式。

1935 年 11 月 14 日，日本外務省歐亞局局長東鄉向臺灣總督府發出「對於新南群島臺灣總督府政策的相關之件」，根據海軍方面的意見，提出在「新

〔註29〕〔日〕《各國領土発見及帰屬關係雜件／南支那海諸礁島帰屬関係／新南群島関係第一卷》《2 昭和 8 年 8 月 23 日から昭和 11 年 1 月 14 日》，JCAHR: B0 2031161200; B02031161500。

南群島」日本國有化中，由臺灣總督府統籌制定邦人漁夫定居的計劃所需要的經費。〔註30〕

於是臺灣總督府決定由1936年預算中補助十萬日元（計劃三年）組成「新拉薩漁業合名會社」，「在新南群島進行無線電相關設施、棧橋、船舶浮標、倉庫、海盜防禦用設施等建築物的建造，完成漁業的殖民。由陸軍配備重機關槍兩挺，輕機關槍五艇，小手槍三十隻。由海軍海路部進行測量設施的建築、傳播浮標的設立、無線電信號及人員的選擇、無線電交換信號及氣象觀測等。新拉薩漁業會社各種建設的設計等都要服從於軍部的指示，公司的資本金是二十萬元，鑒於當前國際關係，確定三名股主，預定者為慎哲鹽水糖社長、平田末治」〔註31〕。

19日，臺灣總督府外事科長板本向廣田外務大臣發電報告，以總督府預算資助鹽水港製糖槙社長作為社長建立新公司，並由近日到京的平田帶去詳細計劃，並由當地海軍按平田末治的計劃進行操作。

四、外務省與海軍省態度趨於一致

海軍方面認為根據1933年的內閣決議，日本不承認法國對南沙的領有，但要獲得先機，必須將該島作為其經濟根據地，另外南沙群島在作戰上的地位對海軍來說也極為重要，所以海軍方面堅決反對法國擁有主權，並著手推動臺灣總督府幫助達成其將南沙群島建成漁業基地的目的。〔註32〕

1936年1月14日，「拉薩工業株式公司（於1934年更名）」代表取締役小野義夫向外務省提出該公司業務重啟計劃，即在南沙群島磷礦開採業務的申請。在前述1933年因南沙群島問題日本與法國糾紛之時，「拉薩島磷礦株式會社」對於日本方面的主張，提出了極為有利的證據，即「拉薩島磷礦株式會社」在南沙群島上長期從事其經營事業。此次更名後的「拉薩工業株式公司」，在日法因南沙群島發生紛爭以後，多次提出再開事業的申請，鑒於當前的事

〔註30〕〔日〕《各國領土發見及歸屬關係雜件／南支那海諸礁島歸屬關係／新南群島關係第一卷》《2昭和8年8月23日から昭和11年1月14日》，JCAHR: B02031161200; B02031161500。

〔註31〕〔日〕《各國領土發見及歸屬關係雜件／南支那海諸礁島歸屬關係／新南群島關係第一卷》《2昭和8年8月23日から昭和11年1月14日》，JCAHR: B02031161200; B02031161500。

〔註32〕〔日〕《支那事變關係國際法律問題（第五卷）8》，JCAHR: B02030679900。

態，請外務省進行考量。〔註33〕

外務省雖認同海軍方面的做法，但鑒於前述「內閣決議」之精神及外交上的考量，不能公開海軍方面的積極行動，然其又必須配合海軍方面對臺灣總督府下令進行各項「納入日本領土」的準備，這使得外務省處於被動的狀態。特別是 1936 年德意秘密簽訂了《德意議定書》後形成了「柏林─羅馬軸心」，日本又與德國簽署《反共產國際協定》，隨著次年意大利加入了《反共產國際協定》，德、意、日三國軸心正式形成，此後日本與法國已經處於敵對的狀態之中。外務省認為此時不能與法國產生正面衝突，故開始反對海軍方面提出的冒進計劃。

海軍方面並沒有拘泥於外務省的反對，仍派海軍進南沙群島進行調查，在南沙建立了氣象通報無線電臺，並在 6 月份提出一個內閣決議案草案，但因外務省的反對而未能付諸於實現。

為了與海軍省步調一致，外務省於 1936 年 12 月向內閣提出《新南群島問題》質詢書，其內容如下：

一、概述

新南群島歸屬問題起源於昭和八年法國政府宣布佔領通告，我方鑒於新南群島巨大的經濟利益和軍事價值，要求法國政府友好地撤回其宣告，並為此進行了交涉，法國政府對此置若罔聞，其後日本政府否認法國政府對此擁有主權，此問題一直懸而未決。

第二、新南群島的開發問題。

去年臺灣高雄市民平田末治以開發該群島為目的，計劃成立了一個會社，獲此消息後，海軍方面在群島建立經濟主體設施，援助平田建設漁業根據地，計劃從昭和十一年度起三年內劃出資 11 萬日元，支出方為臺灣總督府，該會社本年在臺灣設立，其運營情況將視日法糾紛及最近國際形勢來發展。

第三、海軍方面的態度。

海軍方面基於該群島在作戰及在南進政策方面的重要性，近期開展積極活動，在法國政府宣布佔有通告後，興建特殊設施，為確保我方經濟上的實質佔有，並為時機成熟時解決日法糾紛做準備。

海軍方面認為經營漁業根據地是進出新南群島的最合適辦法，

〔註33〕〔日〕《支那事変関係國際法律問題（第五卷）8》，JCAHR: B02030679900。

從技術角度支持漁業從業者易於進出群島且從臺灣總督府處還可得到經濟援助。偶然的機會發現了現居住在臺灣高雄的平田氏，平田現以高雄為基地從事斯普拉特利海人草捕撈工作。該人同軍部關係密切，同慎哲鹽水製糖公司社長合作，設立資本金十萬元的公社，經與臺灣總督府協商，總督府給予該公司一定量的補助金（昭和十一年預計補五萬元，因外務省反對而消減，昭和十二年預計補五萬元）。據最近的情報，平田、慎哲鹽水製糖社長、伊藤日本礦業社長、森日本電器工業社長一起成立了以開發新南群島為目標的開陽興業株式公司，開始準備其公司業務，本年五月將赴新南群島方面進行視察，海軍方面派數十名士兵攜帶無線電臺、機場設備前往。

第四，新南群島的開發對國際關係的影響如前所述，是我國與法國在群島的主權歸屬問題上的衝突。上述開發計劃他日必將引起法國政府新的糾紛，應考慮盡可能減少對國際關係的影響。開設漁業根據地與現存的拉薩磷礦開發株式會社重新經營不同。新的業務開展需要建立棧橋、無線電臺、機場、防海盜用的武器的存放地等，使人馬上聯想到軍事方面的建設，且海軍方面與臺灣總督府的援助更加深了這種疑慮。目前日德共同協定的簽訂，迅速的導致日法關係惡化，此時若引起糾紛將更難以解決，將無法貫徹既定的解決方針，從其他角度上來講，將對我方消解衝突帶來不利的影響。鑒於該群島的地理位置，日法衝突的表面化會使美國、荷屬印度、英國對日本的南海政策的真實意圖做種種的臆想，將會對我國的南進政策投下陰影。

因此外務省要求內閣會議對昭和八年內閣會議的決定再次確認。如果內閣會議決定了新的方針，外務省將盡一切可能按照新的方針進行工作，再次特別向內閣提出申請。〔註34〕

正當日本外務省猶豫之時，法國政府卻於 1937 年 2 月 9 日第一次提出抗議書，稱其根據巡邏艦的報告，瞭解到日本在南沙群島的活動，根據法國對南沙群島的先占權利，要求日本人撤離該島：

〔註34〕〔日〕《各國領土發見及歸屬關係雜件／南支那海諸礁島歸屬關係／新南群島關係第一卷》《3 昭和 11 年 1 月 18 日から昭和 12 年 12 月 4 日》，JCAHR: B0 2031161200; B02031161600。

就法國領有斯普拉特利群島問題，法國政府與日本政府在昭和八年、九年間進行了多次會談，雙方本著友好的前提交換意見，其結果是昭和九年日本駐法大使向法國外交部遞交了日本政府關於此事從來沒有放棄自己的主張，但實際上並沒有明確提出，基於此下記事實可能是法國政府的誤解。

法國通信船在斯普拉特利群島偵察巡航時，在群島中「伊查巴島」上發現了一個自稱千古的人，他率十多名臺灣漁民佔領了該島，並在島上設置了無線電發射裝置，還懸掛了日本國旗。他對法國艦長稱不承認法國對該島嶼的主權，還破壞法國官方為紀念佔領該群島於昭和八年樹立的標識。法國政府認為千古及其部下對其無知導致的後果有清楚的瞭解，因此法國政府命令法國軍艦艦長執行以下命令：

第一、修復「伊查巴島」上法國先占並擁有主權的紀念碑。

第二、千古及其他人如再有破壞紀念碑等情況應迅速通報。

第三、以書面通告的形式告知千古等人，其經營應遵守印度支那法律並接受其行政管轄，特別在印度支那領土上，外國人禁止設立電臺，非經授權將受到法國政府的處置。

法國政府將在以後數周內派艦艇前往該島瞭解執行情況。法國政府認為斯普拉特利群島主權之爭再次成為問題，特別是日本臣民不承認法國主權的行為是日本政府授意的說法是難以想像的，法國政府不認為日本政府對其臣民的行為有充分的瞭解。

為了顯示對千古及其部下的善意，法國政府授權法國艦長在其職權範圍內要求千古撤離群島並停止使用電臺。在接受上述通報後的一段時間內，如果千古及其部下不能遵守印度支那在漁業、外國國旗及無線電臺等方面的規定，負責管轄斯普拉特利群島的印度支那當局將採取一切正當的行動使其遵守有關規定。〔註35〕

面對法國駐日大使安利的抗議，日本外務省必須做出有利於日本在南沙權宜的回覆，為此必須對由海軍方面暗中支持的現正進行中的「開陽興業」的

〔註35〕〔日〕《各國領土發見及歸屬關係雜件／南支那海諸礁島歸屬関係／新南群島関係第二卷》《1昭和13年1月12日から昭和13年2月21日》，JCAHR: B02031161900; B02031162100。

活動進行支持。

　　海軍部在 6 月時曾提出一個內閣決議草案，但外務省擔心海軍提出的冒險計劃可能會導致日本與法國產生正面衝突。外務省的反對使海軍方面不能付之實行，但海軍方面仍然堅持對平田的援助，並拒絕了 8 月 15 日的內閣決定，單獨積極參與南沙氣象通報用無線電臺的工作，還於 1937 年 9 月 3 日派軍艦佔領了東沙島。

　　在此種情況下，外務大臣內田代表日本政府於 1938 年 1 月 11 日正式做出回覆，稱：「我國臣民數十年來一直以這此島嶼為無主，在島上不受障礙的從事各種經濟活動，而且根據他們所從事工作需要的氣象通報設置電臺是經營者的自由，而且日本國民在自己建造的房屋上懸掛自己國家的國旗，也是理所應當之事。……日本政府強調，如果出現貴大使信函中所描述的印度支那政府對我國國民經營活動橫加干涉蓄意破壞的情況，日本政府為保護臣民，將採取一切必要的措施，日本政府認為為保持兩國長久以來的友好關係，不應為了爾等小事影響兩國大局，在此日本政府再次要求法國政府不要在新南群島給我國正常的經營活動設置障礙，製造不便。」〔註36〕

　　日本外務省的答覆雖然沒有明確說明日本擁有南沙群島的主權，但實際的態度就是不承認法國對西南群島的佔領，當然也不能接受法國方面的抗議。因此法國駐日大使又於 1938 年 1 月 24 日送來第二封抗議書：

　　　　對閣下關於新南群島的見解已經閱知，但日本政府不能超過訓令。法國於 1930 年 4 月 13 日由法國海軍實施了新南群島的佔領，1933 年 4 月 7 日至 12 日完成了國際法規定的各種程序，法國政府還於 1933 年 7 月 16 日在政府公報中予以正式的宣布。該群島至法國佔領時不是任何國家主權的標的物，在法國佔領前該群島為無主地這一點應無任何異議，其他國家的國民此前在該群島也有無規則的活動，但私人的經營活動在國際法上並不構成國家主權的主體。上述見解已經數次向貴國表明，至 1933 年 12 月 11 日以正式書面形式向日本駐法代辦澤田廉三遞交，法國政府認為日本政府同意法方觀點源自 1934 年 3 月 28 日日本駐法大使佐藤尚武閣下遞交法國外

〔註36〕〔日〕《各國領土發見及帰屬関係雑件／南支那海諸礁島帰屬関係／新南群島関係第二卷》《1 昭和 13 年 1 月 12 日から昭和 13 年 2 月 21 日》，JCAHR：B02031161900；B02031162100。

交次官的公函中明示日本政府中止對此事的進一步交涉，有關問題留待以後解決，法方認為該聲明表明日本政府認可法國政府的行為，且自當時至今有四年，期間無聽聞日本政府對新南群島有任何異議。此次事件發生後，法國政府本著解決問題的態度，在巴黎數次向日本政府官方表示，該群島為法國佔有，法國保護在該群島留居的日本國民的經濟利益不受任何影響。但法國政府不能豁免也不能允許日本臣民不遵守印度支那法律，法國政府要求日本臣民尊重上述法律是基於這些群島是法國主權原則而衍生出來的。〔註37〕

法國政府以國際法闡明法國已經完成對南沙群島的佔領手續，並列舉出日本放棄爭議的事實作為依據，要求日本臣民遵守法屬印度支那法律，他們認為這是由於這些群島屬法國的主權而衍生出的，對此日本政府必須做出明確回覆，否則將處於不利地位。

海軍省軍務局於 1 月 31 日給外務省歐亞局第三科長發信，要求就「新南群島問題」向法國大使進行答覆時，要遵循以下原則：「1934 年 2 月 28 日駐法佐藤大使對貴國外務次官所說的帝國政府終止本件處理，有關問題有待以後解決，這只是貴方的說法，我國政府從未有過這樣的訓令發給在法的大使館，大使館也沒有發回這樣報告。日本政府現在仍然不能承認法國政府的先占，現在在新南群島從事事業的日本人也沒有義務遵守法屬印度支那法律的義務。」〔註38〕

2 月 1 日，歐亞局第三科長石澤拜訪前駐法大使佐藤尚武，就 1934 年 3 月 28 日對法國外務士官所談論的南沙群島主權問題進行詢問，佐藤否認法國的說法。這樣外務省必須採取海軍方面的建議，採取一致的方針來對付法國。

外務省一方面策劃在南沙太平島上建立新的「先占紀念物」，一方面駁覆了法方的說法：

帝國政府不認可法國政府對於新南群島的先占主張。昭和八年日本駐法代辦澤田曾多次向法國外交部申明日本政府的觀點，關於

〔註37〕〔日〕《各國領土發見及歸屬關係雜件／南支那海諸礁島歸屬關係／新南群島關係第二卷》《1 昭和 13 年 1 月 12 日從昭和 13 年 2 月 21 日》，JCAHR: B02031161900; B02031162100。

〔註38〕〔日〕《各國領土發見及歸屬關係雜件／南支那海諸礁島歸屬關係／新南群島關係第二卷》《1 昭和 13 年 1 月 12 日從昭和 13 年 2 月 21 日》，JCAHR: B02031161900; B02031162100。

此觀點日本政府迄今並沒有發生任何變化。昭和九年佐藤大使向貴國政府的表述與此並沒有不同，貴方引用之三月二十八日佐藤大使的陳述，貴方並沒有任何的記載。貴方引用佐藤的談話後，我方曾向該大使進行瞭解，佐藤表示與貴國外交部次官談話內容中絕沒有承認法國對新南群島擁有主權的內容，我方始終如一的觀點是不承認法國對新南群島擁有主權的主張。所以佐藤大使會談後我方也沒有改變不承認法國擁有主權的主張為默認法國擁有主權。法國政府認為此舉為默認法國主張的觀點是不妥當的。日本政府一貫致力於維護和增進日法傳統的友好關係，但我們遺憾的看到，在我們發表了第一次答覆之後，法國政府依然要求我國在新南群島進行經營活動的國民遵守法屬印度支那的法律法令，我方不能改變一月十一日對新南群島有關問題的觀點。最近貴方傳達的信息中，關於在伊查巴島為法國所有的石碑等建築物，日本政府不承認法國對該島擁有主權，也不承認法國在該島上的紀念碑等建築，如貴方重新建立紀念碑，我方對此深表遺憾。〔註39〕

至此，日本外務省的態度開始轉變，對南沙群島的策略開始與海軍完全同步。

小結

綜上所述，由於法國宣稱佔有南沙九小島，使早年支持拉薩磷礦株式會社的海軍方面擔心南沙成為法國的屬地，開始積極策動南沙群島的「進出計劃」，並在臺灣總督府的幫助下成立「開陽漁業會社」，在南沙各島開展新的經營，企圖將南沙群島建構成新的海外漁業基地，等待時機完全吞併。1937年12月4日，法國軍艦登陸南沙太平島，視察了「開陽漁業公司」的各種活動及其設施等。法國方面強調法國對南沙群島的主權，要求日本人從該島撤離，並將各種設施全部撤出。外務省也不能再堅持穩健的吞併政策，必須與海軍方面達成意見的一致，承認該島上日本人長期的事業經營活動為主權開拓方式。這樣日本外務省改變原有的政策，開始和海軍方面採取一致的方針共同對付法國。

〔註39〕〔日〕《各國領土發見及帰屬関係雑件／南支那海諸礁島帰屬関係／新南群島関係第二卷》《1 昭和13年1月12日から昭和13年2月21日》，JCAHR: B02031161900; B02031162100。

第九章　南沙更名「新南群島」成為
臺灣的一部分

　　1937 年 7 月盧溝橋事變之後中日進入全面戰爭狀態，為了對中國軍需物資進行禁運，日本從 8 月 25 日起，在北起長江口南到汕頭地區禁止中國船舶航行。9 月 5 日開始，除青島及其他國家的租界地，日本對中國所有地區的沿海實行禁運。9 月 3 日，日本佔領了東沙島，10 月 26 日，又佔領了金門島，並將兩地作為對中國實施禁運的根據地。法國鑒於日本南下對法屬印度支那的壓力，於 12 月 9 日發表第一次聲明，次年 1 月 24 日發表第二次聲明，宣稱對南沙群島擁有先占權。而此時中日戰爭也開始進入戰略相持階段，日本為早日實現「大東亞共榮圈」的美夢，對南海諸島的政策也面臨著重大的調整。為加速吞併南沙群島的步伐，日本於 1938 年 12 月 13 日由內閣總理大臣近衛文麿裁可，由外務、拓務大臣提出的《新南群島所屬相關之件》，正式將南沙群島併入日本領土，更名為「新南群島」並劃歸為臺灣總督府管轄，成為臺灣的一部分。

一、日法在南沙群島問題上的博弈

　　1937 年 12 月 4 日，法國軍艦「通報號」入港南沙太平島，艦長阿魯茲中佐登陸後訪問「開陽漁業會社」設在太平島的事務所，稱法國方面 1930 年就進入該島，並於 1933 年 4 月 10 日將其併入，現屬於法國領土，因此到該島視察豎立國旗，並確認當年樹立的紀念碑。他向事務所主管預備海軍大佐千古遞交通告文書，要求日本人遵守法屬印度支那的法律，停止使用無線電發射臺。

　　「開陽漁業會社」駐在太平島上的代表千古答覆稱該島並不屬於法國所屬，並將經營太平島歷史的文書交給法國艦長：「吾人為開洋漁業會社的從業人員，現在以本島為基地從事貝類及海龜等的漁獵活動，法國前年宣稱本島為法國領土，但日本政府並沒有認可。數十年前日本人就在本島從事磷礦的開採事業，事實上已經將本島作為自己的領土，因此吾人才可以居住在此處從事漁業活動，當然權利是由帝國政府確認的，但日本人過去在本島作業的遺跡至今尚存，可以帶你去參觀。我們只是在本島從事漁業，您有抗議可以直接與日本政府進行交涉。」〔註1〕

　　法國艦長沒有採取進一步的措施，只對太平島上日本各種設施等進行了攝影，還在島上建設了新的佔領紀念碑，宣布該島為法國所有。他警告稱如果該島再遭日本人毀壞，將造成重大的國際事件，後於6日離開太平島。

　　7日，日本駐法國外務次官山村大使與法方進行會談。9日，外務省向在京的法國大使遞交抗議公文。1938年1月11日，日本方面再一次向法國提交文書，反駁法方的主張；1月24日，向在東京的法國大使提交了第二份抗議文書。但日法之間並沒有取得一致的意見。對此日本政府對1933年的「內閣決議」進行了再檢討，確定了新的「新南群島問題對策」，作為以後處理南沙群島問題的方針。

　　1938年4月10日，法國軍艦第二次入港太平島。法國艦長及其他人員十二人登陸，對去年建設的標識等進行確認。下午又有官兵四十多人登陸，對標識進行再塗漆，並到島上各處進行檢查。法國艦長登陸後會見「開陽漁業公司」的千古大佐，再次向千古強調該島為法國所屬領土，要求日本人開採磷礦及無線電等設施等必須遵守法屬印度支那的法律。千古兩次交付文書，強調該島為日本所有，不能服從法屬印度支那的法規。4月23日，法艦離開太平島。

　　隨著中日戰爭的發展，日軍很快攻下徐州、武漢及廣州，對海南島和西沙群島的佔領也可預見。於是法國搶先佔領了南沙群島，並於1938年7月4日發表了對南沙佔有並進行管理的通告，同月25日第三次，8月19日第四次發表領有南沙群島的聲明，重申法國對南沙群島的佔領權。由於法國再次登陸太平島，也無視日本先占的紀念碑及千古的通告，企圖強迫日本承認其為法國領

〔註1〕〔日〕《各國領土發見及歸屬關係雜件／南支那海諸礁島歸屬關係／新南群島關係第一卷》《4昭和12年12月5日から12月14日》，JCAHR: B02031161200; B02031161700。

土，這對日本來說極為不利。

　　1938 年 7 月 23 日，法國千噸級商船再次登陸太平島，三名法國巡查指揮及三十多名印度支那人將建築材料和糧食運往島上。25 日，將一名法國人與十名印度支那人留在島上商船離開。到 8 月 3 日，這些法國人在太平島上建設了八坪（1 坪約合 3.3 平方米）可設置發電臺三臺的無線電控制室。

　　法國的這些行為，實質上破壞了日本所謂的先占原則，即以積極的行動來達到破壞日本先於法國佔領或完全佔領南沙群島的目的。日本為了反抗法國，一方面請在法大使向法方表達嚴重抗議並要求法方從太平島上撤出，另一方面於 8 月 9 日派出一千五百噸的軍艦「勝利號」載多名臺灣籍巡查登陸太平島，10 日對全島進行了全面的調查。

　　8 月 11 日，「勝利號」艦長會見了在島上的法國人，提出南沙群島向為日本所屬，不承認法國先占的主張，也不能接受法國在太平島所建的各種設施，要求法國馬上停止其在島上的工作，並降下法國國旗，從島上撤出。對此，法國人極力反駁，不接受日方提出的要求，提出太平島為印度支那所屬，此次來到的目的是因企業派遣到島上從事漁業捕撈。至於該島的歸屬，應向印度支那總督發出照會進行詢問；是否降下國旗，也要等待西貢本社的指示才能做出最後的決定。

　　8 月 13 日，太平島上的法國人通過翻譯向「勝利號」的日本人提出漁業公司傳來的傳話：「本社的事業是代表安南漁業公司，至於太平島及附屬島嶼是安南領有還是法國領有並沒有考慮，也沒有辦法對法國政府實施影響，故不論是法國、交趾支那、還有日本等在這裡進行軍事登陸，也沒有經過法國政府的許可，因此我等不能因為島上有日本國旗和日本的設施就說明這些島嶼為日本的領土。」〔註 2〕

　　8 月 23 日晨，法國二千噸商船再一次入港太平島，甲板上搭載大量的建築材料，「勝利號」艦長通過翻譯向其提出抗議。對此，該艦長回答只是漁業公司雇用運送材料到本島，其他事項並不知曉。

　　8 月 24 日，「勝利號」艦長向法國船長提出，目前日本政府要求法國撤離在該島上的人員，在政府之間進行談判之時，該船不能登陸卸載該艦的建築材料以免事態擴大。但法國船長強調，深信該島屬法國，除了法國政府或者公司

〔註 2〕〔日〕《最近新南群島問題的發展》，參見：《支那事変関係國際法律問題（第五卷）8》，JCAHR: B02030679900。

方面的命令，或者是日本軍艦進行武力攔截，其他都不能阻止其登陸。於是法國軍艦繼續登陸，卸載船上的建築材料，「勝利號」艦長以監視該船的一切行為作為回應。8 月 26 日，法國船從太平島離開。對於上述事件，日本和法國政府之間進行了交涉，最終沒有任何結果。〔註3〕

鑒於法國多次登陸太平島修築建築物，破壞日本的先占標誌，日本方面策動臺灣總督府準備在太平島設立紀念碑。

以前「拉薩島磷礦株式會社」曾經於大正年間在太平島上設立「大日本帝國東京府拉薩島磷礦株式會社於 1917 年 8 月立」的紀念碑已經被法國人破壞消失。故海軍方面與臺灣總督府策動，由「開陽漁業株式會社」在太平島上設立了「開洋漁業株式會社」所在地的地標碑。但外務省最初與海軍有不同意見，認為不能破壞法國的建築物，以免造成法國方面的報復而產生對立，其後軍部、外務省還有海軍方面進行協商最終取得一致意見。5 月 3 日，外務省歐亞局長井上向臺灣總督府外事科長下令設立「開陽漁業」的紀念碑。

1938 年 8 月 20 日，日本紀念碑設立竣工，8 月 22 日舉行了揭幕式。碑的表面刻有日本國旗，下面有大日本帝國的字樣，碑後面刻有：

1917 年 2 月 18 日池田金造、小松重力探險本群島。

1917 年 6 月平田末治探險南沙群島。

1918 年 12 月到 1919 年 1 月小倉預備海軍中佐為隊長的第一次磷礦株式會社探險本群島。

1920 年 12 月拉薩第二次探險。

1921 年 6 月拉薩磷礦公司開發太平島。

1921 年 12 月拉薩會社南雙子島開始鳥糞的採掘事業。

1923 年 9 月到 1924 年拉薩磷礦第三次探險。

1929 年拉薩磷礦終止開採。〔註4〕

從所立碑文來看，日本方面最早到南沙群島的時間為 1917 年。這再次證明日本是在第一次世界大戰後國力強盛，在其南下政策的指引下才開始對西、南沙群島產生覬覦之心。特別是池田金造及平田末治等人探險南沙具體的檔案都沒有找到，不排除是日本在水路志上發現這些島嶼後的有意為之。

〔註 3〕〔日〕《最近新南群島問題的發展》，參見：《支那事變關係國際法律問題（第五卷）8》，JCAHR: B02030679900。

〔註 4〕〔日〕《最近新南群島問題的發展》，參見：《支那事變關係國際法律問題（第五卷）8》，JCAHR: B02030679900。

二、南沙更名「新南群島」劃歸臺灣管轄

1938 年 10 月，日軍佔領武漢，蔣介石政府退守重慶，日軍力量的後期乏力和國際政治上的空前孤立使中日戰爭進入戰略相持階段，日本對南海諸島的政策也面臨著重大的調整。

日軍佔領廣州以後，通過情報獲知中國政府仍然通過香港、九龍、澳門、汕頭、廣州灣南海沿岸以及越南等地進口大量的抗戰物資。為此日軍的大本營在 1938 年冬和 1939 年春先後對駐廣州的日軍下達了設法切斷中國沿海的近海交通要道的命令。根據這項指示，日軍開始確定在中國南部沿海作戰活動的主要目標，即攻佔海南島、汕頭、江門及九龍以北的深圳等地區，以強化對中國海疆的全面封鎖。

鑒於國際上援助蔣介石政權的運輸通道已經轉向了河內、緬甸方向，日本陸軍還只是在廣東中部，想要切斷上述的兩個交通通道，只能採用空軍打擊的辦法。當時日軍可以對中國華南地區進行空中打擊的基地只有「臺灣」和「三灶島」兩處。這兩個基地距離中國的廣西、雲南路途遙遠，顯然無法實現日軍全面封鎖中國華南地區交通的目標。因此日本軍方設想，如能佔領海南島，並進而在海南島建設航空基地，就可以將西沙群島、南沙群島連成包圍線，航空作戰可進一步延伸，甚至切斷中國和緬甸之間的聯繫。為此日本海軍強烈希望佔領海南島。

海南島位於法屬印度支那（今越南）和香港之間，北與雷州半島隔海相接，為南中國及法屬印度支那政治、軍事戰略的要樞，且是南中國海、香港、中國大陸的進攻據點。特殊的地理位置決定了它對法屬印度支那具有深刻的影響。同時，島上的三亞、海口、黃流等機場和三亞、榆林、海口、北黎等港灣是南中國海的交通樞紐。三亞附近的海、空基地關係到西南中國登陸作戰，其東南海域上散落的西沙群島可成為海空基地，價值最大的是多樹島（今永興島），可作為中型機以下的飛機場及艦艇的避風泊地。此外，海南島上還有日本國內稀缺的鐵礦。

日本海軍軍令部情報部早在 1897 年 8 月即派特務勝間田善做到海南島，在海口市得勝洲路 58～62 號開設了一家經營動、植物標本的商店作掩護，秘密從事情報活動。日軍侵華時的隨軍記者火野葦平曾著有《海南島紀行》一書，該書中寫了許多有關勝間田善作的活動情況，對其間諜手腕和「功勳」稱頌備至。

　　勝間田善作為了搜集情報和山川形勢、海灣深度、風土人情等兵要地志情報，幾乎跑遍了整個海南島的城鎮鄉村。他將所搜集到的資料，參照當時國民黨政府海南島行政專署專員黃強指令各縣政府所繪製的各縣地圖，於 1926 年繪製成《海南島地圖》和《海口市地圖》上報給日本海軍軍令部第二部，即情報部。他所繪製的地圖非常詳細，甚至連中國軍隊在海南島修成而尚未使用的秘密地洞和倉庫都做了標繪。1939 年日本海軍侵佔海南島時，他所繪製的地圖極大地支持了日軍的軍事行動。

　　勝間田善作除利用黃強指令海南島各縣政府繪製的各縣地圖外，還以利誘使其主編《海南實業調查》一書，該書後交由海南書局出版。在這部書中，除列有工商企業、農林礦產等數字外，還附有各縣的地理交通詳細插圖。其後，海南書局又出版一部《瓊州府志》，書中也附印有黃強指令各縣政府所繪製的各縣地圖。勝間田善作根據自己所搜集掌握的資料，並參照《海南實業調查》、《瓊州府志》等書，編成全面、詳細介紹海南島各方面情況的巨冊《海南傳書》，上報給日本海軍情報部。

　　在日本侵佔海南島之前，除勝間田善作在海南島進行調查研究外，東亞殖產株氏會社的菅勇也曾做過大量調研。他於 1938 年 6 月編撰了《南海的寶庫——海南島》，向陸、海軍和外務大臣「陳情」侵華戰爭的觀點及海南島的重要性。書中羅列了住民、交通、通信、金融、貿易、關稅、政治、教育、宗教、農產、礦業等十一個方面的簡要情況，並為侵略海南島積極建言。這本小冊子所涉及的大部分項目，也是日後大本營陸軍部所編的兵要資料《海南島概說》中的內容，甚至其住民、交通、礦業等相關內容，較軍方的資料還詳細。〔註5〕

　　由於海南島的特殊地位，日本軍方雖急於佔領這一地區，但擔心進攻海南島會觸及到英國、法國在這個地區的殖民地利益，直接影響到日本的對外政策，因此日軍大本營在進攻海南島方面的工作十分慎重。1939 年 1 月 13 日，日本的御前會議決定進攻海南島，但是一直到 1 月 19 日才向駐廣州的日軍第 21 軍下達了和海軍協同攻佔海南島的命令。

　　日軍對海南島的進攻以及佔領活動，實際上是日本軍隊佔領廣州後，力圖全面封鎖中國大陸對外交通，徹底切斷中國所需抗戰物資的運輸通道行動的第一個步驟。同時隨著日本勢力在亞洲擴張的不斷擴大，日本受到來自歐美各

〔註5〕沈克尼：《侵華日軍海南島兵要圖志略說》《世界軍事》2011 年第 11 期。

國的壓力也越來越大，在國際上的處境日益困難，其物資的供應相應的也越來越困難。日本是一個缺乏自然資源的島國，要想支持長期戰爭，就必須擴大其資源的範圍，佔領海南島的目的，正是基於這個島嶼是屬於亞熱帶地帶而且礦產資源相當豐富。日軍是希望首先通過佔領海南島，從切斷中國抗戰的海上運輸線入手，達到其扼殺中國抗戰的目的；其次日軍也企圖通過掠奪海南島的熱帶及礦產資源，達到其「以戰養戰」的目的；另外，日軍也力求通過其對海南島的經營，使其成為日軍進一步「南進」的戰略基地。

　　控制海南島與南海諸島，已經成為日本戰略上的重大課題。特別是「滇緬線」更是日軍的首要目標。「滇緬線」是中國軍需物資的重要供給線，通過海防港經雲南鐵路至廣西南寧百色。隨著中日戰爭的發展，日本政府更加深刻的認識到佔領海南島及南海諸島切斷滇緬線對戰爭的重要性。在此種情況下，將南沙群島併入日本領土是最合適的。於是日本於 1938 年 12 月 13 日由內閣總理大臣近衛文麿裁可由外務拓務大臣提出的《新南群島所屬相關之件》，正式將南沙群島併入日本領土，歸為臺灣總督府所轄。28 日，天皇批准。其內容如下：

> 日本併入島嶼為北二子島、南二子島、西青島、三角島、中小島、龜甲島、南洋島、長島、北小島、南小島、飛鳥島、西鳥島、丸島。
>
> 新南群島包括上訴各島嶼相連區域內的全部島嶼：
> 北緯　十二度　九度三十分　八度　七度　七度
> 東經　百十七度　百十七度　百十六度　百十四度　百十一度三十分
> 北緯　九度　十二度
> 東經　百十一度三十分　百十四度〔註6〕

　　在內閣做出決議之時，依據臺灣總督府地方官官制第一條及第三十二條第三項之規定，「改正大正九年臺灣總督府令第四十七號（州、廳的位置、管轄區域及都市的名稱、位置、管轄區域），基於與交通運輸及經濟關係，新南群島編入高雄州高雄市管轄區域。同日，法制局發出通告在法律上確認新南群島為臺灣的一部分」〔註7〕。

　　1939 年 2 月 28 日，日軍進攻海南島，並於 3 月 1 日派兵佔領西沙群島。

〔註 6〕〔日〕《新南群島ノ所屬ニ関スル件ヲ決定ス》，JCAHR: A02030022900。
〔註 7〕〔日〕《新南群島ノ所屬ニ関スル件ヲ決定ス》，JCAHR: A02030022900。

至此，日本完成了對南海諸島的侵佔。

　　3 月 30 日，臺灣總督府以《府報》號外〔註8〕之形式，對外公布對南沙群島的併入及更名。31 日，日本將西南群島併入臺灣總督府管轄並由外務省正式對外公告，日本在「新南群島」行使行政管轄的決定：

　　　　第一，新南群島是位於南中國海北緯 7~12 度，東經 110~117 度範圍內存在的小島、礁群，該群島原不屬於任何國家的情況已為世人所認同，大正 6 年以後我國國民先於其他國家在該群島投下巨額資產與建永久性設施進行經濟活動，帝國政府承認國民的開發活動，並多次派遣軍艦前往進行援助活動，只是由於昭和 4 年以後國內經濟不景氣，我國國民暫時終止了在該群島的活動，近年來我國國民已再次前往該群島進行開發建設直到現在。

　　　　第二，日法圍繞該群島產生爭端，始於昭和 8 年，法國政府稱上述我國國民暫時離開該群島之機，以維護航線安全為由，於昭和 8 年派遣軍艦一艘前往該地區，並宣稱對該群島擁有主權，同時通知了日本政府。帝國政府對法國不顧我國業已對該群島進行實際開發的事實而發表的主權聲明，從來未予承認，並要求法國予以收回，法國政府對帝國的要求未予回應，因而帝國對法國宣稱對該群島擁有先占權的聲明從未予以認可，並堅持日本方面先行佔有該群島的主張。

　　　　第三，爭端發生以後，法國方面當時沒有任何舉動，可是隨著中日戰爭的爆發，法國開始在上述地區積極的活動，先是宣稱對西沙群島擁有主權，進而派軍艦到新南群島活動，調查我國國民在上述群島的經濟活動，並派人和商船登島，試圖造成佔領該群島的繼承事實，對於法國方面的活動，我國政府提出嚴重抗議並派軍艦前往上述地區，保護我國國民的人身安全，維護國家的利益。

　　　　第四，帝國與新南群島的關係，基於帝國長期以來對新南群島的實際管理，是完全符合國際法的，所以該島主權屬於日本帝國是當然之事，確立帝國對群島的行政管轄權，是消除日法爭端明確歸屬最好的解決辦法，基於此，帝國決定將新南群島併入臺灣總督府。

〔註8〕〔日〕《府報》（號外）國家發展委員會檔案管理局典藏（國軍檔案國防部史政局資料卷）：74627/40。

第五，新南群島行政經濟活動由臺灣高雄州高雄市管轄。〔註9〕

3月31日，日本外務省正式對外宣布關於「新南群島」行政管轄的決定。4月17日，外務省發表了「新南群島的位置及現狀」一文，公布了「新南群島」的位置和主要島嶼的名稱。

由於南沙群島位於新加坡與中國香港之間，其特殊位置使其軍事價值非常之大。新加坡、西貢、馬尼拉及英屬亞洲殖民地等通往亞洲及遠東的通道都必須通過這裡，而南沙群島恰好處於此區位的咽喉位置，控制這裡就等於控制整個南海地區。日本佔領南沙群島實際上實現了大東亞共榮圈的重要的一步。

三、歐美各國否認日本的南沙主權

針對日本政府將南沙群島吞併更名的做法，法國於4月4日再次向日本提出第七次抗議申訴，宣稱擁有南沙群島的主權。日本的答覆稱是基於國策做出的決定，不能改變。法國方面認為日本拒絕將此事交與國際仲裁併將其併入領土顯示了以英、法為目標的日德聯盟的一致性，法國應從維護本國主權的角度出發，堅決反對日本吞併該群島。

在臺灣總督府對南沙群島進行移交測量之時，法國政府於9月11日再次派遣「梅林號」運輸十七名越南人登上太平島，同時測量太平島周圍海底。

1940年3月1日，法國軍艦「馬魯號」為調查在長島座礁的汽船前往太平島，並向太平島運送了物資，同時派員登島。兩天後日本政府向法國駐日使館提出抗議，同時向該海域派出了軍艦「勝利號」。隨著歐洲戰場的開始，日本和法國都開始各自調整對外政策。而歐美各國並沒有承認日本對南沙群島的侵佔。

（一）英國否認日本擁有南沙群島主權並提出國際仲裁的方式

日本駐英國大使重光奎將日本政府的吞併更名南沙群島決定通報英國政府後，英國希望日本政府通過國際法庭和平解決南沙群島問題。英國各主要報刊都刊載了日本的通告，指出該群島擁有重要的戰略價值，將對新加坡英屬緬甸的防衛構成重大的威脅，因此，否認日本擁有南沙群島的主權並提出國際仲

〔註9〕〔日〕《各國領土發見及歸屬關係雜件／南支那海諸礁島歸屬關係／新南群島關係第二卷》《8昭和14年4月16日から昭和14年8月5日》，JCAHR: B02031161900; B02031162800。

裁的方式。

1939 年 3 月 31 日，日本駐英使館參事官岡本季正正式向英國外交部遠東部長遞交了備忘錄，通告日本政府將南沙群島併入領土，並更名為「新南群島」。該部長表示對日本政府不依仲裁等合法手段而靠軍事手段來解決群島問題表示遺憾，並表達英國政府對該群島問題早有主張。岡本季正則狡猾地回稱從無所悉英國對該群島領土之主張。

4 月 10 日，英國駐日代辦與外務省澤田次官進行會談，公開發表了英國的第一份聲明：「英國政府否認新南群島併入日本有何等法律上的依據，本案之措置將導致遠東局勢的動盪，對此英國政府深表遺憾。」〔註10〕

英國政府並沒有與日本政府進行溝通就直接提出聲明，這使日本處於十分被動的局面中。日本政府於 4 月 13 日發給英國駐日大使「機密第 64 號」，提出：「本案行為是基於事實及法律依據的正當行為，帝國政府對英國政府不顧事實，妄言激化遠東局勢的觀點不能苟同。」〔註11〕

4 月 17 日，外務省歐亞局長井上耕三郎與英國駐日參贊特茨進行會談。井上向英國政府就「新南群島」一事進行了解釋，並將《日本在新南群島進行行政管轄決定》的文件當面交與參贊，並就英國政府提出此案應交國際仲裁解決一事做以下陳述：「日本基於先占權及關於領土權的權源，本次依上述權源完成領土併入手續。」還針對該參贊的詢問作出答覆：「法國向帝國政府提出的抗議無效，日本無意就此進行國際仲裁。」〔註12〕

（二）美國政府否認日本擁有南沙群島主權

1939 年初，美國國會正對「關島防備案」中的對日關係進行討論，國務院與國防部意見相左，而此時日本政府發表併入「新南群島」一案，美國國會將辯論延期至六月份。日本政府認為領土併入是基於自身立場的考慮，不能成為左右關島防務討論的依據，於 3 月 31 日由駐美使館參贊向美遠東事務部長口頭說明了日本併入「新南群島」的情況，並遞交了政府公告文書。該部長對此表示意外並將文書上報給美國政府。

〔註10〕〔日〕《各國領土發見及歸屬關係雜件／南支那海諸礁島歸屬關係／新南群島關係第二卷》《12 昭和 18 年 7 月 5 日》，JCAHR: B02031161900; B02031163200。

〔註11〕〔日〕《各國領土發見及歸屬關係雜件／南支那海諸礁島歸屬關係／新南群島關係第二卷》《12 昭和 18 年 7 月 5 日》，JCAHR: B02031161900; B02031163200。

〔註12〕〔日〕《各國領土發見及歸屬關係雜件／南支那海諸礁島歸屬關係／新南群島關係第二卷》《12 昭和 18 年 7 月 5 日》，JCAHR: B02031161900; B02031163200。

美國政府接獲通知後，於 5 月 17 日由美國國務卿照會日本駐美國大使，提出三項主張：

第一、美國政府於 1933 年時就接到法國政府將南沙群島編入其區域中並對其主張主權的通告。另外，法國政府於本年 2 月 27 日也對美國政府通報，提議就南沙群島紛爭交由海牙常設國際司法裁判所。日法之間的主張究竟有什麼不同及是否妥當暫時擱置，美國政府認為國際間的問題應該相互交涉、協商及仲裁來進行調整。

第二、本件所涉及到的區域十分廣大，特別是提出名稱的各島嶼的東方及東南方，都有相當大範圍，此區域之內全部的島嶼及珊瑚礁都稱之為新南群島似乎不妥。

第三、美國政府認為，如果主張具有主權，必須有正當的根據，有具體的措施，將廣大區域內的這些群島及珊瑚礁全部編入新南群島領域，似乎沒有國際法的效力。〔註 13〕

四、日本鞏固在南沙的地位及措施

日本在接到美國政府的抗議之後，馬上命令臺灣總督府火速就南沙群島各島嶼的先占實施有實效的措施，並認為這對法國及第三國關係上極為重要。

臺灣總督府作為「新南群島」實際統治者，馬上制定了《為現在及將來所要實施的措施》，主要內容為：「第一，臺灣氣象臺在長島設立開陽漁業株式會社的氣象觀測所併派技師三名；第二、為實現開陽漁業株式會社上記措施在昭和十三年度預算中撥與補助金 99636 元，用於建設氣象觀測所的事務所、無線電電信室、無線電信設施及各種氣象觀測設施、宿舍及倉庫、給水設備、棧橋等。」〔註 14〕

1939 年 5 月 23 日，臺灣總督府開始為期一個月「為行政區劃對南沙群島進行的調查」，派出由殖產局礦務技師牧山鶴彥為首的九人組成調查隊，內容包括土地調查、地質調查、礦區臨檢及船塢鑄造調查。為維護「新南群島」的

〔註 13〕〔日〕《各國領土發見及歸屬關係雜件／南支那海諸礁島歸屬關係／新南群島關係第二卷》《8 昭和 14 年 4 月 16 日から昭和 14 年 8 月 5 日》，JCAHR: B0 2031161900; B02031162800。

〔註 14〕〔日〕《各國領土發見及歸屬關係雜件／南支那海諸礁島歸屬關係／新南群島關係第二卷》《8 昭和 14 年 4 月 16 日から昭和 14 年 8 月 5 日》，JCAHR: B0 2031161900; B02031162800。

治安，總督府還於 1939 年 6 月 23 日由高雄市派出警察署勤務巡查三人。

由於南沙群島特別的地緣位置，日本海軍高度重視，認為稍作建設即可成為重要軍事要衝：「如果把該群島作為軍事據點，那麼法國的遠東艦隊就會在北部灣里陷入孤立的境地，日軍依據先進攻廣東再佔領海南島的策略推行的話，英國只能從香港退守至新加坡，如果在新南群島建設據點，那麼法國的東洋艦隊在日軍無敵艦隊的緊盯下，就會像袋中的老鼠一樣，同時對退守新加坡的英國艦隊也將造成很大的威脅，美國也將從作為東洋的前進基地的密得威島後退到遠在夏威夷的珍珠港，這樣一來日本就可稱霸太平洋，這裡將是日本在太平洋上一個重要的根據地，其結果將使遠東各股利益受挫，同時抱有反對情緒的越南人也會對法國政府提出一些要求，法國最擔心的就是法屬印度支那發布獨立宣言。」〔註 15〕同時，南沙群島建為航空基地，將成為極有價值的航空中轉站。

筆者找到《作為水上飛機基地的新南群島》原檔，詳細地記載了日本的構想：「建設聯繫歐亞航空航線的第一階段，由東京至曼間開設定期航線，航線飛行一定要經過法屬印度之那上空，對此法國方面不可能允許。也可採取經由臺灣或廣東省，避開法屬印度支那而從公海迂迴進入曼的航線，但此種觀點在現在航空飛機的搭載量來分析還是不夠經濟，而且安全性上也有欠缺，難以作為商業航線正常運行。而開設荷屬印度之間的定期航線，也因戰事國民經濟和戰時貿易的影響甚為緊張，且最近開闢的臺灣至荷屬印度間的定期航線，由於臺灣與荷屬印度之間有三千多千米的距離，也需要中途的加油基地，同時，聽說其他國家的飛機（英、荷、日）進入菲律賓還需美國的許可。而今年 3 月 30 日編入臺灣高雄市的新南群島，距離高雄市約一千三百千米，距離曼約一千五百千米，距離荷屬巴塔維亞約一千九百千米，如果在該群島修建水上飛機中轉站，在技術上是安全的，在經濟上也非常有利，同時在該群島修建水上飛機基地，其中的油料補給無線電通訊設施，不僅可以為純商業的航空事業服務，而且可以強化作為本國領土的實質，在對法國交涉中也將會起非常有利的作用。」〔註 16〕

〔註 15〕〔日〕《南支那年鑒》（昭和 14 年版）。
〔註 16〕〔日〕《各國領土發見及帰屬関係雑件／南支那海諸礁島帰屬関係／新南群島関係第二卷》《9 昭和 14 年 9 月 6 日から昭和 15 年 4 月 11 日》，JCAHR: B0 2031161900; B02031162900。

　　為此，日本政府要求在美國的大使對美國政府作如下的回覆：

　　　　一、基於事實及法律上的根據我方的措施是正當的行為。我方在大正七年以來，在政府承認及援助下，邦人對這些島嶼的探險及占使用一直持續著，並獲得了對該島嶼的權源及利益，且為保證該群島上帝國臣民的生命財產，隨時派遣軍艦，不僅是帝國政府的行為，也包涵了將這些島嶼作為帝國領土的意思。依據現地建立的紀念碑（昭和四年四月及昭和十三年八月）、帝國軍艦艦長的聲明（昭和十三年八月）及山村大使與法國外相的會談（昭和十三年八月）可以明白無誤證明帝國的主權。而法國方面的時效佔領僅僅是紙上談兵，只是主張上具有主權而已。其後，我方為了防止產生問題糾紛又盡了所有的手段，對於我方正當的主張，法方已經有所讓步，本件已經圓滿解決。對法國提出的交涉及仲裁判決等手續，我方沒有意願也沒有義務。

　　　　二、本件所涉及到的諸島嶼及珊瑚礁為帝國領土，將之作為一個群島來處理，在法律上是我們的自由，從其地理位置及性質上來看，也沒有什麼不合理。

　　　　三、為實施在這些島嶼上持續佔有及使用，我方早就設有各種設施，其後更是進行了大量的擴充，臺灣總督府有對該島及其在島上居住邦人實施保護的必要，派遣行政官員常駐在本群島，其各島嶼全部置於我方的權力之下，這就是所謂的時效佔領。〔註17〕

　　由於日本在南沙群島上的各種設施基本上都是私有營造物，作為本來先占條件之一的時效的佔有公權力，只是臺灣總督府於1939年才派出的檢察官及氣象技師三人，故日本政府於8月11日提出《新南群島統治新方針》：

　　　　（一）為對法關係及對第三國關係上實現新南群島名副其實的佔領，對這次編入的整個島嶼實行有效的統治，設置標識、作成地圖並定期進行巡航。

　　　　（二）加速群島的開發。

　　　　1. 進行漁業永久設施的設立及相關聯的機械倉庫、處水池、儲

〔註17〕〔日〕《各國領土發見及歸屬關係雜件／南支那海諸礁島歸屬關係／新南群島關係第二卷》《8昭和14年4月16日から昭和14年8月5日》，JCAHR: B0 2031161900; B02031162800。

存所的設置，無線電臺氣象觀測所的設置。

　　2. 磷礦開採雖是公司極為有利的事業，但開採之後島嶼容易被拋棄，考慮到這樣島嶼容易荒廢，應該採取適當的限制及條件，即在相當的程度之內進行長久的設備及其事業廢止之後用於它用的考量。

　　3. 對於大日本航空公司在本島嶼作為中繼所的計劃，予以大力的支持，援助和推進。

　　（三）基於與第三國之間的權益，現島上有法國人及越南人三十餘人居住，在我方進行活動之時，應當要求其撤離，頑固不撤離的強制其遵守臺灣的法律。

　　（四）協助「拉薩」排除其他障礙加速開發。〔註18〕

為了強調日本對南沙群島的主權，向英、美等第三國宣傳日本佔有的正當性，日本方面還特別編纂了《新南群島問題年代記》，來記載日本人開發南沙的過程：

年　代	事　件
1918（大正7）年5月到9月	邦人小松、池田兩人發現群島（邦人最初的探險）
1918年10月7日	與上記（小松、池田）相關的神山、橋本等人向外務大臣提出發現諸島申請編入帝國版圖
1918年12月至1919年1月	拉薩島磷礦株式會社第一次探險
1920年5月	斎藤等兩人發現新南群島
1920年12月	拉薩磷礦株式會社第二次探險
1921年4月	拉薩磷礦株式會社非公開向外務省及海軍省提出將上記島嶼編入帝國領土的意見
1921年4月	齋藤等兩人第二次進行調查
1921年6月	拉薩磷礦在太平島開始事業
1923年	拉薩磷礦在雙子島開始作業
1923年2月	齋藤等兩人向海軍水陸部長提出發現群島書

〔註18〕〔日〕《各國領土發見及歸屬關係雜件／南支那海諸礁島歸屬關係／新南群島關係第二卷》《8昭和14年4月16日から昭和14年8月5日》，JCAHR: B02031161900; B02031162800。

1923 年 9 月到 10 月至 1924 年	未調查地調查
1929 年 3 月	齋藤等兩人以鈴木圭二名義向外務大臣遞交領有方陳情
1929 年 4 月	拉薩磷礦因狀況不良而放棄這些島嶼
1933 年 7 月 13 日	巴黎通訊
1933 年 7 月 18 日	亞細亞局長、澤田參事官會談
1933 年 7 月 24 日	法國政府通告宣布佔有新南群島
1933 年 7 月 25 日	法國官報告示（7 月 15 日附）
1933 年 8 月 4 日	外務次官、長崗大使會談
1933 年 8 月 19 日	澤田代理大使向法國政務通商局長提出不承認法方先占的第一次通告
1933 年 9 月 2 日	遠東部長與澤田會談（以下會談都是否定法國的主權）
1933 年 11 月 17 日	政務通商局長與澤田會談
1933 年 12 月 9 日	遠東部長與澤田會談
1933 年 12 月 21 日	政務通商局長與澤田會談
1933 年 12 月 21 日	外務大臣與佐藤大使會談（法方提出國際仲裁裁判）
1934 年 3 月 28 日	外務次官與佐藤會談
1936 年	臺灣在住人平田在總督府的援助之下在長島設立漁業相關的無線電發射設備
1937 年 12 月 4 日	法國通報艦入港太平島向千古遞交通知書
1937 年 12 月 4 日	法方再建先占紀念碑
1937 年 12 月 6 日	通報艦出港
1937 年 12 月 7 日	法國外務次官與山村大使會談
1937 年 12 月 9 日	在京法國大使提出公文
1937 年 12 月 14 日	法國參事官與井上歐亞局長會談
1938 年 1 月 11 日	日方公文答覆
1938 年 1 月 24 日	在京法國大使第二次遞交公文
1938 年 2 月 4 日	法國參事官與歐亞局長會談
1938 年 2 月 8 日	法國大使與堀內次官會談

*表根據日本外交史料館藏檔《12 昭和 18 年 7 月 5 日》（JCAHR: B02031163200）中之《新南群島問題年代記》整理而成。

　　此「年代記」較詳細地記錄了日本侵佔南沙群島的相關事件及日法之間交涉的大事，再次證明日本對南沙群島的野心是第一次世界大戰以後。所謂的

「小松、池田」之探險並沒有檔案記載，且在所謂的「探險」之後月餘，就由「神山、橋本」等人向外務大臣提出發現諸島編入日本版圖的申請，更證明這是日本政府有意所為。

為了防止法國船隻再次靠近南沙群島，日本政府於 1939 年提出了《關於新南群島問題的報告》，就法國艦隊入港及法國人登島的處理措施進行了規定。同時提示臺灣總督府採取強制措施。總督府於 9 月開始在太平島上修建海軍無線電臺，海軍方面與臺灣總督府協商，提出了不論法國方面如何抗議，必須將其人員及物資強行撤離的主張。10 月 3 日，日本駐島上的人員拆除了法國所屬的無線電臺的主要部分，使其無法正常工作，對居住者要求其自動離開，否則予以強制撤離。11 日，法國船「郝林號」將法國人及越南人及部分法國設施撤離。法國人撤離之後，日本方面將法國方面先前埋放的主權碑挖出，完成了全島的實際佔領。

小結

綜上所述，日本於 1938 年 12 月 13 日正式將南沙群島併入日本領土歸為臺灣總督府所轄後，基於在亞洲地區的需要，英國、美國等國提出反對意見，都遭到日本的駁回。法國方面雖派人登島進行反抗，但由於歐洲大戰的爆發，各方自顧不暇，日本政府頂住了英國和美國的壓力，對南沙群島中的法國人進行了驅離，取得了南沙群島的絕對支配權，此後的「新南群島」成為日本南進支點。但英、法及美國沒有承認日本擁有「新南群島」主權，這成為戰後中國收回南沙群島及擁有整個南海諸島主權的歷史依據。

第十章 民國政府接收南海諸島決策過程

1945 年 8 月 15 日，日本宣布無條件投降。是年 10 月 25 日，民國政府根據《開羅宣言》及《波茨坦公告》，在臺北中山堂舉行臺灣對日受降典禮，標誌著臺灣及其附屬島嶼正式重回中國版圖。臺灣及澎湖列島是「通過武力以條約的形式強迫」割讓的，是「戰爭脅迫的結果」〔註 1〕。而當時臺灣總督府治下的海南島及南海諸島雖不是由《馬關條約》所割讓，卻是日本軍國主義通過戰爭手段非法侵佔。「根據確立的國際原則，凡進行武力威脅或使用武力取得或佔領的領土，均為非法的取得或佔領。」〔註 2〕海南島及南海諸島被日本非法侵佔後劃歸至臺灣總督府高雄市管轄，故在中國接收臺灣之時，海南島及南海諸島已經完成法理上的回歸，即重新恢復於中國的主權管轄之下。

一、民國接收臺灣後開啟議決收回南海諸島

民國政府在收復臺灣之前，就已經確定要收回本屬於中國的南海諸島：「今者我國抗戰勝利，臺灣已歸我國。凡此西沙、南沙群島，無論其曾經劃歸臺灣管轄，及是否曾被法人佔據，均應歸還原地主國。主權所在，領土故關，豈容再為外人覬覦。」〔註 3〕民國政府早於 1945 年 5 月 22 日決定派兵進駐

〔註 1〕王鐵崖主編，《國際法》，法律出版社，2004 年，第 172 頁。
〔註 2〕王鐵崖主編，《國際法》，第 173 頁。
〔註 3〕《協助接收西南沙群島經過》，《廣東地政》，1947 年 4 月，第 32～33 頁。

東、西沙群島：「派兵駐守東西沙群島一案前經委座飭據廣州行營張主任電稱擬定由第四六軍及海口海軍辦事處各派兵一部進駐西沙群島，又由六四軍及粵越區海軍辦事處各派兵一部進駐東沙島」、「主席去年已經電飭廣州張主張發奎派兵前往各島，並限於十一月底到達……」〔註4〕

由上份檔案記載分析，在沒有接受日本受降之前，民國政府已經下令收復西南沙群島，但廣東省政府奉令後，因南海諸島離海岸較遠，水急礁多，多次電請行政院轉飭國防部派艦協助接收，故接收行動並沒有馬上展開。

鑒於日本殖民時代海南島及南海諸島劃歸高雄管轄，雖沒有中央的正式指令，臺灣高雄市暫代中央政府接管了南海諸島事宜，並多次向中央政府請示將這些島嶼的接收劃給臺灣：「改劃高雄縣管轄並準備本年四月間前往接收因新南群島原屬西沙群島之一部是否仍由本省接收一再電請。」〔註5〕

1945年11月1日，臺灣省行政長官公署委派石延漢、王仁煌、劉寶成、原孝駒等人正式接收「臺灣總督府氣象臺」，改稱「臺灣省氣象局」，並直隸於臺灣省行政長官公署。臺灣氣象局為恢復西沙、南沙群島（時稱團沙群島）的氣象工作，於12月8日派陳永祥、劉水亮、林奉來等人乘機動帆船「成田」號從高雄出發，前往西沙群島接收「測候所」，並巡視西沙諸島。〔註6〕

12月12日，「成田號」到達林島（即永興島）進行了實地考察並在島上豎立木牌，上書「臺灣省行政長官公署氣象局接收完了」字樣。隨後，氣象局人員遍歷各島，表明中國政府已恢復行使對西沙群島的管轄權。〔註7〕但這些接收人員卻在歸途中因中法戰事而失蹤。

臺灣氣象局人員的失蹤反映西沙各島目前無人駐守的狀況，引起臺灣行政長官陳儀的高度關注。1946年4月4日，他以臺灣省行政長官公署名義致電行政院，要求接管東、西沙群島：

（一）海南島東南之西沙群島係我國領土，民23年被法佔領，

〔註4〕《派兵進駐東西沙群島》，《外交部南海諸島檔案彙編》（上冊）第406～407頁。
〔註5〕《臺灣省行政長官公署代電》，《南沙群島》，臺灣中央研究院近代史研究所收藏「外交部檔案」，檔號：019.3/0012。
〔註6〕《函請代覓本省氣象局失蹤人員林奉來、山添保次、金井晉二等二名由》，《外交部南海諸島檔案彙編》（上冊），外交部研究設計委員會編印，1995年，第399～400頁。
〔註7〕《接收了氣象臺》，《南沙群島》，臺灣中央研究院近代史研究所收藏「外交部檔案」，檔號：019.3/0012；張君然，《抗戰勝利後我國海軍進駐南海諸島紀實》，《文史精華》，1998年第2期，第48～51頁。

太平洋戰事發生又被日進佔，前臺灣總督府曾在該島設立測候所，經本省氣象局派員前往該島調查攝影，並豎立本省接收木標，是否由本省接收；

（二）臺灣西南之東沙島側近高雄縣，有關本省漁業頗大，前經日本佔領，擬由本省接收，隸高雄縣；

（三）菲島附近之新南群島大小共 13 島，距高雄港 770 浬。前日本統治臺灣時，該群島於 1938 年劃歸高雄州高雄市管轄，現正積極備辦接收事宜，懇請轉電菲島美軍總部於接收時予以協助。〔註8〕

4 月 19 日，臺灣行政長官公署再次致電外交部，就原西沙島測候所人員去向問題請外交部協助調查，同時提到「西沙群島原屬我國領土，應否由本省或廣東省接收已另電行政院核示」〔註9〕。

而此時菲律賓公開提出對西沙的主張。〔註 10〕殖民越南的法國也企圖入侵並佔據西、南沙的一些海域。在內外情況緊迫的情況下，民國政府行政院將臺灣行政長官公署的「報告書」送達到外交部、內政部，並令二部就南海諸島的「隸屬粵隸屬臺」進行調查，同時敦請各部商討收復和進駐西、南沙群島的計劃。

外交部經核議認為西沙群島既近於海南島，根據「一八八七年六月二十六日中法界務專條五條第三款」、「一八九四年五月五日中法粵越界約第一圖」，「西沙群島之屬於中國領土，實無疑義」，並認為其隸屬應與海南島同屬於廣東省。「東沙島原屬我國領土，並未生國際之爭執，前即經日本佔領，此次收回後，以其地較近於臺灣省，似可錄該省治。」〔註 11〕另因南沙群島為日據臺灣時高雄州所管轄之「新南群島」，外交部於 4 月 30 日電駐馬尼拉總領事館轉電給菲島的美軍總部請求協助：「菲島附近之新南群島大小共十三島，前日本統治臺灣時劃歸高雄州，現臺灣省正積極準備接收仰洽菲島美軍總部於接收

〔註 8〕《行政院秘書處函外交部查接收西沙、東沙及新南三群島事》，《外交部南海諸島檔案彙編》（上冊），第 401 頁。

〔註 9〕《函請代覓本省氣象局失蹤人員林奉來、山添保次、金井晉二等二名由》，《外交部南海諸島檔案彙編》（上冊），第 398 頁。

〔註 10〕《菲圖建國防外圍──將要求軍固取消前訂條約並與我作圍沙島主權爭執》（中央日報 1946 年 7 月 24 日），《南沙群島》，臺灣中央研究院近代史研究所收藏之「外交部檔案」，檔號：019.3/0012。

〔註 11〕《就東沙西沙群島錄屬粵隸屬臺事提供意見》，《外交部南海諸島檔案彙編》（上冊），第 401～403 頁。

時予以協助。」〔註12〕

外交部方面積極與美方商議接收南沙事宜，但美國方面認為南沙群島並不是其管轄地，「與此間美軍總部洽接據云臺灣海各島非其轄區，請我政府與東京麥克阿瑟總司令商洽。」〔註13〕外交部於6月14日電令駐日代表，請其與麥克阿瑟協調「菲島附近之新南群島大小共十三島，距高雄港七七○浬，前日本統治臺灣時，該島於一九三八年劃歸高雄州高雄市管轄，我現正積極準備接收，請即商洽麥帥電菲島美軍總部就近協助接收。」〔註14〕

內政部根據外國窺伺西、南沙群島的情況，提出在海南島及東沙、西沙、南沙各群島設置特別行政區，在海南行政長官公署未成立以前，由廣東省政府暫行接收比較合適。

行政院接受了內政部的建議，於1946年8月1日以「陸字第七三九一號」向外交部下令接收南海諸島：「內政部函呈請令飭廣東省政府暫行接收東沙西沙南沙團沙各群島等情，應準照辦除電廣東省政府遵辦具報並令知內政國防兩部外合行令仰知照此令」。同時，向廣東省政府下令接收南海諸島：「廣東省政府暫行接收東沙西沙南沙團沙各群島案令仰知照由。」〔註15〕

從上述內容分析來看，在民國接收臺灣後的半年時間裏，中央政府似乎沒有在南海諸島接收上有積極的作為。政府雖早就電令廣東省政府就近接收，但廣東省政府奉令後以離岸較遠水急礁多為藉口，要求國防部派艦協助接收。

筆者竊以為，所謂的地質氣候當然是一種原因，更重要的是張發奎對這些島嶼的價值並不瞭解，加之軍艦兵船接收能力有限，故遲遲沒有展開接收行動。而陳儀提出接收南海諸島，主要誘因是其下屬官員赴西沙失蹤。而法國當時對西沙的入侵，才真正迫使民國政府將收回南海諸島的計劃提到日程上來。中國在收回這此島嶼時，還特別與美國駐菲律賓總部進行了溝通，美國駐菲總部明確說南海群島不在其「轄區」，表明美國當時知曉中國欲對南海諸島進行接收。

〔註12〕《洽商菲島美軍總部協助我方接收新南群島》，《外交部南海諸島檔案彙編》（上冊），第408頁。

〔註13〕《洽商菲島美軍總部協助我方接收新南群島》，《外交部南海諸島檔案彙編》（上冊），第408頁。

〔註14〕《為接收菲島附近之新南群島請洽麥帥電菲島美軍總部就近協助接收並見復由》，《外交部南海諸島檔案彙編》（上冊），第408頁。

〔註15〕《行政院院長宋子文令廣東省政府暫行接收南海諸島》，《外交部南海諸島檔案彙編》（上冊），第413～414頁。

二、確定「新南群島」為南沙（團沙）群島

正當民國政府與廣東省就接收南海諸島進行商討之時，1946 年 7 月 4 日，菲律賓宣告獨立。獨立後的菲律賓擔心敵對國家再次利用南沙群島作為入侵菲律賓的基地〔註16〕，開始對南沙群島提出領土要求。7 月 23 日，菲律賓外交部長季里諾表示，要將「新南群島」（南沙群島）併入菲律賓的國防範圍之內。菲律賓外交部長以個人身份表達菲律賓對南沙諸島的覬覦之意，並沒有任何的歷史根據，主要原因是法國當時對南沙的非法侵佔。

鑒於菲律賓外長聲稱擬將「新南群島（南沙群島）」合併於菲律賓範圍以內，行政院再次下達電令，要求外交部會商內政部、國防部妥為應付，並協助粵省進行接收：「關於東沙、西沙、南沙、團沙等群島，前據內政部呈請暫由廣東省政府暫行接收，經電廣東省政府照辦在案。臺灣省行政長官公署電請由該省接收東沙、西沙、新南二群島一案，當以新南群島是否即係南沙群島，經分行外交、內政兩部及臺灣省行政長官公署查明。前據先後復稱新南群島即係團沙群島，現菲律賓對於該島主張由彼方所有等語到院。查團沙群島及東沙、西沙、南沙群島，前已電飭廣東省政府暫行接收，茲菲方對於團沙群島既與我尚有爭議，似應飭外交部會商內政國防兩部妥為應付。」〔註17〕

當時「中沙群島」稱為「南沙群島」，「團沙群島」才是今天的「南沙群島」。故民國政府不知道菲律賓所主張的「新南群島」〔註18〕究竟是否與當時的「團沙群島」同地異名。外交部又電令駐馬尼拉總領館、駐河內總領館、海軍總司令部、廣東省政府及臺灣省行政長官公署等部，就菲律賓外長所主張的「國防線」以及行政院秘書處函請查明的「新南群島」與「南沙群島」是否同地異名的問題進行調查。〔註19〕

駐馬尼拉總領事段茂瀾經調查後，於 1946 年 8 月 10 日回覆外交部稱：

〔註16〕1941 年 12 月 8 日，日本利用臺灣、西沙及南沙的基地，對美國控制下的菲律賓發起了進攻，成功地偷襲了克拉克和伊巴兩美軍基地，1942 年 5 月 6 日完全佔據菲律賓。

〔註17〕《關於接收東沙、西沙、南沙、團沙等群島案》，《外交部南海諸島檔案彙編》（下冊），第 759 頁。

〔註18〕日本將南沙群島改名為「新南群島」。參見：《新南群島ノ所屬ニ關スル件ヲ決定ス》，JCAHR: A02030022900。

〔註19〕《新南群島是否即係南水系群島請速查復由》、《關於查明新南群島是否即南沙群島之別稱案》、《查明新南群島是否即南沙群島》，《外交部南海諸島檔案彙編》（上冊），第 409～411 頁。

「經探詢多方及美海軍司令均毫無所知，惟昨日斐外長在報紙發表談話，以斐南之龜群島、斐之新南群島。SHINANGUNTO 均應列入斐島版圖。當往謁外長詢問究竟，經答十五年前，彼本人任財長曾緝獲日漁船，均謂係往新南群島，彼乃注意調查，悉該群島係淺水珊瑚島，毫無經濟價值，距斐屬 PALAWAN 二百英里，距亞洲大陸近二千英里，最先為英人發現，復為法國佔領，派船往拾鳥糞作肥料，最後乃為日人佔領，作攻擊斐島根據地，目前似無居民，斐島以國防關係，似應管理該群島等語。」〔註20〕

從段茂瀾的報告來看，菲律賓總領事館方面對「新南群島」是否為「團沙群島」並沒有答覆，但確定「新南群島」係前日本佔領，菲律賓提出佔領的理由為「國防關係」。這也再次證明菲律賓方面是在戰後才對南沙群島提出主張，其原因是南沙曾被日本人作為進攻菲律賓的根據地，故從國防的角度上認為菲律賓應當佔領南沙。而據「字林西報」稱中菲所爭議之島嶼為「Spratley」。而「Spratley」島按美軍地圖，在巴拉望島以西四百英里，似非菲外長所指。

民國政府請臺灣行政長官公署根據檔案查明其地理位置，再由海軍實地派艦調查，以明究竟。後經海軍總司令部查證，「新南群島（Shinan Gunto）」並非當時的「南沙群島（今中沙群島）（Macclesfield Bank）」之別稱。海軍方面經查參考英、美海圖及「美國水路志」，證明「新南群島」就是中國的「團沙群島」：「查新南群島（Shinan Gunto）為日本佔領時代之名稱，位於臺灣高雄市南南西（S.S.W）約七百五十浬處，當南中國海中央稍偏南正是南沙群島（Macclesfield Bank），菲律賓婆羅洲交距半島中間，包括自北緯七度至十二度，東經一百十二度至一百十七度南中國海間所有各珊瑚礁，該群島之東南西三面大部未經測量，因其珊瑚礁隨潮水之漲落出沒無常航行至屬危險，惟西北方之團沙群島（Tizard Bank）、中小島（Loaita Bank）、三角島（Thi Tu lsland & Reefs）及北險礁（North Danger）各自成組為新南群島中主要島嶼……」〔註21〕

中國駐日代表團也就「新南群島」問題在日本進行了調查：「經在日搜集一九三八年日本編入該新南群島於臺灣領土之有關資料（新南群島及其歸屬

〔註20〕《查復新南群島是否即係南沙群島》，《外交部南海諸島檔案彙編》（上冊），第412 頁。

〔註21〕《為『新南』與『團沙』是否同地兩名我方已經否接受 Spratley 一案電覆查照由》，《南沙群島》，臺灣中央研究院近代史研究所收藏之「外交部檔案」，檔號：019.3/0012。

問題之經緯）及該群島地圖一份詳閱其內容，在日本編入該群島於臺灣領土之時，該島領土主權之國際間問題尚未解決，刻我方準備接收事前似有詳加研究之必要，謹先檢呈上項資料各一份電呈鑒核並懇將應行採取之步驟示遵為禱。」〔註22〕

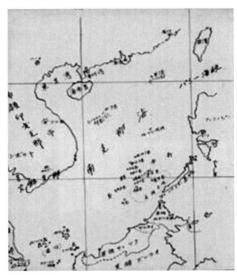

因二戰之時被中國稱為「團沙群島」的南沙群島由臺灣總督府管轄，接收後臺灣氣象局也曾有過調查，故臺灣行政長官陳儀向中央政府報告：

> 查新南群島原稱團沙群島早隸我國版圖，後為日本侵佔劃歸前臺灣總督府管轄，業將調查資料圖表電呈察核在案，關於該群島接收問題，前奉鈞院未世六電略以東沙等群島口飭粵省府接收，惟據報菲律賓外長聲稱擬將新南群島（團沙群島）合併於菲國範圍以內，除飭外交部會商內政部、國防部妥為應付並協助粵省府接收外特電知照等因，茲據本省氣象局自民間購得有關新南群島十六公釐影片一卷係日本大阪每日新聞社松尾特派員等於國民二十二年（即昭和八年）八月前往新南群島探尋日人遺跡時所攝，片中字幕說明該探查隊於八月十八日搭乘四十七噸小汽艇媛丸自高雄港出發航行一周於二十五日到達該島所屬之北雙子島。……至中日開戰，該群島於一九三九年三月三十日被日本強力侵佔，由前臺灣總督府告示第一二二號宣告領有該新南群島並編屬於臺灣高雄市，現當我政府進行

〔註22〕《關於在日搜集一九三八年日本所編新南群島歸屬問題及經緯地圖電旦登核由》，《外交部南海諸島檔案彙編》（上冊），第413頁。

接收該群島之際，如菲國方面提出異議，上項影片似可作為應由我
國政府隨同臺灣所屬各島一併接收之重要證據，又查民國二十二年
法國欲佔領新南群島時曾引起中日法三國外交上的折衝其時菲律賓
尚為美國領屬，其當局曾宣稱即不考慮該群島是菲律賓之領海復以
該問題無關菲律賓之利益，由此菲律賓總督府亦不關心此事（見日
本昭和十四年東亞情報三二六號一三到二一頁）由此聲明亦可證明
該群島之領權與菲律賓無關，理合檢同前項影片並節譯東亞情報三
一六號第一三頁《新南群島之領有》第三節第六段全文隨電請察核
以資參考。〔註23〕

臺灣行政長官公署根據前日本臺灣總督府之資料，稱「新南群島」在商務
印書館出版之地圖載為「團沙群島」，是我國南沙群島之一部分，航海圖上稱
之為「危險區域」。另外，陳儀還將日據臺灣時期的「調查資料圖表」作為證
據，同時列出美屬菲律賓對南沙的態度一起上報中央政府，來駁斥菲律賓對南
沙的無理要求。筆者也查閱到相關日本檔案，記載如陳所言，其所用地圖（見
上圖）也證明此「新南群島」確為「南沙群島」〔註24〕。

廣東省政府方面也查證，「根據日制地圖及我國史籍所載，日本稱之新南
群島與我國稱之團沙群島（今南沙群島）方位吻合情形相同，同地兩名似無疑
問，Spratley 譯名『斯巴特列島』乃團沙群島九小島中之一島」〔註25〕，以此
可見菲方所主張的「新南群島」即為今天的南沙群島無疑。

經過一個月調查並確定「新南群島」即為「南沙（團沙）群島」後，1946
年9月2日，行政院命令外交部、內政部、國防部共同協商對策，盡快組織力
量協助廣東省政府收復南海諸島，並派軍隊駐守。

為了保證南海諸島的順利接收，行政院特別下令讓內務及國防部協助廣
東省政府進行接收：「查東沙、西沙、南沙、團沙等群島前據內政部呈請暫由
廣東省政府接收，經電飭廣東省政府照辦並令知在案，茲復據內政部函陳關於
團沙群島（即新南群島）菲律賓外長聲稱擬將其合併於菲方國防範圍以內，請

〔註23〕《據臺灣省行政長官公署電送新南群島影片等有關我國領權之證據案令仰知
　　　　照由》，《外交部南海諸島檔案彙編》（下冊），第789頁。
〔註24〕《各國領土發見及帰屬関係雑件／南支那海諸礁島帰屬関係第二卷》、《新南
　　　　群島ノ所屬ニ関スル件ヲ決定ス》JCAHR: B02031159150; A02030022900。
〔註25〕《準電詢新南群島與團沙群島是否同地兩名》，《外交部南海諸島檔案彙編》
　　　　（下冊），第779頁。

轉飭注意辦理等情，應由該部會商內政國防兩部妥為應付並協助廣東省政府進行接收，除電廣東省政府並分令外合行令仰遵照此令。」〔註26〕同時，外交部密電馬尼拉總領事館：「行政院已令飭廣東省政府暫行接收東沙、西沙、南沙、團沙各群島，仰知照。」〔註27〕

三、接收西、南沙群島具體方案的出臺

　　民國政府在確定接收南海諸島後，積極開始各方面的準備工作。9 月 12 日，海軍「中程」號運送氣象觀測小組和陸軍整編六四師一五九旅的一個步兵排，首先進駐距離大陸較近的東沙島，為接收西沙、南沙做準備。〔註28〕

　　由於南沙地理位置、歷史沿革及法、日佔領後的更名等原因，接收工作更為複雜。為此，民國政府專門於 9 月 13 日組織內政部方域司司長傅角今、外交部亞洲司司長程希孟、凌乃銳及國防部代表馬定波，會同海軍總司令部代表姚汝鈺共同召開會議，商量接收南沙事項，最後會議議定：

　　　　（一）由國防部協助廣東省政府從速接收團沙群島，至於接收之地理範圍由內政部擬定。

　　　　（二）關於該群島之地理位置及所屬各島名稱應由內政部繪製詳圖重新擬訂呈院核定。

　　　　（三）目前不必向各國提出該群島之主權問題，惟為應付將來可能發生之爭執起見應由內政國防兩部暨海軍總司令部將有關資料即送外交部以備交涉之用。〔註29〕

　　內政部在此後馬上行動，接連召開會議商議各島接收方案。9 月 25 日召開的接收「南沙群島」的會議，就以下內容進行了商議：

　　1. 接收南海各島應如何劃定接收範圍案：

　　決議：依照內政部擬制之「南海諸島位置略圖」所示範圍呈由行政院核定令廣東省政府遵照。

〔註26〕《關於接收東沙西沙南沙團沙等群島案》，《南沙群島》，臺灣中央研究院近代史研究所收藏之「外交部檔案」，檔號：019.3/0012。
〔註27〕《密（暫行接收西沙東沙南沙團沙群島）》，《外交部南海諸島檔案彙編》（上冊），第 415 頁。
〔註28〕《廣東張發奎電南京外交部》，《南沙群島》，臺灣中央研究院近代史研究所收藏之「外交部檔案」，檔號：019.3/0012。
〔註29〕《接收新南群島會議》、《關於團沙群島（即新南群島）案會議紀要》，《南沙群島》，臺灣中央研究院近代史研究所收藏之「外交部檔案」，檔號：019.3/0012。

2. 內政部擬譯南海諸島名稱一覽表請公決案：

決議：修正通過仍呈請行政院核定。

3. 有關南海各島資料應如何搜集俾供接收之參考案：

決議：請海軍總司令部廣為搜集送內政部匯轉備用。

4. 本案籌商進行情形應如何呈覆：

決議：請內政部呈覆。

5. 各島接收後應如何有所標誌案：

決議：由廣東省政府於出發接收前，預製石碑，以備豎立於長島，雙子島（即二子島）、斯普拉特島等處及其他適當島上，俾顯示為我國領土，並將石碑豎立地點式樣及碑文等函內政部備查。

6. 接收後各島礁灘沙名稱應如何改定案：

決議：由內政部參照現有中西譯名擬定呈行政院核定後仍由內政部制為詳細圖說公布周知。

7. 關於接收南海各島消息應否暫守秘密案：

決議：在未完全正式接收前，概不發表。

8. 接收軍艦應如何派遣案：

決議：請國防部迅予派定。〔註30〕

內政部會議就接收南海諸島事務中的諸島位置、名稱等事項進行分工細化，並確定由國防部派軍艦接收立國標予以確認，還向行政院呈交了附帶「南沙群島圖及南沙群島概況」的報告：「案查前奉院令籌商協助接收南海諸島一案經邀集貴部派員會商並將會商記錄連同南海諸島位置略圖及諸島譯名表函達鑒照為免輾轉會簽會印延誤時機起見，業由本部依會商決議呈報行政院迅飭廣東省政府遵照辦理各在卷，相應抄附呈院原文並檢同南沙群島圖，南沙群島概況各一份隨函送請。」〔註31〕

由於民國政府接收事宜進展相對緩慢，法國政府則趁此機機再次派遣軍艦赴南沙群島登陸。1946 年 10 月 2 日，法國軍艦先行登陸南威島，5 日登陸太平島。在獲知法軍登陸南沙島礁的消息後，國防部參謀總長陳誠在 10 月 5

〔註30〕《奉院令協助接收南海諸島案會商記錄》，《南沙群島》，臺灣中央研究院近代史研究所收藏之「外交部檔案」，檔號：019.3/0012。

〔註31〕《內政部就奉令籌商協助接收南海諸島一案會商決議事呈行政院文件》，《外交部南海諸島檔案彙編》（下冊），第 766～768 頁。

日給蔣介石呈文提出形勢緊急，極宜派兵進駐，以防外人窺視。蔣介石對此緊急做出批示手令「甲字第九九二〇號」〔註32〕並致電國防部要求盡速接收南海諸島。

10 月 9 日，國防部第三廳第二處、第二廳、第四廳及第五廳、軍務局、預算局、糧隸司、運輸署、聯合後勤總司令部、空軍總司令部、海軍總司令部、廣州行營、內政部以及外交部等諸機關代表再次召開派兵進駐西、南沙群島討論會，為軍事進駐南海諸島作最後準備。

會議中，海軍總部作了《關於各群島之歷史名稱資料暨所擬建設西沙群島及南沙群島計劃書內容》的報告；廣州行轅甘參謀長作了《廣州行轅派兵一排進駐東沙島經過情形及目前糧食補給困難狀況」的報告；內政部作了《本案之發起各群島之位置與我國之歷史關係接收後通知各國之方式及南沙群島概況與南海諸群島名稱（如附件一、二）》的報告。〔註33〕各部報告之後最後決議事項如下：

（一）對南沙、西沙及團沙等三群島應在十月十三日前後遵照主席酉虞雷指示進駐與偵察同時實施。

（二）初步進駐計劃由海軍總部擬定實施具報並由內政部、空軍總部、聯勤總部、廣州行轅等機關派所要人員協助進駐，惟對三個群島以同時上陸為原則務於一個月內（十一月七日前）完成進駐工作，進駐部隊由海軍總部自行編派至各項人員之參加及一切設備均由海軍總部酌量決定之。

（三）永久建設計劃俟進駐完成瞭解當地實際狀況後由海軍總部、內政部與廣東省政府會同擬訂之。

（四）外交準備由外交部辦理主權問題暫不向各國提出。

（五）爾後各群島之軍事暫歸廣州行營指揮。〔註34〕

行政院於 1946 年 10 月 12 日發布訓令「內政部為關於接收東沙、西沙、

〔註32〕《極機密》，《進駐西沙南沙群島案》第 1 宗第 2 冊，臺灣發展委員會檔案管理局收藏之「內政部檔案」，檔號：0035/E41502/1-1。

〔註33〕《南沙群島概況》，《進駐西沙南沙群島案》第 1 宗第 2 冊，臺灣發展委員會檔案管理局收藏之「內政部檔案」，檔號：0035/E41502/1-1；《為奉令籌商協助接收南海諸島一案抄附呈院原文等件函請查照由》，《外交部南海諸島檔案彙編》（下冊），第 766 頁。

〔註34〕《進駐南海群島會議記錄》，《外交部南海諸島檔案彙編》（下冊），第 776～778 頁。

南沙、團沙群島一案經密約國防外交兩部及海軍總司令部派員會商當經決議」〔註35〕，最後制定一份《進駐西沙南沙群島初步計劃》〔註36〕並指定廣東省政府照辦：「關於接收南海諸島案，已由部會商外交、國防兩部，擬具辦法呈奉核定，其中第一、二、四點，並已由院令飭貴省府照辦。現國防部即派軍艦來粵協力接收，盼急速依照原辦法第四點製備石碑 3 枚，其形式上端為正方柱體、下身為長方柱體、兩旁分刻國徽、兩旁刻島名及年月日。」〔註37〕

10 月 14 日，海軍總司令部各署召開進駐西南沙群島初步計劃應行辦理事項商談會議，就進駐初步計劃各項內容作了最後的安排，決定將海軍派兵進駐各島，並重新確定了各群島名稱，將三十年代命名的「南沙群島」改名為「中沙群島」，「團沙群島」改稱「南沙群島」，以符合各群島在南海所處的實際地理位置。海軍總司令部第二署海事處具體承辦籌備工作，在海軍上校科長姚汝鈺主持下，由海事處參謀張君然、程達龍、李秉成等負責辦理。

實際上早在 1945 年 10 月接收臺灣同時，國民政府軍事委員會主席蔣介石即電令廣州行轅主任張發奎派兵前往南海諸島，並限期於當年 11 月底前到達各島；後來考慮到氣候因素，改為要求在 1946 年 4 月底完成上述駐兵任務。但限於廣東駐軍方面缺乏合適的艦隻，一直未能進行。

1946 年 5 月 22 日，國民政府軍事委員會就派兵進駐南海諸島問題致電外交部，擬定由第四六軍及海口海軍辦事處各派兵一部進駐西沙群島，又由第六四軍及粵越區海軍辦事處各派兵一部進駐東沙島，完成一切準備即可開動。

內政部特急密電廣東省政府：「關於接收南海諸島案，已由部會商外交、國防兩部，擬具辦法呈奉核定，其中第一、二、四 3 點，並已由院令飭貴省府照辦。現國防部即派軍艦來粵協力接收，盼急速依照原辦法第四點製備石碑 3 枚，其形式上端為正方柱體、下身為長方柱體、兩旁分刻國徽、兩旁刻島名及年月日。碑基用水泥，碑高約二公尺半，寬約半公尺見方。此外並請另備水泥 3 桶，派定測量員 3 人，測夫 4 人，並借備經緯儀、水準儀、測板、懷尺各 2 具。本部派方域司科長鄭資約、黃友訓等，隨軍艦前來，余由鄭、

〔註35〕《密》，《進駐西沙南沙群島案》第 1 宗第 2 冊，臺灣發展委員會檔案管理局收藏之「內政部檔案」，檔號：0035/E41502/1-1。

〔註36〕《極機密》，《進駐西沙南沙群島案》第 1 宗第 2 冊，臺灣發展委員會檔案管理局收藏之「內政部檔案」，檔號：0035/E41502/1-2。

〔註37〕《南京內政部酉漾方一電》，《接收南沙群島——卓振雄和麥蘊瑜論著集》，海洋出版社，2012 年，第 151 頁。

黃二科長面洽。」〔註38〕

　　6 月 4 日，外交部再次致電廣州行轅，提出東西沙群島在我國收復後派兵駐守以確立主權，訊問進駐部隊何時可以到達。廣東省政府接到命令後，馬上著手進行各種接收工作，首先就「南沙群島」情況再次進行調查確定：「承囑檢送團沙群島等有關資料一事，經飭據本關港務課查復，稱經遍查本課所有之書籍及海圖，內載 Tizard Bank（鄭和群礁）位於巴拉旺島南端之西北約 200 海里，為 2 小島及 1 沙堆之礁湖所組成，東西長約 300 里（此處有誤，實際應為 30 海里），平均約闊 8 里（以上「里」均應當為「海里」）。二島中之大者名 ItuAba（太平島）（東經 114 度 21 分，北緯 10 度 23 分），在此礁湖之西北角，長約 3/4 里。小者名 Namyit Island（鴻庥島）（東經 114 度 21 分，北緯 10 度 12 分），在此礁湖之南，長約 0.3 里，闊約 0.1 里。沙堆在 ItuAba（太平島）之東約 6 里，僅為 1 小堆之沙。海南島漁民在此採取海參及龜殼為生。每年於 12 月或 1 月間，海南島之民船載米及其他需用品來此，與漁民交換海參等物，俟西南季風起時，始行駛回。至於新南群島之名，想係日人所定，各書籍及海圖並無記載。Spratly（即 Storm Island 南威島），它位於東經 111 度 55 分，北緯 8 度 37 分，在一珊瑚礁之西端，為一平禿之海島，長約 0.25 里，闊約 0.15 里，為白沙與珊瑚礁所環繞。當海鳥繁殖之季，在 3 至 4 里外遠望，海鳥群集島上有如小樹。6、7 月間時有龜類甚多到此島上，故龜及海鳥之蛋滿布島……」〔註39〕同時就接收西、南沙島嶼的具體事務進行了安排：

　　　　（一）石碑式樣由地政局依照來電說明繪製式樣圖說，交由秘二科依式定製 3 枚，並由秘二科購買水泥 3 桶備用。

　　　　（二）測量員 3 人、測夫 4 人由地政局指派，並準備經緯儀、水準儀、測板、標尺各 2 具備用。

　　　　（三）本案奉令由本省接收，關於接收後之善後建設，自須先行從事調查當地情形，方能著手計劃。本案擬請遴派幹員及專門技術人員主辦，並由民政廳、建設廳、地政局派員協助，會同部派人員前往接收並負責調查，擬具建設計劃呈報核辦。

〔註38〕《南京內政部西�方一電》，《接收南沙群島──卓振雄和麥蘊瑜論著集》，海洋出版社，2012 年，第 151 頁。
〔註39〕《粵海關稅務司公署代電》，《接收南沙群島──卓振雄和麥蘊瑜論著集》，第 152～153 頁。

（四）另電內政部查詢軍艦起程日期。

麥顧問（麥蘊瑜）附簽：查接收南海諸島關係國家領土，亟宜鄭重將事，似應由本府委員 1 人代表本府率領各廳幹員及專門技術人員，會同中央人員前任辦理。至於應派何種人員，宜俟中央人員到達面商後，再行確定，當否，仍乞鈞裁。〔註 40〕

由於西、南沙各群島已經淪陷多年，海事處對各島區域現情況掌握不十分確切，而檔案資料又大都在廣東省，故只能根據有關航海圖志制定進駐的具體方案，最後決定「南沙西沙分班前往，同時進駐」〔註 41〕。

另外，根據「戰時租借法案」，美國在 1945 年 8 月撥給中國第一批艦隻及其他必要器材，民國政府派駐美使館海軍副武官林遵赴美接收。1946 年 7 月，這批軍艦由美國遠航到中國，其中包括護衛驅逐艦「戴克爾」號。民國政府接收「戴克爾」號後，將其改名為「太平」號，經短暫休整後即編入「前進」艦隊作為旗艦。

民國政府海軍總司令部任命林遵上校、姚汝鈺上校分別為接收南海諸島的正、副指揮官，上尉林煥章和張君然為參謀，率太平、永興、中建、中業四艦準備開赴西、南沙群島執行接收、進駐任務。同時，內政部議定用各軍艦之名命名各主要島嶼。〔註 42〕

10 月 26 日，林遵、姚汝鈺致電海軍總司令部，為便利進駐工作及航行安全起見，要求轉請空軍司令部派偵察機前往南海上空攝制西南沙群島地形象片，以資參考。此主張得到空軍總司令部的支持，獲得的西沙群島空攝照片為進駐西沙群島提供了極大幫助。至此，中國接收南海諸島的各項準備工作基本完成。

〔註 40〕 《廣東省政府民政廳簽呈》，《接收南沙群島——卓振雄和麥蘊瑜論著集》，第 151～152 頁。

〔註 41〕 《內政部派隨艦赴南海技正黃友訓電報方域司長傅角今抵粵謁羅主席決定南沙西沙分班前往》，《進駐西南沙群島案》第 2 宗第 3 冊，臺灣發展委員會檔案管理局收藏之「內政部檔案」，檔案號：35/E41502/-1-2。

〔註 42〕 《密（內政部函國防部以該部已商得海總同意以中業及中建兩艦名命名南海島嶼名由）》、《海總二署丁其璋箋函內政部廣域司長傅角今修飾以船名命南海島名事》，《進駐西南沙群島案》第 2 宗第 3 冊，臺灣發展委員會檔案管理局收藏之「內政部檔案」，檔案號：35/E41502/-1-2。《密（內政部函粵省府同意以太平永興艦名名接收島名）》，《進駐西南沙群島案》第 2 宗第 4 冊，臺灣發展委員會檔案管理局收藏之「內政部檔案」，檔案號：35/E41502/-1-3。

10月28日，「太平」、「中業」、「永興」、「中建」等艦分別出港，在長江口完成集結，隨即編隊南下，經行臺灣外海和香港南側海域，於11月1日晚抵達珠江口，在虎門拋錨。11月2日，艦隊與廣東省政府聯繫，作好各項登島事項的準備。

國民政府對收復南海諸島一事高度重視，特別派遣各方面代表隨同艦隊前往視察和勘探，包括內政部代表鄭資約、曹熙孟，空軍總部代表蔣孝棠、仲景元，聯勤總部代表戴蕃填，廣州行轅代表李思遜，海軍海道測量局代表劉天民等，編成西沙、南沙群島視察團。視察團依據內政部所劃定接收南海諸島之範圍，前往各群島實地勘察及測繪地圖，擬具永久建設之計劃，包括島嶼之命名、港岸設備、移民及開發等相關建設方案。其中內政部廣域司聘用西北大學地理系教授鄭資約為專門委員，負責參與南海島嶼國界的劃定和整理南海水域的島礁、石群及沙灘名稱的工作。同時，廣東省政府接奉中央電令，亦派員會同外交、內政等部會視察人員及海軍艦隊前往接收海南諸島。其中廣東省政府主席羅卓英擔任接收負責人，省府顧問麥蘊瑜為接收南沙群島專員，省府委員蕭次尹參加接收工作，率領省政府各廳處局之有關技術員工數十人前往。由於南沙群島向來隸屬崖縣治下，省政府同時還致電崖縣派人參加。到達榆林港後，艦隊徵雇漁民及石工數十人同往。石工在艦上鑿石刻碑，預備登陸後豎立紀念。

艦隊到達榆林港後，為了爭取時間，對接收任務作了分工，林遵偕林煥章率「太平」、「中業」二艦進駐南沙群島；姚汝鈺偕張君然率「永興」、「中建」二艦進駐西沙群島，由艦隊指揮部統一指揮，分頭執行任務。

小結

綜上所述，中國政府在戰後決策接收南海諸島過程中，對西沙、南沙都進行了細緻的調查工作。特別是對南沙諸島進行了一系列的歷史考證，確定被日本侵佔並更名的「新南群島」就是歷史上中國的「團沙群島」，為政府派艦隊接收西、南沙群島提供了歷史及法理上的保障。另外，民國政府還制定了周密的計劃，為接收西、南沙群島做了充分準備，以保證接收工作順利完成。

第十一章　民國政府對西南沙群島的接收

　　民國政府在做好各項接收西南沙準備之後，於 1946 年 9 月 12 日派遣中國海軍先行接管了東沙島，同時訓令海軍總司令部派艦進駐西南沙群島，並指揮國防部、內政部、空軍總司令部、後勤部等派代表前往視察。廣東省政府遵守命令指派省政府委員蕭次尹與麥蘊瑜顧問為接收西南沙群島專員前往辦理。海軍總司令部遵令指派林遵為進駐西南沙群島艦隊指揮官，負責接收南沙群島工作；派姚汝鈺為副指揮官，負責接收西沙群島工作。接收人員分別乘「太平」（艦長為麥士堯）、「永興」（艦長為馬繼壯）、「中建」（艦長為張瑞連）、「中業」（艦長為李敦謙、副艦長楊鴻庥）四艦前往。

一、民國政府對西南沙群島的接收

　　進駐南海諸島的艦隊於 10 月 23 日由南京駛達上海，國防部、內政部、空軍總司令部、後勤部代表及陸戰隊獨立排官兵五十九人登艦並裝載了所需物資，10 月 29 日啟程南航。艦隊 11 月 2 日到達虎門，廣州行營代表張嶸勝協同廣東省政府接收西沙及南沙群島專員和測量、農業、水產、氣象、醫務人員上艦。各艦於 6 日離開虎門，9 日抵達三亞港，加給淡水後，移駐榆林港以便完成各項準備工作。

　　每年的這個季節都是南中國海東北季風最強勁的時候，海上風力一般都在七八級左右。為了同時進駐西沙和南沙兩群島，姚汝鈺與進駐南沙群島的指揮官林遵上校商定，由林遵上校率領「太平」、「中業」兩艦，早於「永興」號

編隊兩日出發赴南沙，姚汝鈺率「永興」、「中建」兩艦進駐西沙群島。

11 月 12 日，太平、中業第一次試航南沙，離港航行一個小時後即遭風暴襲擊，「太平」艦機件損害無法前行，只好折回榆林港檢修。10 月 18 日，「太平」、「中業」兩艦再次啟航南行。19 日，再次受到狂風惡浪的影響，因艦上人員不能適應及設備故障不得已中途折返。艦隊在榆林港一面休整，一面等待天氣好轉。因天氣狀況，兩次試圖收復南沙均不能到達，於是決定先行進駐西沙群島。

11 月 23 日，海上風浪稍減，姚汝鈺果斷指揮「永興」、「中建」二艦抓住有利時機出航，於 24 日凌晨到達西沙群島永興島海域。

11 月 27 日，「永興」、「中建」兩艦再次出航，並於次日順利抵達西沙群島之武德島海面，在礁環外一海里處拋錨。進駐部隊為獨立排一排及西沙群島觀象臺。該獨立排官兵三十三員，各配輕機兩挺，步槍十六支。該觀象臺官佐十一、員兵三十三名，配 250 瓦特發報機，可與海軍總司令部直接通報。「為策進駐得力預防該島尚留有異國武力起見，特與中建相約，在到達該島之前半小時先加強警戒，並同時實行戰鬥佈署，經在該島環繞一周後，即於距該島一海里之西南方拋錨。下午三時半兩艦定泊後，先由中建派登陸艇一配備武裝登陸，士兵兩班進行登陸及搜索事宜，並預先約定以手旗或信號槍作為通信聯絡，迨接獲登陸人員之信號報告該島確無居民及異國武力後，既有職艦之小火輪及中建之第二登艇分別輸送視察團人員登陸，同時解除戰鬥部署。」〔註 1〕

經環島勘察後，進駐人員旋即開始卸運物資，並登陸展開測量工作。因海上風浪逐漸增強，「風浪增大風速達到每秒 15 公尺，艦船搖擺 20 度」〔註 2〕，加上該島暗礁四伏，水道閉塞，各項工作備受影響。「中建附屬的一艘小艇觸礁沉沒，另外兩艘有一艘損傷，致使交通暫斷損失米麵、黃豆等 20 包」，〔註 3〕在各方努力下，歷時五晝夜，島上人員所必需之物資等才全部運輸到位，登陸損失之米麵，也以倉內存儲之數補給，但是「餘油 15 桶卻無法卸運，轉存

〔註 1〕《永興軍艦進駐西沙群島經過情形報告書》，《進駐西南沙群島案》，國軍檔案，061.8/3030。

〔註 2〕《進駐西沙群島經過簡表——海軍總司令部調制》，《進駐西南沙群島案》，國軍檔案，061.8/3030。

〔註 3〕《進駐西沙群島經過簡表——海軍總司令部調制》，《進駐西南沙群島案》，國軍檔案，061.8/3030。

榆港，俟機再去」〔註4〕。

　　登陸人員「隨即按原定部署組織人員登陸、搶卸物資，各行技工首先搭建活動營房，搶修損壞的房屋，構築工事，修建炮位……經過五晝夜苦鬥，進駐工作大體完成，官兵生活設施安排就緒，電臺已經架通，各行專業考察工作次第完成。」〔註5〕

　　根據檔案記載：「武德島（即林島）為西沙群島中之較大者，面積約一方浬，做不規則之橢圓形，高出水面約十五尺，據沈鵬飛氏民國十八年之調查報告內稱該島於民國十至十六年間，曾由日人為獲取鳥糞經營過，故現在尚留有少許建築遺跡，計在島之西南方海邊處發現有倉庫、工人宿舍、無線電臺、氣象臺、大小儲水池、水井等，雖經破壞，但大部尚完好，視其破損情形，約為日人離島時之有意破壞。另外又發現無頂之二層白樓一幢已只留四壁，由於壁間所刻法文並記有一九三八年之年號，得知該島並曾有法人經營，後在抗戰期間為日本人驅逐。島上除上訴之殘破建築外，中部皆為熱帶慣生喬木林，混雜從生綿延全島，林中無正規道路，由於似海鷗等鳥類之多，故鳥糞堆積甚豐，其他尚發現很多烏龜蛋、殘餘龜甲及由海浪沖來之貝殼蚌殼貝。」〔註6〕

　　12月1日上午，「永興」艦和「中建」艦派出了儀仗隊，姚汝鈺副指揮官主持升旗暨立碑儀式，會同廣東省政府接收專員蕭次尹和駐島人員，鳴炮升旗，並為收復西沙群島所豎的主權碑揭幕。該紀念碑用水泥製成，正面刻「衛我南疆」，背後刻「海軍收復西沙群島紀念碑，中華民國三十五年十一月二十四日立」。

　　升旗典禮舉行時，副指揮官率領「永興」、「中建」兩艦長、代表團人員及駐島員兵親臨參加外，並由「永興」、「中建」兩件向國旗至敬禮。「為紀念本艦隊此次之進駐成功而立碑，由副指揮官扶植。」〔註7〕

　　之後，廣東省政府舉行接收典禮，「由本艦隊副指揮官及永興中建艦長舉

〔註4〕《進駐西沙群島經過簡表——海軍總司令部調制》，《進駐西南沙群島案》，國軍檔案，061.8/3030。

〔註5〕張君然，《抗戰勝利後我國海軍進駐南海諸島紀實明》，《文史精華》，1998，2（6）：48～51。

〔註6〕《永興軍艦進駐西沙群島經過情形報告書》，《進駐西南沙群島案》，國軍檔案，061.8/3030。

〔註7〕《永興軍艦進駐西沙群島經過情形報告書》，《進駐西南沙群島案》，國軍檔案，061.8/3030。

行移交，並由副指揮官報告此次進駐之困難情形，由廣東省政府接收人員致答詞」〔註8〕。

儀式完畢，艦隊又巡航其他西沙各島，發現帛托島（Pattle Island，即珊瑚島）有電臺燈塔遺跡及房屋數幢，羅勃島（Robert Island，即甘泉島）有小型炮壘遺跡，但均因海象不佳，風浪險惡而未能登島，僅攝取照片，即駛返榆林港，並於次日下午返抵榆林港。

南沙方面，林遵率領「太平」、「中業」兩艦於12月9日第三次啟艦赴南沙，預計12日到達太平島。但次日「太平」艦再生機械故障，於12月11日又返回榆林。由於南沙接收並不順利，三次行動都因各種原因沒有成行，故國防部也沒有向上級彙報其進駐西南沙群島的情況。

12月12日，蔣介石親自向國防部長陳誠發出諭令：「東沙、西沙兩群島現駐兵力若干，何日進駐情況如何，為何不報明，此種作報告人員太疏懶，無知矣。又南沙群島何時可派兵進駐，希於電到五日內查報。」〔註9〕

由於蔣介石親自過問，國防部長陳誠馬上向海軍代總司令桂永清發電，桂永清接電後馬上給「太平」艦指揮官林遵發電：「南沙群島於國防上甚為重要，應以長島為進駐目標。」〔註10〕

林遵率艦馬上出發，但由於擔心再次發生狀況，故向海軍總司令發電請求如果不能達成任務時怎麼辦：「此次開航如仍不能達成任務，是否先行北返，抑或在廣州待命。如在長島登陸後，因氣候不佳不能續往其他各島登陸，是否可准予北返。」〔註11〕但此次航行順利，艦隊於12月14日上午抵達南沙太平島，林遵立即發電給南京海軍總司令部報告：「職部三次出發，幸賴鈞座威德，業於本晨安抵長島，登陸部隊已開始進駐工作。」〔註12〕

「中業」艦李敦謙艦長也發電彙報：「長島搜索工作於八時完畢，島上無人跡，建有房屋甚多，淡水井發現五個，草木遍地，海邊皆珊瑚崖，但錨位尚

〔註8〕 《永興軍艦進駐西沙群島經過情形報告書》，《進駐西南沙群島案》，國軍檔案，061.8/3030。

〔註9〕 《國防部陳誠快郵電海軍桂代總司令：陳誠奉主席蔣諭令駐軍東沙西沙南沙兩群島情況據報》，《進駐西南沙群島案》，國軍檔案，061.8/3030。

〔註10〕 《密海軍總司令部電太平艦林指揮官》，《進駐西南沙群島案》，國軍檔案，061.8/3030。

〔註11〕 《此次開航尚不能達成任務是否北返或廣州待命兩點由》，《進駐西南沙群島案》，國軍檔案，061.8/3030。

〔註12〕 《太平艦林遵之原電》，《進駐西南沙群島案》，國軍檔案，061.8/3030。

可，刻正為登陸部隊搬運物資，預計在三日內運畢。」〔註13〕

同日，海軍總司令部給「太平」艦及「中業」艦回電鼓勵其進駐成功：「該員等同心極力不避艱險達成進駐任務，甚堪嘉慰。仰即利用天氣偵察長島以南及西南所有島嶼，如有可進駐之島嶼，盡可能先派少數人員留駐。隨時將島上情況報部。」〔註14〕

從以上臺灣國防部存檔記載看，林遵所在「太平」艦應是在12月14日晨六時抵達目的地域。但一般都將中國進駐南沙太平島的日期說成是「12月12日」，且太平島所立的石碑上日期也是「12月12日」。筆者找到內政部檔案中也錄有《進駐南海諸島指揮官林遵電報海總已經登陸太平島》〔註15〕但相關內容記載模糊看不清日期。筆者竊以為太平艦可能原定於「12日」登陸太平島，但由於出現機械故障沒有按期，加之「14日」的數字之嫌，因此在後來的檔案記載中還是以先前定好的日期「12日」來記載。

不論哪個日期，「太平」與「中業」兩艦在清晨到達相關海域，上午十時到達南沙群島太平島西南海域。「中業」艦在離島一公里處拋錨，「太平」艦則錨泊在較遠的海域，因為島上情況不明，兩艦均進入戰鬥狀態，副艦長何炳材率領一個班乘汽艇登陸搜索，發現島上空無一人，隨即組織人員登陸，搶運物資。

當時天氣雖然晴朗，但是浪湧很大，衝擊礁環邊緣，浪花飛濺，形成一堵白漣圍牆。低潮時，登陸的人必須涉水通過約二百米的珊瑚礁面，沿途所見海參和各種貝類、魚類滯留在水窪深處，數量之多令人驚訝。

在考察中，從遺留在牆壁上的題字可以看出，日軍是在1945年8月27日才得知日本戰敗投降的，題字中充滿了絕望的情緒。從題字中還看出美國軍艦「海狐」號於1945年11月20日襲擊該島，並派兵登陸，駐島日軍成為俘虜後被帶走。等到我國的接收人員登陸時，島上已是藤蔓遮地，一片荒涼，各種建築物都被炸毀，已有一年左右沒有人跡了。

島的西南方尚遺留有日據時建立的紀念碑一座，上方繪有日本國旗，下方寫有「大日本帝國」五個字。接收人員登陸後，首先將其摧毀，並在原址樹立我國的紀念碑。碑身為方錐體，四面刻字，正面刻「太平島」，背面刻「中華

〔註13〕《海軍總司令部代電國防部長陳》，《進駐西南沙群島案》，國軍檔案，061.8/3030。

〔註14〕《海軍總司令部電稿紙》，《進駐西南沙群島案》，國軍檔案，061.8/3030。

〔註15〕《進駐南海諸島指揮官林遵電報海總已經登陸太平島》，《進駐西南沙群島案》，臺灣內政部檔案，35-E41502-1-3。

民國三十五年十二月十二日重立」，左面刻「太平艦到此」，右面刻「中業艦到此」。

接下來是測繪島圖。考察隊先以多角形導線法環島測量，再用交會法測量周圍環礁，然後再用導線法通過島的中部，測量水井、防空洞和各建築物的位置，最後計算全島的面積。原計劃測量太平島經緯度和附近海水深度，經部分測量後，發現與美、英、日等國航海圖志記載大多相同，加上時間短促，便沒有實施全面測量。當太平島上各項進駐營建和考察工作完成之後，由麥蘊瑜主持，廣東省政府接收人員、艦隊代表及駐島官兵在紀念碑側隆重舉行接收儀式，海軍官兵鳴炮升旗，熱烈歡呼，並合影留念。

15 日上午，「太平」、「中業」二艦告別太平島，沿途巡視南沙群島北半部分的南鑰、中業、雙子等島嶼。12 月 18 日，「太平」艦離開太平島返航：「本晨七時廿分由太平島啟航，九時抵達賴他島，十一時四十分抵達帝都島，十三時廿分抵達雙子島，因小火輪損壞均未登陸，各幻灌木、椰樹環生，但無房屋，北雙子島灌木尤多，唯無椰子樹。」〔註16〕

12 月 19 日，林遵再次發報給海軍總司令部報告「進駐南沙群島的工作也已完成」〔註17〕，於 20 日返回榆林。「中業」艦由於故障，在 12 月 16 號先行駛離南沙返回榆林。

為了鞏固西南沙群島的駐防，12 月 21 日，國防部召開「第二期進駐西南沙群島之備案」的部務會議，討論議決內容如下：

1. 第二次之各種補給，應於明年二月底前準備完畢。
2. 榆林港之補給機構應竭力充實，使之成為東、西、南沙各島之補給基地。
3. 二署要在明年一月底前籌備船隻，以不派原船為原則，伏波、太康、太平三艦往南沙，永字號船往西沙，補運給以登陸艦，往南沙為慎重計，派三艦中之一件護送之。（眉批：作戰處辦）
4. 各島間之交通，以機帆船。（眉批：作戰處辦）
5. 每一電臺至少應有兩副機器，二署通處計劃。（眉批：通信處辦）
6. 該各島之通信，最好能與上海遠洋臺通報，其次亦須與海口電臺

〔註16〕《林遵之原電文》，《進駐西南沙群島案》，國軍檔案，061.8/3030。
〔註17〕《進駐太平島工作完成及永興艦動向》，《進駐西南沙群島案》，國軍檔案，061.8/3030。

報。（眉批：通信處辦）

7. 關於氣象臺、燈塔、測量隊、潮汐班等由三屬擬定計劃，下星期三要呈核。

8. 關於小規模修理廠、工程隊之組設，籌建碼頭及籌建停泊船塢、房屋、倉庫等有四署計劃。

9. 運輸各該島之補給品耗費率或四分之一或五分之一，應有規定，五署辦。

10. 淡水器（蒸餾水器）要預先製備，五署辦。

11. 東沙島兵員原定一年瓜代，其瓜代員兵，人事處要計劃準備，最遲明年三月要出發。

12. 凡派往東、西、南各島之員兵，務須體格特別強健。

13. 西沙、南沙之瓜代，在明年五月颶風季前就要出發。

14. 在第二期進駐東、西、南沙島時，二、三、四、五署、新聞處、警務處各派員同行，俾明瞭各該島實況。

15. 各島兵員與家屬之通訊、寄書包裹等，二署通信處詳細設計其郵電費由公家負擔。

16. 以上各項，各單位詳細研究，提出資料交由第二署主稿，擬定全部方向，如有需舉行小組討論之處，並由二署負責召集。〔註18〕

　　由於當時西南沙群島還沒有在行政上規劃管轄，為了進駐的便利，代理海軍總司令桂永清向蔣介石發電要求由海軍管轄南沙：「乃論者有以該島之管轄權，應屬於廣東省政之議，竊期以為不當。蓋西沙群島距海南島榆林港約一百六十餘海里，南沙群島距榆林港約六百餘海里，若由廣州計算，西沙將近五百海里，南沙則遠在八百海里之外。距離如此遼遠，粵省府既乏交通船隻，將何法管轄？況各該島，滿目荒蕪，目前一無居民，則所謂統治者，對象云何？故果歸廣東省政府遙遙為控屬，勢必鞭長莫及，易啟外人覬覦，而一旦生變，前功盡棄，故為國防計，殊值考慮。職意擬效美國之經營中途島、關島，完全交由海軍管轄，庶可毫無牽制，專責進行建設，以達成保證南疆，鞏固國防前哨之使命。他日創建有成，移民統治，亦未為晚。所有擬請將西南沙島交由海軍管轄各緣由，是否有當，理合備文報請。」〔註19〕

〔註18〕　《部務會議記錄》，《進駐西南沙群島案》，國軍檔案，061.8/3030。
〔註19〕　《海總桂永清請參謀長轉呈主席明令交由海軍管轄南沙之原呈文》，《進駐西

中國進駐西南沙群島之後，為了取得國際上的認同，有必要在這些島嶼進行航行建設，所用之燈塔標識等。蔣介石向海軍總司令部下令將該兩島形勢及建設事項編成報告。為此海軍總司令部又向國防部長提出了將西沙群島形勢及建設事項列表的請求，提出在西沙群島應辦的事項：

一、為減少補給困難，島上守備兵力精而不在多，其武器改為 2.5 公分機關炮為主，輕機、步槍為輔。

二、武德島增強武器外，擬配抽其員兵，配以機槍分駐於羅勃島及帛托島，因該兩島距越南甚近，恐被爭先佔領。

三、修建圍堤、港灣、碼頭、倉庫、宿舍等，俾往來船舶停泊及避風與儲藏物資，並使駐島人員生活居住臻於舒適。

四、設立燈塔、潮汐站、信號站、航行標誌等指示水道，記載潮汐狀況。

五、派遣測量班詳測各水道及各其他小島面積、海道，調製精密海圖，俾今後航行，其後有所遵循。

六、武德島應備五、六百噸運輸艦或巡邏艦一艘，俾經常往來各島巡邏，各小島亦應由小火輪及小艇，俾能自行或戒備其海面。

七、關於西島建設費用請另撥專款。〔註20〕

南沙群島相關就辦事項如下：

除電飭駐島員兵注意警務，並消滅法國遺跡外，並擬：

一、增強火力添配機關炮。

二、另選二、三小島予以進佔，俾與長島相互策應。

三、關於加強設備及一切建設，可仿西沙群島酌量進行，唯長島錨位較佳，應使可容吃水較深之船隻出入。

四、建設經費請另撥專款。〔註21〕

鑒於法國、菲律賓對於西南沙群島的凱覦以及執行西南沙群島之建設實施計劃，民國海軍 1947 年初再次籌備有關後續進駐之計劃。3 月 24 日，海軍「中基」艦於青島港修峻出塢，赴西沙群島永興島實施運補及測量調查工

南沙群島案》，國軍檔案，061.8/3030。
〔註20〕《西、南沙群島建設意見表乙份之西沙部分》，《進駐西南沙群島案》，國軍檔案，061.8/3030。
〔註21〕《西、南沙群島建設意見表乙份之南沙部分》，《進駐西南沙群島案》，國軍檔案，061.8/3030。

作。4 月 3 日，該艦駛離上海第一基地司令部，裝載人員物資開始遠航，途經廣州、榆林稍事整補，22 日中午抵達西沙永興島，旋即展開各項作業，包括對林肯島之勘察。與此同時，「中業」、「永興」二艦相繼完成南沙運輸補給任務。

二、西南沙群島範圍及主權的確定與公布

雖然民國政府接收西南沙群島的消息並未對外公布，但南京中央日報在 12 月 15 日第 4 版將接收西南沙群島任務圓滿完成的消息刊載，此後各大報紙也都轉載，消息不脛而走。

1947 年元旦，「太平」艦、「永興」艦停泊廣州，舉行了收復西南沙群島記者招待會，海軍總司令部為進駐西南沙群島 169 名有功官兵敘勳。

1947 年 1 月 7 日，民國政府正式對外公布收復西沙群島。次日，外交部在答記者問時再次聲明：「中國政府已由日本佔領中收回西沙群島，該群島主權本屬中國，故無須經過向任何方面請求收回之手續。」〔註 22〕

民國政府接收南海諸島後，法國並不甘心，多次派飛機和艦艇前往西沙群島進行騷擾。菲律賓也藉口「安全」而覬覦南沙群島。為此蔣介石下達指令，對法軍決不姑息：「我軍佔領西沙群島後，法國派軍艦威脅要求我軍交還該島，法國之無法無理如此，不敗何待，嚴令我軍固守領土，如其登陸，準與抵抗勿屈。」〔註 23〕1947 年 1 月 19 日，中國政府向法國發出關於西沙群島主權的通告，中國駐法使館重申西沙群島自古以來即屬中國主權所有，一向在廣東省政府管轄之下。公告中指出，自 1932 年至 1938 年，中法兩國外交部曾為西沙群島之地位交換過無數照會，我政府在所有照會中，均堅持對上述群島有絕對主權，中國政府從未承認法國以安南國君之名義在該群島上造成之事實上的佔領。

實際上法國並沒有完全從西沙撤出。法國軍艦離開武德島之後，在五十海里外之白托島，見無人駐守，即留守駐軍二十人。外交部於是致電法國大使館，要求就法國在西沙群島之白托島登陸一事提出抗議並要求撤退法國軍隊：「對法人在白托島登陸事應向法國外交部書面抗議，並促其顧全中法友誼撤退其

〔註 22〕「關於西沙群島之爭」，《外交部週報》，1947 年 1 月 27 日，第 1 版。
〔註 23〕《蔣介石日記 1947 年 1 月 18 日》，中國社會科學院近代史研究所資料館收藏之抄錄本。

登陸人員並不妨口頭聲明。」〔註24〕

　　然而在 1 月 28 日，法國卻發表了西沙屬越之聲明。為此蔣介石十分憤怒，在其日記中寫道：「法國今日公布西沙群島屬於越南之聲明，是第二次世界大戰和平以後侵犯我領土者之惟一國家。其無人格無法理之民族，豈能久存於世乎。英法帝國主義對東方民族之奴視，一如過去，甚且變本加厲，能不自愛自勉，完成所負之使命乎。」〔註25〕

　　為了盡快完成中國對西南沙群島的主權宣誓，第一次進駐西南沙群島的指揮官林遵於 2 月 25 日向海軍總司令部提交了關於西南沙群島範圍及主權之確定與公布的「報告」，其內容如下：

　　　查關於進駐及接收西南沙群島之應否公布問題茲擬具意見如下：

　　　一、公布方式及時間：應公布我國政府已於去年 11 月至 12 月間接收西南沙群島並由海軍進駐西沙之武德島南沙之太平島各島主權均屬我有。

　　　理由：

　　　（1）查西南沙群島嶼眾多各處均可登陸為明主權並避免他國覬覦及發生糾紛起見應以公布為宜。

　　　（2）本國國境範圍函應確定值此全國民眾對西南沙問題發生興趣之時似較應公布以激發民眾對南海之思想並確定國境範圍。

　　　二、西南沙群島檔案之搜集：關於西沙群島我國與日法兩方發生糾紛甚久廣東省政府有完善之檔案資料應飭其將全部送京關於南沙群島除各國出版之南中國海航行指南載明中國漁民每年常川往南沙外聞臺灣長官公署有完全檔案亦應電飭送京。

　　　理由：該項檔案甚為重要可為公布時參考之用。

　　　西南沙群島之範圍：（1）西沙群島離我海南島榆林港僅百餘至二百海里我國軍艦漁船甚常前往其全部主權應屬我有實屬天經地義應宣布全部屬為我有。（2）南沙群島範圍甚廣其主要之太平島已離

〔註24〕《對法方登陸白托島事提外交抗議》，《外交部南海諸島檔案彙編》（上冊），第469 頁。

〔註25〕《蔣介石日記 1947 年 1 月 28 日》，中國社會科學院近代史研究所資料館收藏之抄錄本。

榆林港五百餘海里而離菲列賓則僅二百餘海里故其公布範圍適應加
以研究茲擬具三案如下：

（Ａ）以日人之新南群島為範圍即凡屬北緯七度至十二度東經
一百十一度至一百十七度所有之島嶼礁石均屬我有此案範圍恐過於
近菲列賓之巴拉望島。

（Ｂ）以北緯七度至十二度東經一百十一度至一百十五度為範
圍。

（Ｃ）以北緯十度至十二度東經一百十度至十五度為範圍。〔註26〕

　林遵的報告實際上是提醒民國政府西南沙群島主權應當及時公布，所需
要之資料檔案應向廣東省政府及臺灣長官公署搜集，南沙群島之地理範圍除
西沙群島理應全部屬於中國，至於南沙群島情況特殊，應當謹慎處理。

　為了向全世界宣布中國對南海諸島的主權，3月，由廣東省政府西南沙群
島志編纂委員會提出西南沙群島問題研究報告。4月3日，民國政府為紀念接
收西南沙群島，以所派接收軍艦名為島名：「為紀念接收西南沙群島經商得海
軍總司令部同意以此次所派軍艦艦名命名接收各島即西沙群島中的武德島
（Woody Island）為永興島，南沙群島中的長島（Itu Aba Island）為太平島，並
由本部接收人員刻置石碑永作憑證。」〔註27〕

　鑑於西南沙群島還沒有派兵駐守，民國政府先於3月27日由行政院向內
政部發布「指定西南沙群島暫交海軍管理」〔註28〕。但廣東省提出了不同意
見：「國防部擬將各該群島列入本省行政區域，而暫由海軍代管一節本屬適當，
但對於促進各該群島漁礦之發展，似應由本省統籌辦理並由海軍予以協助，庶
國防實業得以兼籌並顧。」〔註29〕

　4月8日內政部代電廣東省政府，維持西南沙群島由海軍暫管。同日，國
防部代電內政部，為確定西南沙群島範圍及主權之確定與公布，請求召集各部
會進行研討。

〔註26〕《為南海諸島名稱正由本部擬訂呈核電請查照》，《進駐西南沙群島案》，臺灣
內政部檔案：36-E41502-1-5。
〔註27〕《為西南沙群島之武德島改名永興島長島更名太平島經呈奉國民政府核准函
達查照由》，《外交部南海諸島檔案彙編》（上冊），第575頁。
〔註28〕《內政部進駐西沙群島案》，《進駐西南沙群島案》，臺灣內政部檔案：36-
E41502-1-5。
〔註29〕《附件二：第一次進駐西南沙群島指揮官林遵所呈報告》，《進駐西南沙群島
案》，臺灣內政部檔案：36-E41502-1-5。

　　4月14日，由內政、外交及海軍總司令部等各部代表召開會議討論西南沙群島範圍及主權案。會議首先由內政部方域司傅司長報告了中國的南疆疆域需要明確規定，提出「前在民國廿年，我國官方輿圖，係以曾母暗沙作為我國最南至疆界，現在東沙、西沙、南沙各群島已自日本人手中接收。」所以現在應當討論是南沙群島的範圍如何確定，各群島之公布方式如何？經過討論發現西沙群島在地理位置上及歷史上均有根據，而南沙群島是否亦有相同之歷史依據則需要研究，最後「決議擬由內政部以國內公布方式將該群島之歷史根據，接收概況及各島命名等，製成小冊送請國府備案，並分送各機關查考，惟同時並擬請海軍總司令部，注意各該群島中其他各島嶼之切實佔領」〔註30〕。最後討論的結果如下：

　　　　（一）南海領土範圍是最南應至曾母灘，此項範圍抗戰前我國
　　　政府機關學校及圖書出版物均以此為準並曾經內政部呈奉有案仍照
　　　原案不變。

　　　　（二）西南沙群島主權之公布由內政部命名後附具圖說呈請國
　　　民政府備案應由內政部通告全國周知，在公布前並由海軍總司令部
　　　將各該群島所屬各島盡可能予以進駐。

　　　　（三）西南沙群島漁汛瞬屆，前往各該群島漁民由海軍總司令
　　　部及廣東省政府予以保護及運輸通訊等便利。〔註31〕

　　民國政府從各方搜集到日本佔領時期的《新南群島調查報告》《新南群島概況》《新南群島情形》《臺灣總督府告示122號》《府報31號》《新南群島全圖》等進行研究，同時準備派兵駐守西南沙群島。作為收復西南沙的軍事總指揮，林遵再次提出相關報告：

　　　　（一）西沙群島清光緒卅二年粵督張人駿先後派員查勘進駐，
　　　民國卅五年我政府增撥款廿萬元在島上設立觀察臺及無線電臺等，
　　　廿八年二月被日人佔領，又南沙群島據日人小倉記載中國漁民於民
　　　國7年前已常駐該島，一八八七年中法界務條約規定該島應屬我國，
　　　為確保主權計似應公布西南沙群島均為我國收復，西沙群島應以全

─────────────────

〔註30〕　《準國防部帶電關於西南沙群島範圍及主權之確定與公布一案定於四月十四日下午開會請派員出席由》，《外交部南海諸島檔案彙編》（上冊），第576頁。

〔註31〕　《為西南沙群島範圍及主權之確定與公布一案函請查照由》，《外交部南海諸島檔案彙編》（上冊），第583頁。

部為範圍，南沙群島可分為兩案（a）宣布全部群島已由我國收復（b）如以最東之群島過近於菲律賓領海內將其放棄，則可宣布北緯 7 度到 12 度，東經 111 度到 115 度 30 分內之群島均由我國收復。

（二）現實海軍之海上待遇低於航業界，致紀律難以維持，技術未能進步，竊以為在交通部主管行業機構中，應以海軍軍人為主官或副主官，航業界調整待遇時需先得海軍之同意。

（三）西南沙群島中深海淺海至水產均富，礦產有多年堆積之鳥糞及糞化石磷酸礦，儲量頗豐，該地可種熱帶植物及農作品，可分三階段開發，第一階段保護並修理原有建築，第二階段收集資料擬定建設計劃，第三階段實施開發並移民，但糧食需由本土補充，海上交通極為重要。〔註32〕

內政部高度重視林遵的提案，決定「第一項召集內政外交國防三部會共同核議，第二項交通部參酌辦理，第三項由國防部參酌辦理。」〔註33〕

經過兩個月的準備工作，6 月 10 日，行政院、內政部、外交部及海軍代表召開審查公布西南沙群島之會議。

內政部代表傅角合提出：「林遵指揮官關於西沙群島原提案以全部收回之範圍為公布範圍沒有異議。」但對南沙群島之收回範圍，傅角合不贊成原提案之建議而主張應按照該部上次召開有關本案會議之決議辦理，即「（甲）以戰前我國機關學校出版之關於南海領土範圍之刊物，經由該部成院核准者為標準。（乙）採取在國內公布方式，如將史地及設施情形並附圖說明，送呈國府備案並通飭全國機關學校一體執照。（丙）公布時間應在國防部對可進駐島嶼實際進駐之後，並稱該群島與菲律賓相距最近之處亦在一百海里以外，且菲律賓對我當時收復該島無何疑義，故不成問題」〔註34〕。

國防部代表甘禮經認為：「林遵指揮官之提議事前未恰接該部係其個人之意見，按其所劃範圍放棄東部與菲律賓鄰近之小島，但南部範圍則甚廣大，包括公海在內，對於管理國際航行，似多不便查。查日本對南沙群島，原亦定有

〔註32〕 《密（派海軍進駐西南沙群島）》，《外交部南海諸島檔案彙編》（上冊），第592頁。
〔註33〕 《密（派海軍進駐西南沙群島）》，《外交部南海諸島檔案彙編》（上冊），第592頁。
〔註34〕 《奉派出席行政院秘書處關於審查公布西南沙群島為我接收之會議報告》，《外交部南海諸島檔案彙編》（上冊），第595頁。

範圍，係包括全部島嶼，但不遠至西部公海，我即自日人手中接收，自仍可照此範圍為準，否則如照原提案辦法，不啻默認鄰近菲律賓之島嶼已為該國主權益矣。為派兵進駐接濟困難，花費亦巨，此舉是否值得堪加考慮。」〔註35〕

外交部官員職家駒提出：「西沙群島問題，雖中法雙方尚在爭執中，但在我固已肯定其為中國領土，故無需對外公布，尤其法佔據白托島後，尚未退出，我更未便公布已全部收回。並經說明我方主張主權之引證較法方所提出者殊多根據，現正繼續收集資料，並要求法方即速撤退其在白托島之軍隊。至南沙群島，我國軍隊以能作實際進駐為宜。」〔註36〕

外交部美洲司沉默最後發言，「遵照鈞座指示」應先由國防部就該群島中較重要者實行派兵駐守。

最後議決的事項如下：

（甲）關於公布範圍：應照內政部呈准之我國南海領土範圍，為公布範圍。

（乙）關於公布方式：採用發表新聞方式，在國內宣布，並由內政部編制西南沙群島史地及設施情形及附圖說明呈送國府備案，同時通飭國內機關學校一體知照。

（丙）關於公布時間：應當等南沙群島中之重要島嶼進駐後，並與鄰近至次要島嶼上樹立領土標誌後予以公布。〔註37〕

這次會議確定將中國西南沙群的範圍維持在內政部提出的「南端曾母暗沙」，使確定的西沙、南沙群島主權範圍具體化。6月12日，民國政府發布政府令，推廣三中全會中由陸幼剛等提出的《加緊建設西沙群島力保主權而固國防案》，其中為加強管制實施建設部分如下：

一、增強兵力：西南沙各島凡可能居留生活者，應加派兵力分駐，並經常派艦巡邏，保衛補給。

二、實行移民：對於我國按季節經常來往西南沙群島採捕水產之瓊州漁民，應加保護獎勵，由政府訂立獎勵辦法，鼓勵前往，一

〔註35〕《奉派出席行政院秘書處關於審查公布西南沙群島為我接收之會議報告》，《外交部南海諸島檔案彙編》（上冊），第596頁。

〔註36〕《奉派出席行政院秘書處關於審查公布西南沙群島為我接收之會議報告》，《外交部南海諸島檔案彙編》（上冊），第596頁。

〔註37〕《奉派出席行政院秘書處關於審查公布西南沙群島為我接收之會議報告》，《外交部南海諸島檔案彙編》（上冊），第595～596頁。

面由主管機關酌送犯人留住開發。

　　三、積極建設：責成有關各部會同地方政府速擬整個建設方案，並盡速建築燈塔、電臺、氣象臺、碼頭及測量水道，改善食水設備，以利居住航行。

　　四、確定管治制度：對各該群島之行政管轄與管治制度應加確定，以待責成，配合國防需要。

　　五、派員實地考察：組織考察團就航海、氣象、農礦、地質、生物、水產及有關政治經濟國防等部門做專門考察研究以及建設。〔註38〕

另外「國防案」為闡明主權，還提出應加強南海諸島問題之史志研究工作：

　　一、由行政院密令國內各學術研究機構及有關地方政府側重南海諸島問題之研究，特別關於主權在我之闡明。

　　二、廣東省政府組織之西南沙群島編撰委員會為現有專門研究機構之一應予獎勵資助，加緊工作並收集資料及資助其出版。

　　三、由教育、內政、國防三部徵集各方研究所得資料會同審定編入各級教科書及地輿圖，以名領土而正疆界。〔註39〕

6月30日，內政部向教育部、國立編譯館中小學用書編輯委員會發函，要求將西南沙群島編入中國學教科書中。

7月15日，行政院向內政部發布訓令，國民政府通過審查林遵建議公布西南沙群島為中國收復並確定輿圖案，審查意見如下：

　　（一）就確定西南沙群島之範圍言：

　　（1）以西沙群島：原建議應以全部為範圍此點與內政部所定該群島之範圍相同。

　　（2）南沙群島：內政部原定為全部，該群島之最東島嶼與菲律賓相距尚在一百海里以外，菲方並無據有之表示，是南沙群島亦應以全部為範圍。

　　（二）關於宣布各島嶼為我收復一節：

〔註38〕《附抄三中全會「加強建設西南沙群島國保主權而固國防案」（第九十六號）》，《進駐西南沙群島案》，臺灣內政部檔案：36-E41502-1-6。
〔註39〕《附抄三中全會「加強建設西南沙群島國保主權而固國防案」（第九十六號）》，《進駐西南沙群島案》，臺灣內政部檔案：36-E41502-1-6。

（1）西沙群島全部，我國已迭次聲明主權屬我，似無宣布收復之必要（其中拔陶兒島，現尚為法國派兵侵佔，外交部正在交涉之中。）

（2）南沙群島（我國僅實際佔領其中之一即太平島）目前似無宣布其全部或部分屬我之必要。

（三）迄今為止我國在西南沙群島中，僅實地佔領永興（在西沙）太平（在南沙）兩島，似應由國防部再就各該群島中較重要島嶼如雙子礁、斯普拉特島等迅即實行派兵駐守。

（四）將來應於何時及運用何種方式表示各該群島屬我或為我收復，應視西南沙群島中島嶼之佔領實際情形，由內政部會商有關機關決定之。〔註40〕

7月24日，內政部呈行政院後致電廣東省政府、臺北臺灣省政府、廣州中山大學、國立編譯館、中央研究院歷史語言研究所等機構，就西南沙群島範圍確定並頒制：

1. 南海諸島位置圖
2. 西沙群島圖
3. 中沙群島圖
4. 南沙群島圖
5. 太平島圖
6. 永興島及石島圖
7. 南海諸島新舊名稱對照表〔註41〕

三、《南海諸島位置圖》及南海「Ｕ」形線的形成

會後，內政部方域司印製了《南海諸島位置圖》及《南海諸島新舊名稱對照表》。

實際上早在1945年，民國政府內政部設置了方域司，傅角今任司長，主持政區劃分、國土疆界管理等事宜。為更好地完成工作，傅角今從西北大學地

〔註40〕 《密（派海軍進駐西南沙並公布為我收復）》，《外交部南海諸島檔案彙編》（上冊），第602～603頁。

〔註41〕 《密（內政部呈行政院／代電廣東省政府臺北臺灣省政府廣州中山大學國立編譯館中央研究院歷史語言研究所等機構）》，《進駐西南沙群島案》，臺灣內政部檔案：36-E41502-1-6。

理系將鄭資約借調到南京內政部方域司工作，委任為內政部專門委員，負責參與國界的劃定。

　　傅角今（1895～1965）為我國近代著名的地理學家，出生於醴陵王仙鎮李家山村。1911 年，考入長沙長郡中學，畢業後回家鄉任小學教師。1920 年，考入北京師範大學地理系，後留學德國萊布齊大學，回國後任省立長沙一中、長沙長郡中學等校地理教員，著有《中學地理》教科書，後任湖南省政府秘書處統計室主任，編輯湖南氣象、物價、人口、特產等資料。1936 年，赴法國萊比錫大學物理研究室進修。1938 年回國，任復旦大學教授，繼任國民政府內務部技正、方域司司長，主管國土疆域，領導尖高山至南定河 620 公里的中緬國界線勘測工作，為確定疆界和繪製疆域版圖提供實據。1930 年，國民政府公布《水陸地圖審查條例》和《水陸地圖審查委員會規則》。1934 年 12 月 21 日，水陸地圖審查委員會召開第 25 次會議，專門審定了中國南沙各島礁中英島名。

　　經過審定後的《中國南海各島嶼華英名對照表》於 1935 年 1 月在《水陸地圖審查委員會會刊》第 1 期對外公布。4 月，經國民政府水路地圖審查委員會通過的《中國南海各島嶼圖》，刊登在《水陸地圖審查委員會會刊》第 2 期，正式對外公布。

　　《中國南海各島嶼圖》根據《中國南海各島嶼華英名對照表》，在地圖上詳細標繪西沙南沙東沙團沙各群島 132 個島、沙洲、暗沙、暗礁的位置和名稱，將南海最南端標繪在曾母灘。

　　按照職責分工，南海諸島地名的審定由內政府方域司第二科（地志科）參加過西沙、南沙群島接收的鄭資約負責實施。

　　鄭資約（1901～1981）字勵儉，出生於河北省衡水縣，係著名教育家鄭際唐之子。1930 年北平師範大學畢業後，赴日本東京教育大學地理研究所深造。學成歸國後，返回北平師範大學執教。後因東北大學遷往北平復校，鄭資約受邀赴東北大學就職。七七事變爆發後，率東北大學地理系學生遷校於四川三臺。入川後，鄭資約即帶領學生考察當地的區域、人文及自然地理結構，發表了《三臺縣附近之地理調查》《三臺縣城區都市地理研究》《四川人口密度分析》《四川水路與四川地形》等一系列有關四川地域的研究報告，並在 1942 年著手編寫《四川地理志》，於 1946 年完稿，次年獲教育部嘉獎。抗戰勝利後鄭資約受西安西北大學校長劉季鴻的邀請，赴該校主持地理系工作。一年後，被南

京國民政府內政部聘任為專門委員,負責參與南海島嶼國界的劃定,及整理南海水域的島嶼、礁石群及沙灘名稱的工作。

1946 年 4 月 14 日,時任內政部方域司司長傅角今按照《水陸地圖審查條例實施細則》有關地圖審查之「內政部辦理,召集國防部、教育部、外交部、地政部專門人員會同審查」的規定,召集國防部馬定波、外交部沉默和陳澤湘、海軍總司令部林遵和丁其璋、內政部王政詩等開會,商討「西南沙群島範圍及主權之確定與公布報告」。按照分工要求和職責,傅角今安排鄭資約負責參與南海島嶼國界的劃定,及整理南海水域的島嶼、礁石群及沙灘名稱的工作。

1946 年 10 月 23 日,鄭資約與西北大學帶去的四名學生隨太平艦從南京出航西南沙群島,實測了太平島、永興島、石島等主要島礁。返航後,內政府方域司根據實測草圖並參考中、外有關海圖,在第三科科長王錫光的帶領下開始繪製《南海諸島位置圖》等 6 種地圖及南海諸島新舊名稱對照表。

1947 年 8 月,《南海諸島位置略圖》《西沙群島圖》《太平島圖》《永興島及石島圖》和《南海諸島新舊名稱對照表》繪製完成,呈奉行政院審核通過。其中包括內政部繪製南海諸島位置圖、西沙群島圖、中沙群島圖、南沙群島圖、太平島圖、永興島——石島圖等以及《南海諸島新舊名稱對照表》,為南海斷續國界線獲得國際社會的承認提供了國際法依據。

9 月 4 日,內政部向廣東省政府、臺灣省政府各院秘書處、行政院下各部會國防部、測量局、國立編譯館、廣州市政府、國立中央大學、國立中山大學、國立臺灣大學、國立北平師範學院、國立西北師範學院、國立蘭州大學、廣州行轅、陸海空軍總司令部等機關發函:「奉主席核定我西南沙群島應以西南沙二群島全部為範圍並頒發行政院核定南海諸島位置圖、西沙群島圖、中沙群島圖、南沙群島圖、太平島圖、永興島及石島圖及南海諸島新舊名稱對照表等仰即知照並轉右有關機關此令／各省政府(除廣東、臺灣、新疆)、各市(院轄市)政府(除廣州市)附送南海諸島位置圖及南海諸島新舊名稱對照表各一份仰即知照並轉知有關機關此令。」〔註42〕

《南海諸島位置略圖》中不僅將西沙群島、中沙群島、東沙島和南沙群島等島礁、暗沙、淺灘 167 個名稱進行詳細標繪,還在南海海域標示出 11 段斷續線。這一條線通常被稱為傳統疆界線,因其形狀為「U」形,所以也被稱為「U」形線。《南海諸島位置圖》作為現代中國南海地圖的重要藍本,具備以下

〔註42〕《機密》,《進駐西南沙群島案》,臺灣內政部檔案:36-E41502-1-7。

要點：一、國界線最南端標在北緯 4°左右；二、在南海海域中完整地標明了東沙島、西沙群島、中沙群島和南沙群島的位置和島嶼名稱；三、特別重要的是該圖用 11 段國界線，圈定了中國南海海域範圍，成為當今中國堅持的南海主權九段線的來源。至此，南海領土範圍在中國地圖上明確化。

1948 年 2 月，這幅南海位置圖收錄到內政部方域司傅角今主編、王錫光等人編繪的《中華民國行政區域圖》中，該書由商務印書館公開對外發行。〔註43〕向國際社會宣布了民國政府對南海諸島及其鄰近海域的主權和管轄權範圍，其附圖即《南海諸島位置圖》，標明了這條 11 段斷續線。

由此可見，南海斷續線是在中國南海諸島遭受外國勢力侵佔的背景下產生的。斷續線的雛形產生於 1933 年法國侵佔南沙群島九小島之時，而定形則是在抗日戰爭勝利後，法國再度侵佔西沙群島的珊瑚島和南沙群島的部分島礁，以及菲律賓企圖將南沙群島「合併於國防範圍之內」的背景下採取的防患措施，其目的完全是為了向世界公布中國政府在南海的管轄範圍，維護中國政府在南海諸島的領土主權。

此次頒布的《南海諸島新舊名稱對照表》將 1935 年命名〔註44〕的南沙群島改為中沙群島，將團沙群島改稱南沙群島，將應是群島的東沙島，改名為東沙島。在地名數量上，審定公布地名 172 個，較 1935 年公布的 136 個多 36 個，其中表示群體的總稱、聯稱地名 12 個，表示個體的單稱地名 160 個，其

〔註43〕 韓振華主編，《我國南海諸島史料彙編》，東方出版社，1988 年，第 363 頁。
〔註44〕 1930 年起，為解決國內地圖出版繁雜、抄襲陳編、國疆界域任意出入等問題，國民政府初步建立起規範的水陸地圖審查制度並有效開展水陸地圖審查工作。1933 年 4 月，隨著法艦「亞斯特洛賽」和「亞拉亞特」陸續進佔太平島、北子島、安波沙洲、南鑰島、南子島、鴻麻島、中業島、楊信沙洲等南海島嶼，並在幾個島上埋下了石碑或水泥標誌，載明其佔領情形。面對南海局勢變化和南海疆域危機，按照《水陸地圖審查條例》，國民政府開始重視南海標準化命名和地圖編繪規範工作。6 月成立「水陸地圖審查委員會」。1934 年 12 月21 日，水陸地圖審查委員會召開第 25 次會議，根據會前草擬的《南海諸島譯名表》，專門審定了中國南沙各島礁中英島名。《南海諸島譯名表》分西名、譯名一般、擬定三類列表，擬定名包括特里頓沙、北險島、帝都島、沙比礁、賴他島、蘭肯、賴他南島、鐵砂群島等。經過會議商定，形成《中國南海各島嶼華英名對照表》，並通過《水陸地圖審查委員會會刊》對外公布。根據《中國南海各島嶼華英地名對照表》審定公布南海諸島地名 136 個，屬東沙島的 2個，屬西沙群島的 29 個，屬南沙群島的 8 個，屬團沙群島的 97 個。此次命名島嶼名稱中的東沙島、西沙群島、羚羊礁、北島、中島、南島、石島、北礁、高尖石、司令礁、海馬灘等，沿用至今。

中多以我國朝代年號，使者名稱，視察、接管南海諸島人名、艦名、軍職詞彙、民間信仰詞語以及反映地理意義的中國式地名來命名。

同年 11 月，內政府方域司專門委員鄭資約根據當時掌握的資料，編寫出版了《南海諸島地理志略》，書末附有「南海諸島新舊名稱對照表」。上海商務印書館出版了鄭資約編著的《南海諸島地理志略》，書中詳述了東沙島、西沙群島及南沙群島的歷史背景，南海諸島的地理環境及國疆石碑的照片。新編的「南海諸島新舊名稱對照表」也在該書的附錄中，由此奠定了中國南海島嶼統一名稱的基礎。

《南海諸島地理志略》共分七章，是一部全面而系統地敘述南海諸島的歷史和地理概況的權威性學術專著，詳細記載了南海諸島地質地形、各群島地體構造、地形特徵，氣象氣候、風向、颱風、海流、島嶼灘險志要、動植物、水產、鳥糞、地位價值、歷史回顧、作者本人的考察經歷等，並有大量地體構造、氣象氣候等分布圖。《南海諸島地理志略》由傅角今作序：「我國所屬南海之東沙、西沙、中沙、南沙諸群島，曾於二次世界大戰中隨廣州、榆林之失陷而淪於敵手，民國三十四年八月十日戰事勝利結束以後，我政府於九月九日起開始接受日軍投降，逐漸恢復故土，及至接收南海各島之時，已屆卅五年年底，是為我最後接收之一片故土。此役內政部方域司曾派員參加，主辦建碑、測圖、及調查諸事宜。鄭資約先生乃參加接收人員之一。全體人員於三十五年十月二日會同由京出發，至今年（三十六年）二月四日任務完畢。接收歸來，鄭先生將所見聞並參考有關書刊，撰成《南海諸島地理志略》一書，此為方域司方域叢書之一種。謹於付梓前夕，述其原委，藉當序言。」〔註45〕由此可見，該書是以政府的名義公開發行的，是我國擁有對南沙群島無可爭辯的主權的強有力的佐證和極具綱領性、權威性的重要文獻。

小結

綜上所述，中國政府接收、派兵進駐南海諸島，是為了維護領土主權所採取的一次具有歷史意義的行動。此舉不僅收復了為日本所佔領的島嶼，還用符合國際法的方式向世界表明了中國對南海諸島的主權。中國政府正式對外公布收復西南沙群島，內政部方域司出版的《南海諸島位置圖》及《南海諸島新舊名稱對照表》向中外公布了中國南海諸島的範圍，並重申南沙群島之曾母暗

〔註45〕《南海諸島地理志略》，商務印書館，1947 年。

沙為中國最南之領土。此後中國政府在西沙、南沙群島派兵駐守設防，設立行政管理機構，結束了西沙、南沙群島沒有中國政府軍隊駐守的歷史，揭開了中國政府對西沙、南沙群島行使領土主權管轄的新的歷史篇章。

參考文獻

一、專著

1. 鄭資約編著,《南海諸島地理志略》(縮微品),北京:全國圖書館文獻縮微中心。

2. 陳天錫編,《西沙島成案彙編》,海口:海南出版社,2004 年。

3. 郭淵,《冷戰時期東南亞國家南海政策研究》,哈爾濱:黑龍江教育出版社,2019 年。

4. 王靜,《俄羅斯(蘇聯)南海政策研究》,哈爾濱:黑龍江教育出版社,2019 年。

5. 鞠海龍主編,《南海地區形勢報告 2015～2016》,北京:時事出版社,2018 年。

6. 李金明,《明代海外貿易史》,中國社會科學出版社,1990 年。

7. 李金明、廖大珂,《中國古代海外貿易史》,廣西人民出版社,1995 年。

8. 李金明,《中國南海疆域研究》,福建人民出版社,1999 年。

9. 李金明,《南海爭端與國際海洋法》,海洋出版社,2003 年。

10. 李金明,《南海波濤——東南亞國家與南海問題》,江西高校出版社 2005 年。

11. 《海疆聲音:吳士存南海熱點問題應答選編》,北京:世界知識出版社,2017 年。

12. 吳士存著,《縱論南沙爭端》,南海出版社,2005 年。

13. 吳士存編著,《世界著名島嶼經濟體選論》,世界知識出版社,2006 年。

14. 吳士存、朱華友編著,《越南、馬來西亞、菲律賓、印度尼西亞、文萊五國經濟研究》,世界知識出版社,2006 年。

15. Shicun Wu, Keyuan Zou, *Maritime Security in the South China Sea: Regional Implications and International Cooperation*. Ashgate Publishing Limited, 2009.

16. 吳士存、朱華友主編,《聚焦南海——地緣政治·資源·航道》,中國經濟出版社,2009 年。

17. 吳士存著,《南沙爭端的起源與發展》,中國經濟出版社,2010 年,第二版中國經濟出版社,2013 年。

18. 吳士存主編,《南海知識讀本》,南海出版社,2010 年。

19. 吳士存主編,《南海問題面面觀》,時事出版社,2011 年。

20. 劉復國、吳士存主編,《2010 年南海地區形勢評估報告》,臺灣政治大學國際關係研究中心,中國南海研究院,2011 年。

21. 吳士存主編,《黃岩島十問》,海南出版社,2012 年。

22. 劉復國、吳士存主編,《2011 年南海地區形勢評估報告》,臺灣政治大學國際關係研究中心,中國南海研究院,2012 年。

23. Wu Shicun, *Solving Disputes for Regional Cooperation and Development in the South China Sea: A Chinese Perspective*, Chandos Publishing, 2013.

24. Shicun Wu, Keyuan Zou, *Securing the Safety of Navigation in East Asia-Legal and Political Dimensions*, Chandos Publishing Limited, 2013.

25. 劉復國、吳士存主編,《2012 年南海地區形勢評估報告》,臺灣政治大學國際關係研究中心,中國南海研究院,2013 年。

26. Shicun Wu, Keyuan Zou, *Non-Traditional Security Issues and the South China Sea-Shaping a New Framework for Cooperation*, Ashgate Publishing Limited, 2014.

27. Shicun Wu, Nong Hong, *Recent Developments in the South China Sea Dispute: The Prospect of a Joint Development Regime*, Routledge, 2014.

28. 劉復國、吳士存主編,《2013 年南海地區形勢評估報告》,臺灣安全研究中心,中國南海研究院,2014 年。

29. 吳士存,《南海問題面面觀(第二版)》,時事出版社,2014 年。

30. 吳士存,《中菲南海爭議 10 問(第二版)》,時事出版社,2014 年。

31. Wu Shicun, *What One Needs to Know about the South China Sea*, Current Affairs Press, 2014.

32. Wu Shicun, *What One Needs to Know about the Disputes between China and the Philippines*, Current Affairs Press, 2014.

33. 劉復國、吳士存主編,《2014 年南海地區形勢評估報告》,臺灣安全研究中心,中國南海研究院,2015 年。

34. Wu Shicun, *Mark Valencia, Hong Nong, UN Convention on the Law of the Sea and the South China Sea, Ashgate Publishing Limited*, 2015.

35. 吳士存,《國際海洋法最新案例精選》,中國民主法治出版社,2016 年。

36. Shicun Wu, Keyuan Zou, *Arbitration concerning the South China Sea: Philippines versus China, Ashgate Publishing Limited*, 2016.

37. 吳士存,《21 世紀海上絲綢之路與中國──東盟合作》,南京大學出版社,2016 年。

38. 吳士存,《南海問題面面觀(2016 版)》,時事出版社,2016 年。

39. Wu Shicun, *What One Needs to Know about the South China Sea, Current Affairs Press*, 2016.

40. 劉復國、吳士存主編,《2015 年南海地區形勢評估報告》,臺灣安全研究中心,中國南海研究院,2016 年。

41. 吳士存主編,《南海評論・1》,南京大學出版社,2017 年。

42. 吳士存著、朱建榮譯,《南沙爭端的起源與發展》日文版(中國と南沙諸島紛争──問題の起源、経緯と「仲裁裁定」後の展望),日本花伝社,2017 年。

43. 吳士存著,《海疆聲音──吳士存南海熱點問題應答選編》,世界知識出版社,2017 年。

44. Fu-Kuo Liu, Keyuan Zou, Shicun Wu and Jonathan Spangler, *South China Sea Lawfare: Post-Arbitration Policy Options and Future Prospects*, South China Sea Think Tank/Taiwan Center for Security Studies, 2017.

45. 劉復國、吳士存主編,《2016～2017 年南海地區形勢評估報告》,臺灣安全研究中心,中國南海研究院,2017 年。

46. 吳士存主編,《南海評論・2》,世界知識出版社,2018 年。

47. Keyuan Zou, Shicun Wu and Qiang Ye, *The 21st Century Maritime Silk Road:*

Challenges and Opportunities for Asia and Europe/Routledge, 2019.

48. 劉復國、吳士存主編，《2017～2018 年南海地區形勢評估報告》，臺灣安全研究中心，中國南海研究院，2019 年。

49. 李優坤，《和平發展道路視角下中國海洋權益保護研究：以南海問題為例》，海口：南方出版社，2017 年。

50. 〔日〕浦野起央著、楊翠柏等譯，《南海諸島國際紛爭史》，南京：南京大學出版社，2017 年。

51. 趙全鵬，《南海諸島漁業史》，北京：海洋出版社，2019 年。

52. 邢福武、鄧雙文主編，《中國南海諸島植物志》，北京：中國林業出版社，2019 年。

53. 李彩霞，《南海諸島歷史事件編年》，北京：社會科學文獻出版社，2017 年。

54. 呂一燃主編，《南海諸島：地理、歷史、主權》，黑龍江教育出版社，2014 年。

55. 《南海諸島圖籍錄》（古代卷），國家圖書館中國邊疆文獻研究中心編著，2016 年。

56. 張海文，《南海及南海諸島》，北京：五洲傳播出版社，2014 年。

57. 《南海諸島是中國的》，北京：中國人民出版社，2016 年。

58. 楊翠柏《南沙群島主權法理研究》，北京：商務印書館，2015 年。

59. 趙煥庭主編，《接收南沙群島：卓振雄和麥蘊瑜論著集》，北京：海洋出版社，2012 年。

60. 張良福編著，《讓歷史告訴未來：中國管轄南海諸島百年紀實》，北京：海洋出版社，2011 年。

61. 楊翠柏，唐磊著，《南沙群島法律問題研究》，成都：四川人民出版社，2003 年。

62. 趙煥庭主編，《南沙群島自然地理》，北京：科學出版社，1996 年。

63. 劉南威，《中國南海諸島地名論稿》，北京：科學出版社，1996 年。

64. 辛業江主編，《中國南海諸島》，海口：海南國際新聞出版中心，1996 年。

65. 李國強，寇俊敏編，《海南及南海諸島史地論著資料索引》，鄭州：中州古籍出版社，1994 年。

66. 中國科學院南沙綜合科學考察隊編，《南沙群島歷史地理研究專集》，廣

州：中山大學出版社，1991 年。

67. 林金枝、吳鳳斌著，《祖國的南疆——南海諸島》，上海：上海人民出版社，1988 年。

68. 陳棟康等編輯，《南海諸島地名資料彙編》，廣州：廣東省地圖出版社，1987 年。

69. 廣東地名委員會編，《南海諸島地名資料彙編》，廣州：廣東省地圖出版社，1987 年。

70. 曾昭璇主編，《南海諸島》，廣東人民出版社，1986 年。

71. 葉春生、許和達搜集整理，《南海諸島的傳說》，北京：中國民間文藝出版社，1984 年。

72. 劉南威著，《南海諸島地名研究》，廣州：華南師大地理系，1983 年。

73. 曾昭璇等著，《美麗富饒的南海諸島》，北京：商務印書館，1981 年。

74. 韓振華編，《南海諸島史地考證論集》，北京：中華書局，1981 年。

75. 《西沙群島和南沙群島自古以來就是中國的領土》，北京：人民出版社，1981 年。

76. 《中國對西沙群島和南沙群島的主權無可爭辨：評越南外交部關於越中關係的白皮書》，北京：人民出版社，1980 年。

77. 陳棟康編寫《我國的南海諸島》，北京：中國青年出版社，1980 年。

78. 《我國的南海諸島》，廣州：華南師範學院地理系我國的南海諸島編寫組，1977 年。

79. 《我國南海諸島主權概論》，廣州：廣東省革命委員會外事辦公室，1976 年。

80. 《我國南海諸島涉外問題》，廣州：廣東省革命委員會外事辦公室，1976 年。

81. 《我國南海諸島史料彙編》，廈門：廈門大學南洋研究所，1976 年。

82. 《我國南海諸島地理概述》，廣州：廣東省革命委員會外事辦公室，1976 年。

83. 《我國南海諸島地名參考資料》，北京：中國人民解放軍海軍司令部航海保證部，1975 年。

84. 《我國南海諸島史料彙編》，廈門：廈門大學南洋研究所，1975 年。

85. 廣東省博物館編，《西沙文物》，北京：文物出版社，1975 年。

86. 《我國南海諸島資料聯合目錄》，福州：福建省圖書館，1973 年。

87. 陳棟康編寫，《我國的南海諸島》，中國青年出版社，1962 年。

88. 鞠繼武著，《祖國的南海諸島》，上海：新知識出版社，1954 年。

89. 鄭資約編著，《南海諸島地理志略》，上海：商務印書館，1947 年。

二、臺灣、香港

1. 沈克勤著，《南海諸島主權爭議述評》，臺灣學生書局有限公司，2009 年。

2. 王冠雄著，《南海諸島爭端與漁業共同合作》，臺北：秀威信息科技股份有限公司，2003 年。

3. 韓丘漣痕等整理，《南海諸島史地論證》，香港：香港大學亞洲研究中心，2003 年。

三、日本

1. 浦野起央著，《南海諸島國際紛爭史》，東京：刀水書房，1997 年。

四、博士論文

1. 李忠林，《當前南海安全合作機制研究》（博士後報告），北京大學，2018 年。

2. 王志強，《越南「黃沙群島」「長沙群島」權利主張相關漢喃史地文獻的整理與研究》（博士後報告），中國社會科學院，2017 年。

3. 陳躍，《越南政府對中國南海政策研究（1945～2015）》（博士後報告），中國社會科學院，2016 年。

4. 王大文，《以圖明疆：清代輿圖中的南海圖像研究》，中國社會科學院，2017 年。

5. 張曉華，《日本南海政策研究》，雲南大學，2016 年。

6. 譚衛元，《民國時期中國政府對南海諸島行使主權的歷史考察（1912～1949）》，武漢大學，2013 年。

五、碩士論文

1. 馮文涵，《海權論視角下的南海問題中美菲三方博弈（2009～2018）》，外交學院，2019 年。

2. 楊玲，《海洋強國戰略背景下我國南海地區海洋漁業轉型發展研究》，廣

西師範大學，2019 年。

3. 王玉慧，《南海島礁建設的生態保護法律問題研究》，海南大學，2019 年。

4. 郭慧瑩，《中國外交部關於南海爭端問題答記者問中模糊語的順應性研究》，哈爾濱師範大學，2019 年。

5. 楊萌，《南海諸島及其海域歷史性權利研究：基於對潭門漁民的調查》，海南大學，2019 年。

6. 劉斯予，《杜特爾特對中菲關係的調整及前景》，上海外國語大學，2018 年。

7. 張池，《「更路簿」視角下的南海歷史性權利研究》，海南大學，2018 年。

8. 吳慧迪，《建設島礁法律地位問題研究》，海南大學，2018 年。

9. 李林峰《中國南海政策的博弈》，中國人民大學，2018 年。

10. 李超，《中菲南海仲裁案歷史性權利問題研究》，中山大學，2018 年。

11. 汪明唐，《南海怎樣成為了中國的一部分：從中國立場出發論述歷史中的南海主權問題》，上海外國語大學，2018 年。

12. 白鷺，《中國在南海問題上的媒體外交研究》，東北師範大學，2018 年。

13. 譚秦悅揚，《主權立場與南海爭端》，北京外國語大學，2018 年。

14. 郭宇娟，《第二軌道外交在解決南海問題上的作用分析》，外交學院，2018 年。

15. 杜雪磊，《近代報刊中的戰後國民政府接收西沙群島事件》，曲阜師範大學，2018 年。

16. 嚴攀，《海峽兩岸在南海問題上的合作對策研究》，海南大學，2017 年。

17. 楊嶺，《南海天書——海南漁民〈更路簿〉文化詮釋》（節選）翻譯實踐報告》，海南大學，2017 年。

18. 劉澤，《國際法和國際政治二元視角下的南海爭端解決路徑探析》，東北師範大學，2017 年。

19. 劉榮霞《「南海問題」新聞報導英漢翻譯中的敘事重構：以「參考消息」和「環球時報」為例》，上海外國語大學，2017 年。

20. 劉雨露，《南海沿岸國合作機制下的南海海洋保護區問題研究》，中山大學，2017 年。

21. 安柳全，《兩岸南海政策變遷與維權合作問題研究》，海南大學，2017 年。

22. 張儒雅，《中國南沙島礁建設合法性問題研究》，上海財經大學，2017 年。

23. 張子瓊,《2016 年中菲南海問題新聞發布會模擬口譯實踐報告》,中國海洋大學,2017 年。

24. 張春雁,《批判性話語分析視閾下「中美聚焦網」南海問題中美評論對比研究》,中國人民大學,2017 年。

25. 李亞文,《有關南海問題發言的兩個英文版本的對比研究:從批評話語分析角度》,首都經濟貿易大學,2017 年。

26. 李葉,《中美政府發言人語用閃避策略對比研究:以南海問題為例》,海南大學,2017 年。

27. 李敏,《南海問題與東亞安全合作機制的建構》,黑龍江大學,2017 年。

28. 滑秀偉,《「舊金山對日和約」與西沙、南沙群島問題研究》,中國社會科學院,2016 年。

29. 何浩,《民國時期中國對南沙群島主權的維護研究》,曲阜師範大學,2016 年。

30. 劉啟仲,《南海諸島歷史爭端研究(1921～1949)》,南京師範大學,2014 年。

31. 林唯潔,《南海諸島主權爭端的國際法研究》,中山大學,2014 年。

32. 劉志遠,《海峽兩岸關於南海爭議島嶼主權實踐探析:以白礁島案為觀察視角》,外交學院,2013 年。

33. 李新建,《中越南海博弈的動態過程分析:以中越西沙和南沙兩次海戰為例》,華東師範大學,2012 年。

34. 左琰,《南海諸島主權爭端主要聲索國主張研究》,中山大學,2011 年。

35. 王曉鵬,《「更路簿」研究:以彭正楷抄本為例》,中國社會科學院,2010 年。

36. 陳平,《南海諸島主權爭端之國際法研究》,外交學院,2010 年。

37. 李崇政,《「南海諸島問題」的國際法研究》,海洋大學,2005 年。